A insanidade da
OBEDIÊNCIA

Nik Ripken
Barry Stricker

A insanidade da
OBEDIÊNCIA

*Caminhando com Jesus por
lugares difíceis*

São Paulo, 2022

A insanidade da obediência: caminhando com Jesus por lugares difíceis
The insanity of obedience: walking with Jesus in tough places
Copyright © 2014 by Nik Ripken
Copyright © 2022 by Ágape Editora Ltda.

EDITOR: Luiz Vasconcelos
ASSISTÊNCIA EDITORIAL: Tamiris Sene e Amanda Moura
TRADUÇÃO: Lucas Nagem
PREPARAÇÃO: Cinthia Zagatto
REVISÃO: Flávia Araújo
DIAGRAMAÇÃO: Manoela Dourado
CAPA: Equipe Novo Século

Texto de acordo com as normas do Novo Acordo Ortográfico da Língua Portuguesa (1990), em vigor desde 1º de janeiro de 2009.

Dados Internacionais de Catalogação na Publicação (CIP)
Angélica Ilacqua CRB-8/7057

Ripken, Nik
  A insanidade da obediência / Nip Ripken, Barry Stricker; tradução de Lucas Nagem. -- Barueri, SP : Ágape Editora, 2022.
  352 p.

Título original: The insanity of obedience: walking with Jesus in tough places

1. Missões - Teoria 2. Missões junto aos muçulmanos I. Título II. Stricker, Barry III. Nagem, Lucas

21-5713   CDD 266.001

  Índice para catálogo sistemático:
  1. Missões - Teoria

EDITORA ÁGAPE LTDA.
Alameda Araguaia, 2190 – Bloco A – 11º andar – Conjunto 1112
CEP 06455-000 – Alphaville Industrial, Barueri – SP – Brasil
Tel.: (11) 3699-7107 | Fax: (11) 3699-7323
www.editoraagape.com.br | atendimento@agape.com.br

Este livro é dedicado a Ruth e aos meus filhos, que são únicos e especiais. Amo vocês de coração.

Por décadas, crentes somalianos apanharam, foram expulsos de suas casas, perseguidos a ponto de precisarem sair do país, mortos pela fé que têm em Jesus, com seus algozes chegando ao extremo de esconder seus corpos. Irmãos e irmãs, nós os honramos por meio deste livro. Obrigado pelo que nos ensinaram e pela fé que moldaram. Eles podem matá-los e esconder seus corpos, mas nada nem ninguém nos fará esquecer como vocês caminharam com Jesus. Nós lembramos. Não desperdiçaremos seus sacrifícios. Cantaremos suas músicas, contaremos seus testemunhos e continuaremos a dividir a palavra de Jesus com aqueles por quem vocês também deram suas vidas.

Sumário

Prefácio 9
Prólogo 15
Capítulo 1. Nossas ordens de marcha 23

Parte I. O comando de Deus para ir às nações
Capítulo 2. Onde está o paraquedas? 31
Capítulo 3. Eu dormi durante essa aula no seminário? ... 41
Capítulo 4. Definindo a conversa 61
Capítulo 5. A necessidade de disposição e trabalhadores resistentes 73
Capítulo 6. Arrumando a desordem 87
Capítulo 7. Mentiras, mentiras e mais mentiras 96
Capítulo 8. Obstinação 126

Parte II. O nascimento da fé em ambientes de perseguição
Capítulo 9. Os algozes 137
Capítulo 10. O espírito de Deus no presente do indicativo ... 148
Capítulo 11. Conversões sobrenaturais através de olhos ocidentais 171

Parte III. Alcançando a avó e o resto da família
Capítulo 12. Trabalhando com inteligência, não arduamente ... 193
Capítulo 13. Mais barreiras? 212
Capítulo 14. Caso de estudo histórico: a perseguição e sua repercussão 227
Capítulo 15. Como lidar com um judas 234

Capítulo 16. Tragam a água..243
Capítulo 17. "Cheguei em casa!" 249

Parte IV. Questões práticas
Capítulo 18. Sábios servos, lugares difíceis......................................273
Capítulo 19. Prostrados perante Deus..282
Capítulo 20. Jesus e dinheiro..288
Capítulo 21. Sendo assistente do Corpo de Cristo 296
Capítulo 22. Reconhecendo e equipando líderes locais..................308

Parte V. Uma fé vitoriosa
Capítulo 23. Se a ressurreição for verdade, isso muda tudo.............323
Capítulo 24. Nossas ordens de marcha..348

Posfácio..350

Prefácio

por Irmão Andrew

Aviso: este é um livro difícil. Não pela dificuldade de leitura, mas por causar desconforto. Um desconforto drástico!

Este livro vai virar sua vida de cabeça para baixo. Na verdade, recomendo que você o leia ajoelhado. Porque se os missionários (carreira de curta duração), as agências que os enviam, os líderes de igreja, aqueles que apoiam agências e missionários e, ainda, todos aqueles que oram pelos missionários forem tocados profundamente por este livro, haverá uma colheita incrível para o Reino de Deus.

Sim, os discernimentos nestas páginas são extremos. E esta profunda mensagem é para todos os seguidores de Jesus.

Quando li o primeiro livro de Nik, *A insanidade de Deus*, não gostei muito da primeira metade. Sendo honesto. Como a maioria das pessoas, gosto de histórias de sucessos e vitórias. Nik apresentava um testemunho da derrota – como você descreveria começar um ministério em um país com 150 crentes e acabá-lo seis anos depois com apenas quatro? Não, queremos histórias sobre triunfos: começar com quatro e crescer para uma igreja de 150 ou, melhor, 1.500, 15.000. Este é o tipo de história que vende. Então todos irão querer saber o segredo do sucesso e imitar sua "fórmula".

No entanto, foi na derrota, logo após a morte de seu filho adolescente no campo da missão, que Deus levou Nik e Ruth em uma jornada de descobertas. Deus não os guiou a um seminário ou uma conferência de liderança de uma grande igreja. Ao contrário, Ele os levou para mais de setenta países nos quais cristãos são perseguidos, em muitos deles de maneira rigorosa. Nik conheceu crentes que passaram anos na prisão por causa de sua fé ou tiveram algum membro de sua família martirizado. Sob tal pressão a Igreja sobreviveu, muitas vezes prosperou e – na China – viu um crescimento sem precedentes.

Por mais de doze anos, Nik tem feito entrevistas detalhadas com mais de seiscentos crentes perseguidos. Durante o processo, ele aprendeu como é a fé vitoriosa, independente das circunstâncias. Essa jornada de descobertas compõe a segunda metade do livro. Deixou-me querendo mais. Eu precisava saber o que isso significava para nós. Como nós, particularmente no Oriente livre, absorvemos esse incrível corpo de conhecimento adquirido por meio do mais severo dos sofrimentos e aplicamos isso nos nossos esforços missionários? Essa é a pergunta que esta obra responde.

Para explicar o impacto dos livros de Nik em mim, preciso contar uma história pessoal. No meu escritório, tenho uma foto. Foi tirada em 2002 em um hotel, no meio de uma zona de islamismo radical. Dois homens estão comigo sorrindo para a câmera. Eles estão vestidos de forma simples, com roupas indígenas. Eles vieram em segredo me encontrar depois da meia-noite para me contar suas histórias. Como medida de segurança, identifico-os apenas como S. e Q.

S. era um jovem bonito, com uma barba negra e bem aparada. Seu inglês se limitava a: "Oi, meu nome é S.". Logo, conversávamos por intermédio de um tradutor. S. foi criado em uma casa religiosa – seu avô era um imame, assim como seu pai e dois de seus irmãos. Ele memorizou todo o Alcorão em árabe, mesmo não sendo sua língua materna. S. tornou-se um imame, ensinava religião em uma escola pública e regularmente conduzia orações na mesquita do bairro.

O trabalhador docente permitiu que S. tivesse acesso a uma biblioteca, na qual fez uma descoberta valiosa. Dentre os muitos livros que tratavam do Islamismo, havia volumes que abrangiam o Hinduísmo, o Budismo e o Cristianismo. Outro imame, reconhecendo a fome pela sabedoria de S., começou uma discussão acerca de qual religião seria a verdadeira. Depois de diversas conversas comparando o Islamismo e o Cristianismo, S. foi apresentado ao Novo Testamento. S. começou a ler os Evangelhos e conheceu a pessoa de Jesus. "Percebi que não há ninguém como Cristo depois de Deus", S. me explicou. "Cristo é a verdadeira revelação de Deus. Na verdade, ele é Deus."

Fazia dois anos que S. tinha se tornado um servo de Cristo. Ele abriu mão de sua posição como imame e professor do Islã, então estava batalhando para conseguir seu sustento. Para complicar a situação, um de seus irmãos descobriu sobre sua conversão e jurou matá-lo. Por isso, nos últimos dois meses, S. vivia escondido. O que ele iria fazer? Com um sorriso largo, meu novo amigo anunciou: "Eu quero ser um imame para Jesus!".

Um de meus colegas encontrou S. dois anos e meio depois disso e ficou sabendo que ele trabalhava disfarçado em uma região controlada por fundamentalistas muçulmanos. No meio do islamismo radical, S. iniciava conversas inteligentes para determinar quais indivíduos poderiam estar interessados em aprender sobre Jesus. Ele conduziu muitos à fé em Cristo, incluindo um de seus irmãos, e agora é responsável por várias congregações clandestinas que se encontram secretamente em casas. Casou-se recentemente com uma mulher quatorze anos mais jovem – ela foi prometida para ele quando tinha apenas 3 anos. Pacientemente ele apresentou-lhe Jesus. Até que ela se converteu.

Duas semanas depois desse encontro, recebi uma ligação. S. foi capturado por fundamentalistas muçulmanos. Apesar das nossas orações, nós nunca mais o vimos e acreditamos que ele tenha morrido partilhando sua fé. Ele não conseguia parar de falar em Jesus.

Q. era tão corajoso quanto ao trabalhar para Cristo, e a morte de S. não diminuiu sua paixão. Ele fez a mesma rota de S. e assumiu o cuidado daquelas igrejas domésticas. Como S., ele levou pessoas a Cristo ao mesmo tempo em que escapava por pouco de atentados contra sua vida. Mas, depois de alguns anos, sua "sorte" acabou. Q. também foi capturado e morto.

Olho todos os dias para a foto e lamento a perda de dois irmãos queridos. Mas também me maravilho com seus testemunhos. Sabe, eu sou livre para compartilhar Jesus com meus vizinhos. Posso atravessar a rua e bater à porta deles. Eles podem até fechar a porta na minha cara, mas eu não serei sequestrado ou morto por falar sobre Jesus. Ainda assim, com que frequência vou falar com meus vizinhos sobre Jesus?

Em contraste, S. e Q. acordavam todas as manhãs ávidos para falar para as pessoas sobre Jesus, sabendo que o preço poderia ser a própria vida naquele mesmo dia. Eventualmente eles pagaram o preço. Estou convicto, pois eles seguiam os caminhos de Jesus. É um caminho difícil, o da cruz.

Eis então o desafio: sou mais livre porque vivo em uma democracia e aprecio a liberdade religiosa, mesmo ficando hesitante de falar sobre Jesus? Ou S. e Q. eram mais livres, mesmo imersos na cultura Islã radical, vivendo sob a lei xaria, sabendo que as pessoas eram resolutas em calar seus testemunhos? Esses dois homens espalharam o Evangelho em uma área em que a maioria de nós consideraria impossível para qualquer missão. De fato, missionários ocidentais não podem ir a essa região em particular. Mesmo assim, esses dois homens implantaram igrejas. Eu pergunto a você: quem era mais livre?

A fé de S. e Q. me deixa envergonhado ao mesmo tempo em que me inspira. Nik tem mais seiscentos exemplos. A profundidade de seus estudos nos traz, a todos, os ensinamentos da igreja perseguida. Devemos escutar e aprender com esse pedaço do Corpo de Cristo que sofre só por seguir Jesus. Esses homens e mulheres colocaram novamente a Grande Comissão em foco. Suas palavras e ações definitivamente demonstram o que sempre acreditei – nenhuma porta está fechada para o Evangelho. Na verdade, como Nik mostra, Jesus já atua nas áreas que pensamos ser perigosas para visitar.

As descobertas radicais e as conclusões de Nik por meio de suas experiências, além da pesquisa que ele concluiu, devem nos desafiar até a alma. Neste livro, você poderá entender por que Nik chama as respostas de tais descobertas e conclusões de *A insanidade da obediência*. Não obstante, Nik compartilha conosco que "obediência" é exatamente o que Deus nos chama para fazer, independentemente de onde estamos ou de nossas circunstâncias. Você descobrirá que as respostas para como alguém obedece não são fáceis. Mas a Igreja, como sou testemunha no país da Holanda, não está crescendo onde viver a fé é fácil. É por isso que devemos estudar os livros de Nik (e outros como *Radical*, de David Platt). Nós precisamos recuperar o radicalismo da mensagem evangélica. Se todo cristão levasse a sério a mensagem encontrada em *A insanidade de Deus* e em *A insanidade da obediência* e a aplicasse com afinco, o resultado seria revolucionário. Não uma revolução armada, mas guiada pelo amor. Nós poderíamos até conquistar o mundo.

Prólogo

Recentemente, lideramos uma reunião de treinamento com alguns crentes na China. Publicamente, comentei sobre a colheita espiritual significativa dentre os chineses. De forma entusiasmada, descrevi como essa colheita foi um incentivo para o Corpo de Cristo ao redor do mundo. Minha entonação beirava a arrogância. Não era minha intenção, claro; eu só estava impressionado com o trabalho do Espírito de conduzir as pessoas à fé.

Depois das minhas declarações, o líder de uma igreja doméstica me convidou para acompanhá-lo em uma refeição. Com inabalável gentileza, ele questionou os números de crentes chineses que eu havia mencionado. Seu comentário me pegou de surpresa, afinal eu usei a estimativa mais conservadora citada pelos ocidentais! Eu defendi meus números e expliquei ao meu anfitrião a fonte da minha estatística. Ele me ouviu pacientemente. Então, com um sorriso, ele concordou que poderia ser possível sustentar os números que eu usava. Ao mesmo tempo, sugeriu uma maneira diferente de interpretar os números anunciados mundialmente.

Nunca me esquecerei do que ele disse: "Desse grande número de crentes que você descreve, dois terços dessas pessoas são o que podemos chamar de 'membros'. Só um terço dessas pessoas poderíamos chamar de 'servos de Jesus'".

Fiquei intrigado pela distinção apresentada e pedi que meu novo amigo me explicasse a diferença entre essas duas categorias.

Ele disse: "Provavelmente, dois terços das pessoas que você citou compareçam regularmente a uma igreja doméstica, a maioria foi batizada e contribui financeiramente para essas instituições". Fez uma pausa antes de continuar: "Mas nós não consideramos membros da igreja como verdadeiros servos de Jesus até que tenham levado outras pessoas a Cristo e ajudado a implantar mais igrejas domésticas".

Encontrei-me assumindo o papel de pesquisador, conforme comecei a assimilar seu comentário, mas parei por um momento, tomado pelas implicações do que o líder da igreja estava sugerindo. A próxima pergunta que me veio à mente era profundamente pessoal: *eu sou um mero membro da igreja ou sou um verdadeiro servo de Jesus Cristo?*

A questão crucial está no coração deste livro: somos meros membros da igreja ou verdadeiros servos de Jesus? Essa questão central traz à superfície muitas outras perguntas importantes. Há alguma coisa que possuímos em nossa vida que está fora da autoridade e do controle de Deus? Existe algum lugar no mundo ao qual não estaríamos dispostos a ir por Ele? Tem alguma pessoa que seríamos incapazes de amar ou perdoar?

Essencialmente, somos simplesmente membros de um grupo ou verdadeiros servos de Jesus e parte de seu Corpo?

O livro que você tem em mãos é um convite para se fazer perguntas importantes e um desafio para que lide com as implicações de suas respostas.

Desci do pequeno avião que pousou em uma área deserta que separava dois países da Ásia Central. Esperava encontrar um médico europeu. Mas, para a minha surpresa, fui "abordado" por cinco homens que vestiam roupas características de muçulmanos conservadores. Desvencilhando-me deles, tentei fugir para o pequeno aeroporto a fim de marcar um voo para longe daquele ambiente perigoso. Estava certo de que acabava de entrar em uma armadilha e minha vida corria perigo.

Logo antes de entrar no terminal, um dos homens sussurrou para mim: "Nós somos servos de Jesus".

Eles me levaram para um pequeno quarto de hotel. Depois de servirem chá e trocarmos gentilezas, eles me disseram: "Nós sabemos como ser muçulmanos em um país muçulmano, sabemos até ser comunistas em um país muçulmano, mas o que não sabemos é como ser um servo de Jesus em um país muçulmano. Nós orávamos à uma da manhã esta madrugada, e então o Espírito Santo nos disse para irmos ao aeroporto, esperarmos o primeiro avião que aterrissasse e então cumprimentarmos o primeiro homem branco que saísse dele. Deus nos mandou para encontrá-lo. Ele enviou você para nos ensinar o que aprendeu de outros crentes perseguidos – como servir Jesus em um lugar como este, que parece controlado pelo mal".

Este livro é para esses homens.

Eu vinha compartilhando o Evangelho secretamente com crentes de origem muçulmana todas as tardes, escondido ao ar livre em um país da África do Norte. Nós nos falamos até tarde da noite por uma semana. Era um grupo composto por vinte homens e sete mulheres. Na nossa terceira noite de conversa, conforme nos concentrávamos nas eufóricas histórias de sobreviventes a perseguições, uma das moças jovens desabafou: "Quando nossas famílias nos batem, podemos nos defender?".

Os jovens homens crentes do grupo ficaram paralisados com a pergunta. Enquanto as outras mulheres se juntaram ao redor de sua irmã e a acalentaram, todo o grupo me olhava, esperando a resposta para a questão.

Este livro é para ela.

Eles vieram até nós de um campus universitário no que chamamos de Cinturão Bíblico dos Estados Unidos[1]. Falavam fervorosamente sobre o ministério deles para alunos internacionais, especialmente aqueles com origem muçulmana. Falavam sobre as dificuldades do ministério e também sobre os motivos para celebrar. Assim como também falavam da animação em ver um punhado de alunos universitários muçulmanos entregando sua vida a Jesus.

Então descreveram como eles levaram seus amigos recém-convertidos para uma igreja no estilo ocidental, os apresentaram aos líderes de lá, testemunharam seus batismos e os receberam em sua comunidade local. Também admitiram que parecia que esses novos servos de Jesus eram tratados como "troféus". De fato, às vezes a foto desses novos crentes era colocada no site da igreja.

Com os corações partidos, eles nos disseram: "Todos esses estudantes de origem muçulmana que encontraram Cristo desapareceram. Ouvimos falar que muitos foram forçados a voltar para os seus países, que os rapazes jovens foram subjugados à autoridade de seu tio mais conservador e as mulheres mais jovens foram levadas para casa e casadas com homens muçulmanos mais velhos. O que devemos fazer? O que fizemos de errado? Ajude-nos!"

Este livro é para eles.

Outro grupo contou esta história: "Dr. Nik, nós tínhamos uma turma crescente de ESL (*English as a Second Language*, em português, 'Inglês como Segunda Língua') na igreja do nosso campus, composta por mulheres estrangeiras de países hostis à fé cristã. Tudo estava correndo tão bem e parecia que a maioria das nossas estudantes estava

---

1 Cinturão Bíblico dos Estados Unidos é uma região no sudeste do país que condiz aos estados que têm a religião protestante como parte da cultura local (N. T.).

prestes a expressar a fé em Jesus. Quando fomos procurá-las, achamos evidências de que um líder religioso veio de outra cidade e as ameaçou para que nunca mais voltassem para os terrenos da igreja.

A pergunta do líder do grupo foi triste e tocante: "O que fazemos, agora que perdemos nosso ministério para essas pessoas?".

Este livro é para eles.

Eu andei numa van por dezoito horas ao longo da China. Acordando de um extenso sono, encontrei-me em um recinto cercado por aproximadamente 150 líderes de um movimento de igrejas domésticas. Antes mesmo de conseguir me apresentar, o grupo reunido me disse: "40% do nosso grupo já estiveram na prisão por três anos. Isso significa que 60% ainda devem ser presos. Dr. Nik, você nos ensinaria como nos preparar para ir para a prisão?".

Este livro é para eles.

O ancião de uma igreja doméstica me explicou que o Espírito Santo o acordou no meio da noite e lhe disse para juntar as frutas, os vegetais e as carnes que a instituição armazenara para cuidar de pessoas carentes. Em seguida, o Espírito Santo falou para ele que levasse esse carregamento de comida, a cavalo e com trenó, para a família de um pastor que fora deixada para morrer em uma cabana de um cômodo na tundra congelada.

O homem lembrou ao Espírito Santo que estava trinta graus negativos do lado de fora e que ele não conseguiria sobreviver à viagem. Continuou dizendo que os lobos provavelmente comeriam seu cavalo e depois o comeriam.

E, então, as palavras do Espírito Santo soaram em seus ouvidos: "Você não precisa voltar, você simplesmente tem que ir".

Este livro é para ele.

Eu escutava como algumas "mulheres bíblicas" na China ensinavam sobre implantação de igrejas e do evangelismo. A coragem delas era quase assustadora. A habilidade e disposição de espalhar as boas-novas de Jesus Cristo em qualquer lugar que fossem eram inspiradoras. Querendo entender mais sobre liderança dentro do movimento de igrejas domésticas, ouvi aquelas mulheres explicarem: "Deus escolheu os homens para serem pastores das igrejas domésticas que têm uma audiência mista". Então, com pura alegria radiante, acrescentaram: "Olha quão bom é Deus! Deus deu aos homens o ministrar das igrejas e às mulheres a responsabilidade pelo resto do mundo!". Aquelas mulheres se exaltavam na graça de Deus em permitir que elas fossem "ovelhas no meio de lobos" no mundo, servindo sua causa, e elas consideravam esse comando um privilégio elevado e divino.

Este livro é para elas.

Atuais tendências na igreja evangélica ocidental são preocupantes. Quando éramos implantadores de igrejas na África subsaariana, nos foram ensinadas as medições que eram chamadas "porta da frente" e "porta de trás" da implantação de igrejas. A "porta da frente" media quantas pessoas novas vinham à igreja, já a "porta de trás" era a medida de quantas pessoas deixavam a igreja. O objetivo era acabar com números positivos; a esperança era que tivesse mais pessoas entrando na igreja do que a deixando! Disseram-nos que grandes perdas indicavam fraqueza na área do discipulado. No começo, nos era dito que uma perda na "porta de trás" de, digamos, 20%, era inaceitavelmente grande.

Hoje, essa medição da "porta de trás" para a igreja evangélica norte-americana está próxima dos 76%! Entre os últimos anos do colegial e o meio da faculdade, mais de 72% dos jovens da igreja a estão deixando pela "porta de trás".[2]

Este livro é para eles.

Mais ainda, este livro é para todos nós que amamos a Igreja, a amada Noiva de Cristo!

O livro que você tem em suas mãos ousa fazer uma pergunta: estaríamos dispostos a caminhar com Jesus nos lugares difíceis? Estaríamos dispostos a viver entre – e amar – aqueles que têm pouco ou nenhum contato com o Evangelho? Este livro é oferecido para os cristãos que estão cansados de serem meros "membros" de uma igreja e querem ser "verdadeiros servos" de Cristo.

Obrigado por ter dado uma chance a este livro! Conforme você lê, oramos para que você escute as risadas e a alegria no fundo de histórias muito dramáticas. Ao virar as páginas, oramos para que imagine famílias em louvor em suas casas, pais batizando suas esposas e crianças em Cristo, e irmãos e irmãs encontrando alegria na grande honra de sofrer por Jesus.

Finalmente, este não é um livro sobre perseguidores e perseguição. Ao contrário, é um livro sobre Jesus, sobre o Corpo de Cristo obedientemente carregando o amor e a graça dele a um mundo perdido e doente. Este é um livro sobre o que podemos ser como verdadeiros servos de Deus.

Em nosso primeiro livro, *A insanidade de Deus*, procuramos responder à pergunta: "Por que dar sua vida a Jesus e então, naturalmente, compartilhar sua história e a dele pela sua rua, ou embarcar em um avião levando seu amor por Ele para as nações?". Tenha certeza: a

---

2 O livro *Geração Perdida* (UDF – Universidade da Família), de David Kinnaman, fornece avaliações mais sóbrias da saúde espiritual de igrejas nos Estados Unidos.

história de Jesus é para ser contada enquanto alimentamos os famintos, vestimos os nus e curamos os doentes, mas também enquanto somos seus pacificadores entre as nações.

Este livro, *A insanidade da obediência*, ousa responder à pergunta: "O que fazemos depois de atravessar a rua e ao descer dos aviões?". Haverá algum "faça isso, mas não faça aquilo" neste livro, mas ele também será um guia espiritual na direção de como experienciar a batalha entre os principados e os poderes, diretamente do lado das notícias de Deus. Não tenha dúvidas, essa é uma atitude perigosa de se tomar. Se quiser para sua vida o que este mundo temporal tem para oferecer, largue o livro. Se estiver determinado a ser definido pela ressurreição, leia.

Capítulo 1

Nossas ordens de marcha

Correndo o risco de soar como um sermão, me deem um instante para reiterar o óbvio – o que mais ouvimos pode ser muito bem o mesmo comando que mais ignoramos. À medida que a narrativa do Evangelho de Mateus vai se intensificando, Jesus dá aos seus servos uma última instrução. Normalmente nos referimos a essas palavras como Grande Comissão. Com forte simplicidade, Jesus estabelece o chamado e a missão para aqueles que o serviriam. "Portanto ide", ele ordena, "fazei discípulos de todas as nações..." (Mateus 28:19). Daquele dia em diante, os servos de Jesus se esforçam para cumprir essa tarefa. Onde quer que a igreja assuma, é amplamente entendido que tanto "ir" como "fazer discípulos" são trabalhos essenciais e definitivos. A igreja não poderá ser a igreja se não for e fizer discípulos.

Curiosamente, a última instrução de Jesus não era nada de novo; é absolutamente consistente com a maioria de seu ministério. Logo no início, quando Jesus convidou Simão e André a segui-lo, Ele explicou que os tornaria "pescadores de homens" (Marcos 1:17). Mais adiante, Jesus designou doze apóstolos. Ele indicou que "eles estivessem com Ele e que Ele poderia os enviar para pregar" (Marcos 3:14). Ele os trouxe para perto e então os enviou. Frequentemente, esse convite de caminhar próximo a Jesus é ligado ao comando de partir com Ele. Na verdade, fica claro que um relacionamento íntimo com Jesus necessariamente leva a uma vida de ministério, serviço e missão para **todos os crentes**. *Deus é um Deus que envia*. Repetidamente Ele traz as pessoas próximas e então as faz partir. No Evangelho, encontramos esse padrão constantemente.

Quando Jesus enviou seus servos, Ele deu uma orientação explícita. Também explicou claramente o que aconteceria com estes servos conforme o servissem. Em Mateus 10, Jesus deu aos doze "autoridade sobre os espíritos imundos, para expulsarem e para curarem toda sorte de doenças e enfermidades" (Mateus 10:1). Ele disse aos seus seguidores exatamente qual mensagem proclamar (versículo 7). Ele também lhes deu instruções específicas sobre suas jornadas vindouras (versículos 5-15).

Algumas de suas orientações soavam desconfortáveis e até potencialmente perigosas. Para essas pequenas viagens específicas, disse para seus seguidores que não pegassem nenhum dinheiro enquanto viajassem. Disse a eles que não levassem nenhum saco, nem roupa ou sandálias a mais. Evidentemente Jesus quer que seus servos experienciem a suficiência das provisões de Deus em primeira mão.

Por mais desafiadoras que algumas orientações específicas de Jesus fossem, o que Ele falou até esse ponto foi completamente encorajador comparado ao que disse a seguir: "Eis que vos envio," Ele explicou, "como ovelhas no meio de lobos..." (Mateus 10:16).

Como ovelhas no meio de lobos. Com essa simples e impressionante frase, Jesus definiu a identidade de seus servos: eles são como ovelhas. Ao mesmo tempo, deixou clara a identidade das pessoas que conheceriam no mundo: elas são como lobos. Não é essencialmente difícil determinar o que acontecerá com ovelhas na presença de lobos. Mesmo que não tenhamos experiência pessoal com ovelhas ou lobos, nós obviamente enxergamos como esse cenário termina. Francamente, não é bom ser uma ovelha na presença de lobos. Ovelhas normalmente não sobrevivem na presença de lobos! Mesmo assim, Jesus queria que seus servos entendessem sua própria natureza e a natureza do mundo em que eles iriam se aventurar. Jesus queria que seus discípulos entendessem tanto o conteúdo do Evangelho quanto o contexto no qual deveria ser compartilhado. O que Ele oferecia era a declaração de um fato.

Percebam: Jesus não pediu para que as ovelhas se comportassem como lobos e, com certeza, não sugeriu que os lobos se comportariam como ovelhas!

Ao colocar essa imagem perante eles, Jesus não deu a oportunidade para que seus servos repensassem o compromisso feito com Ele antes. Não lhes perguntou se, considerando essas novas palavras, *ainda* se mantinham comprometidos a servi-lo. Afinal, eles já haviam respondido ao chamado, e obediência a Ele era o próximo passo. Com algumas notáveis objeções, seus servos obedeceram. Eles foram.

E, desde então, seus servos continuam a ir.

Jesus disse francamente que enviaria seus seguidores "como ovelhas no meio de lobos" (Mateus 10:16). Então lhes disse mais, falou que eles seriam entregues aos conselhos locais, açoitados nas sinagogas e levados como testemunha diante de governadores e reis; que seriam presos, traídos e odiados (versículo 17-22). Em uma palavra, seus servos seriam perseguidos (versículo 23). Jesus deixou claro que essa perseguição iminente não era mera possibilidade; para aqueles que lhe obedeceriam, perseguição era uma certeza.

Em resposta às suas instruções, os seguidores de Jesus partiram nessa grandiosa e assustadora aventura e, sem dúvida, experienciaram tudo que Jesus prometeu. Foram como ovelhas no meio de lobos e vivenciaram o que ovelhas geralmente vivenciam na presença de lobos. Previsivelmente, as ovelhas foram verdadeiras em suas identidades. Tão previsível quanto, os lobos foram verdadeiros nas suas. O resultado inevitável foi precisamente o que Jesus prometeu: perseguição.

Se há a possibilidade para tal, geralmente queremos relegar passagens como a de Mateus 10 para o passado distante, o mais longe possível de nossas próprias experiências. Obediência a essas antigas palavras no mundo de hoje seria potencialmente vista como desequilíbrio – até insanidade. Especialmente dentro da Igreja hoje, podemos ser encorajados a evitar que levemos as instruções de Jesus tão a sério.

Da mesma maneira, alegamos ser totalmente devotos à Escritura. Com grande respeito, estudamos para entender o mundo desses primeiros seguidores de Jesus. Lemos sobre seus sofrimentos e celebramos suas custosas obediências ao seu chamado. Jesus nitidamente disse há muito tempo aos seus servos que eles sofreriam, e eles sofreram. Sabemos que as histórias desses fiéis seguidores são reais.

Tão verdadeira quanto essa antiga história de perseguição é a percepção de que esses versos são apenas "histórias". Queremos muito acreditar que o que aconteceu a esses primeiros discípulos não acontecerá conosco, que as palavras de Jesus em Mateus 10 não se aplicam aos crentes de hoje – ao menos, não a todos eles!

Desesperadamente nos agarramos à possibilidade de que esses duros versos não se aplicam a nós.

Mas e se Mateus 10 não for mera "história"? E se Mateus 10 forem palavras verdadeiras, destinadas por Jesus aos seus servos de qualquer tempo – palavras verdadeiras pretendidas até para o nosso tempo? *E se Mateus 10 for sobre mim e você*? Se "ovelhas no meio de lobos" for uma descrição precisa do nosso chamado e do mundo de hoje? E se os seguidores de Jesus – os seguidores de hoje – forem realmente como ovelhas? E se o mundo – o mundo de hoje – estiver realmente cheio de lobos?

Abrir-nos para a verdade das Palavras de Deus é perigoso. Teologias populares nos dirão que o sofrimento pode ser evitado, que há um jeito de ser fiel e estar confortável ao mesmo tempo, uma maneira de ser obediente e estar em segurança, que perseguição é um destino de crentes de outros tempos ou de determinados lugares, que Deus recompensará obediência com sucesso e segurança. Teologias populares nos dirão que, mesmo que sejamos ovelhas, é possível minimizar nossa exposição a um mundo cheio de lobos.

A Palavra de Deus – vivida no presente do indicativo –, na verdade, nos diz algo muito diferente. Jesus nos fez entender que seus seguidores – os do passado e do presente – são, de fato, ovelhas; Ele nos fez entender que nosso mundo – o de muito tempo atrás e o de hoje – está cheio de lobos. E, tendo certeza do resultado desse encontro entre ovelhas e lobos, Jesus nos fez entender que, mesmo nesse tipo de mundo, Ele pretende realizar seus propósitos. Ele usará essas ovelhas para completar seu grande plano.

Julgando pelo que eventualmente aconteceu com o próprio Jesus, chegamos à conclusão de que perseguição, sofrimento e sacrifício são partes necessárias da derradeira estratégia dele, mesmo hoje.

Este livro reconta a história dessa estratégia, a história dos servos de Jesus de hoje em dia, que entendem o que significa ser como ovelhas no meio de lobos. Conta a história da determinação de Jesus para atingir seus propósitos usando coisas improváveis, como a perseguição, o sofrimento, o sacrifício e o martírio. Este livro é sobre os improváveis seguidores de Jesus que modelam as características de ovelha.

A instrução de Jesus é convincente na sua simplicidade. Não é uma sugestão, é uma ordem. "Vá!", Ele diz, "Eu estou te mandando". Mas o que Ele diz a seguir é uma grande surpresa: "Eis que vos envio como ovelhas no meio de lobos."

Nós tivemos o grande privilégio de responder ao chamado de Jesus para partir. Mas sejamos claros sobre isso: vamos nos termos dele, não nos nossos. Se vamos com seriedade, vamos como ovelhas no meio de lobos.

Por que então, já que Jesus conduz seus discípulos todos os dias para estarem com Ele e "buscar e salvar o que se havia perdido" (Lucas 19:10), Ele sentiu a necessidade de nos comandar mais uma vez com a Grande Comissão de Mateus 28?

Será que é porque o que Jesus mais mandava e vivia é o que mais relutamos em obedecer?

Nos dias de hoje, estamos dispostos a seguir Jesus em lugares difíceis, independentemente do local e do momento em que Ele mandar?

TÓPICOS PARA REFLEXÃO:

- Este comando de Jesus é sempre definido hoje pelo seu desejo de "buscar e salvar" aqueles que estão perdidos? Quem você está buscando hoje?
- Um irmão iluminado disse que todo Corpo de Cristo que seja misericordioso com as nações precisa de quatro tipos de pessoa: (1) aqueles que vão, (2) aqueles que enviam, (3) aqueles que dão suporte para os que vão e (4) aqueles que acolhem as nações em seus lares. Avalie seu comprometimento.

Parte I
O COMANDO DE DEUS PARA IR ÀS NAÇÕES

Capítulo 2:
Onde está o paraquedas?

É UMA VERDADE FALAR QUE NÃO ESTAMOS ONDE PENSÁVAMOS que estaríamos.

Mesmo que tenhamos chegado à fé de formas diferentes, minha esposa (Ruth) e eu claramente ouvimos o chamado de Jesus para segui-lo. Nós lemos as Escrituras ao pé da letra e simplesmente assumimos que a Grande Comissão era destinada para nós; escutamos as palavras e o convite de Jesus de maneira pessoal. Por meio do treino de escolas denominacionais e uma variedade de experiências pastorais, e porque estávamos convencidos do chamado pessoal de Deus para nós, nos preparamos para servir além-mar.

Nossa primeira missão foi em Maláui. Lá, nós vivíamos alegremente em um cenário no qual Deus estava visível e dramaticamente trabalhando. Nosso ministério envolvia implantar novas igrejas e fortificar as que já estavam estabelecidas. Até onde concernia a nós, poderíamos ter ficado em Maláui por décadas. Nosso trabalho lá nos dava o sentimento gratificante de satisfação, sentíamos que éramos parte do que Deus estava fazendo e tínhamos alegria em nosso serviço.

Para a nossa tristeza, nosso time era relativamente pequeno. Depois de problemas debilitantes com a malária, fomos forçados a realocar. Fomos viver em uma parte diferente da África, por muitos anos servimos em Transkei – na época, uma pátria negra dentro da África do Sul. Naquele tempo, a África do Sul era definida pela política oficial de separação racial drástica, chamada *apartheid*.

Durante nossa estada em Transkei, Ruth e eu começamos um estudo sério sobre o Livro de Atos, do Novo Testamento. Havíamos lido e estudado o livro muitas vezes antes, mas daquela vez vivenciamos um momento de encontro com a Palavra de Deus que transformou nossas vidas. Individualmente e como casal, sentimos uma ordem clara de Deus para começarmos a servir em uma parte do mundo na qual o Evangelho ainda não tivesse sido amplamente proclamado. Com a ajuda de nossos supervisores e por meio da nossa própria jornada de orações, fomos retirados para trabalhar com as pessoas da Somália. Nós nos mudamos para o Chifre da África e começamos a trabalhar entre os somalianos.[3]

Mesmo tendo passado por desafios e tristezas em nossas vidas, como a maioria das pessoas, nada nos havia preparado para o que experienciamos na Somália. Pela primeira vez em nossa jornada, realmente vivemos "como ovelhas no meio de lobos". Pela primeira vez estávamos servindo "como ovelhas no meio de lobos" – onde os lobos eram a grande maioria. Honestamente não nos importávamos muito de sermos ovelhas dentre os lobos, mas nossa experiência na Somália era como voar do Quênia em uma aeronave de transporte C-130 com uma única instrução: "Pulem!".

Teria sido uma experiência muito mais fácil se alguém nos tivesse dado um paraquedas.

---

[3] A história mais completa de nossas vidas é contada no nosso primeiro livro, cujo título é *A insanidade de Deus: uma verídica e impactante história sobre a perseguição aos cristãos*.

Apesar das nossas melhores intenções e dos anos de trabalho cansativo, experienciamos pouco no caminho do sucesso espiritual. De fato, nosso tempo na Somália foi definido por sofrimento, perda e falha. Nossa decepção no ministério só foi superada pelas perdas pessoais que afetaram nossa família. Próximos do desespero, voltamos para os Estados Unidos pensando para onde ir a seguir.

Durante uma longa e dolorosa temporada de procura espiritual e oração, Deus colocou na nossa frente a oportunidade de enfrentar algumas de nossas dificuldades pessoais e profissionais de um ângulo completamente diferente. Nós queríamos desesperadamente identificar jeitos saudáveis e honrosos ao Senhor de suportar o testemunho de Jesus em lugares difíceis como a Somália. Essa pesquisa nos levou a considerar outros árduos lugares no mundo, nos quais os seguidores de Jesus já vinham vivendo sua fé por bastante tempo. Com uma significante ajuda financeira e espiritual de muitas pessoas, começamos a desenvolver um plano para sentar aos pés de crentes ao redor do mundo que sabiam como viver e prosperar em cenários de perseguição intensa. Em uma palavra, queríamos aprender a experiência das ovelhas em um mundo repleto de lobos.

Nossa intenção era ir como aprendizes até esses crentes que viviam perseguições, não como professores; simplesmente escutar e aprender. E isso foi exatamente o que fizemos.

Originalmente fizemos uma lista de quarenta e cinco países conhecidos pelas perseguições aos fiéis de Jesus e começamos a fazer planos para visitá-los. Fizemos contato com pessoas desses países e também com pessoas que foram forçadas a deixar seus países por causa de suas crenças. Planejamos cuidadosamente os itinerários da viagem e combinamos entrevistas. Viajando de país em país, nós simplesmente ouvimos histórias de fé e lealdade por dias.

Agora, mais de quinze anos depois, nós conduzimos, gravamos, documentamos e analisamos mais de seiscentas entrevistas pessoais e profundas com fiéis de setenta e dois países diferentes. As entrevistas continuam até agora, e tanto o número de entrevistas quanto o de países aumentam de mês em mês. Obviamente essas histórias de vida nos transformaram drasticamente.

O que ouvimos foi poderoso e profundo. Algumas coisas que ouvimos foram esperadas e previsíveis; outras, chocantes e inesperadas. Muito do que ouvimos era quase impossível de acreditar. Ficamos horrorizados ao descobrir a crueldade que alguns dos crentes suportaram. Ficamos comovidos por histórias de sacrifícios altruístas. Ficamos impressionados pela firmeza do povo de Deus. E fomos lembrados continuamente da fidelidade, graça e do poder de Deus.

Por meio de nossa peregrinação, fomos biblicamente desafiados a acreditar que Deus pode usar até a mais indescritível dor para os seus propósitos. E agora somos capazes de dizer com confiança que Deus usa a perseguição e o sofrimento para os seus propósitos. O *porquê* exatamente de Deus usar a perseguição e o sofrimento é um mistério divino, mas o fato de que Ele *os usa* é uma certeza!

Crucificação e ressurreição são temas centrais da história do Evangelho. Fiéis perseguidos trazem esses temas para o presente, conforme vivem sua fé em ambientes horríveis e severos.

Ao mesmo tempo, tivemos a capacidade de extrair lições e verdades dessas centenas de entrevistas, já que refletimos sobre elas iluminados pelas nossas três décadas de serviços além-mar. Conforme ouvíamos cuidadosamente os crentes sofredores, mas vitoriosos, ao redor do mundo, notamos alguns temas comuns, lições aprendidas. De primeira, isso nos surpreendeu. Em diferentes lugares do globo, as mesmas histórias com visões bíblicas estavam sendo contadas. Com o tempo, começamos a ligar os pontos e fomos capazes de discernir verdades cruciais. Claramente ainda temos muito para aprender, mas começamos a angariar perspectivas valiosas sobre perseguições, os caminhos de Deus e como as igrejas são implantadas e prosperam – especialmente nas perseguições.

Evidentemente estávamos mal preparados quando começamos nosso trabalho na Somália. Enquanto lugares como a Somália sempre serão um desafio, o que aprendemos – e o que estamos aprendendo – é inestimável. Temos esperança e oramos para que as verdades dessas entrevistas o ajudem enquanto você busca obedecer ao chamado e à ordem de Deus na sua vida.

Mais ainda, oramos para que este livro o ajude a atravessar a rua e ir até o seu vizinho, e também que o ajude a atravessar os mares conforme você se aventurar nas nações.

A fundação para este livro foi alicerçada em um *workshop* que compartilhamos com centenas de grupos ao redor do mundo nesses últimos quinze anos. Conforme o tempo passou, fizemos mais e mais entrevistas. Percepções adicionais foram adquiridas, e o material presente nos *workshops* se desenvolveu. As contribuições daqueles que participaram deles também foram valiosas; perguntas e comentários constantemente refinam nosso pensamento. Este livro é resultado de nossos quinze anos de experiência trabalhando com esse material. Nós o oferecemos aqui não como um tipo de "resposta final". Ao contrário, oferecemos como um trabalho em desenvolvimento. Também oferecemos esse material como uma fonte, a qual temos esperança de que ajudará todos nós a pensar mais claramente sobre o comando de Jesus para irmos e fazermos discípulos, e também sua indicação para sermos "ovelhas no meio de lobos" conforme o representamos em lugares difíceis.

Este livro é composto por cinco partes principais:

A parte I lida com o comando de Deus para sermos missionários e com nossa resposta a essa ordem. Quem exatamente Deus comanda para estar em missão? E que tipo de resposta Ele espera?

A parte II narra o nascimento da fé em cenários de perseguição. É possível para a fé nascer em cenários de hostilidade e oposição? Se sim, como exatamente isso acontece?

A parte III descreve como a fé cresce de um pequeno grupo de crentes até sucessivas gerações. Conforme a fé nasce, como ela se move de uma família para mais famílias e comunidades?

A parte IV considera o trabalho dos missionários além-mar (o Livro de Atos os chama de "os enviados", já que a palavra *missionário* não se encontra na Bíblia) e questões de liderança local. Quais as dinâmicas de liderança que promovem crescimento saudável?

A parte V descreve e celebra o milagre de uma vida vitoriosa em cenários de perseguição. É possível para os fiéis não apenas sobreviver nesses cenários de perseguição, mas também prosperar? Se sim, como?

As questões vitais que iremos enfrentar neste livro são convincentes e cruciais:
- O que realmente significa seguir Jesus?
- Como seria a melhor maneira para os seguidores de Jesus de "ir e fazer discípulos"?
- Qual o papel que a perseguição e o sofrimento têm na tarefa que Jesus passou aos seus seguidores?
- A Bíblia é mera história do passado ou também é a história viva e vivificante das atividades de Deus hoje?
- O que significaria para a Igreja viver a Bíblia no presente de hoje?
- Ao ler que a perseguição aos seguidores de Deus era normal na Bíblia e é normal hoje, como você reage? Você vê isso como algo normal?

Por mais interessante que nosso trabalho de entrevistas tenha sido, o objetivo é mais do que simplesmente aprender sobre nossos irmãos e irmãs em Cristo que vivem em lugares normalmente definidos pela perseguição. Por meio da nossa pesquisa, estamos tentando discernir algumas respostas para perguntas-chave missionárias e teológicas. Essa é uma maneira elegante de falar: "Como saímos do sofá, caminhando e trabalhando com Deus, especialmente em lugares difíceis?". Sabemos que o propósito de Deus é estender o convite da graça para o mundo inteiro, mas estamos intrigados com o papel significativo que os fiéis têm nesse plano divino. Procuramos discernir como exatamente os humanos podem acompanhar Deus e formar uma sábia parceria com seu trabalho.

- Como os crentes podem cooperar com Deus conforme Ele tenta alcançar um mundo doente? Mesmo em um mundo cheio de perseguição e sofrimento, é possível que os crentes possam trabalhar juntos para fomentar mais de uma fé grandiosa?
- Estamos dispostos a admitir – e então aprender com isso – os erros que nós, especialmente como fiéis ocidentais, cometemos? (Esperamos que você possa aprender com nossos erros e evitá-los! Temos Ph.D. em o que não fazer.)
- Podemos discernir alguma estratégia específica que Deus deseja abençoar?
- Há tempos e situações específicos nos quais a perseguição é mais provável? E quando a perseguição vier, como os cristãos podem responder? Como eles *devem* responder?
- Podemos humildemente aprender com o exemplo dos fiéis não ocidentais?
- Como o Evangelho se espalha em um contexto predominantemente muçulmano, hindu ou budista? Como o Evangelho se espalha em um contexto comunista ou ateísta?

- É possível que a perseguição à fé de uma primeira geração possa ser transmitida para as gerações seguintes, e, se sim, como exatamente isso pode acontecer? É realmente possível ajudar no compartilhamento da fé de uma geração para a outra?
- Qual o papel vital que o batismo possui no nascimento e crescimento da Igreja?
- É possível traduzir uma expressão cultural de fé de uma cultura para outra? Se sim, como isso pode ser feito? Todos precisamos chegar em Jesus do mesmo jeito, cantando as mesmas músicas ou usando as mesmas roupas?
- Estamos dispostos a ler, crer e experienciar nossa Bíblia no presente do indicativo?
- Como seguidores de Jesus, nos permitiremos ser envolvidos pelo conteúdo e o contexto do Novo Testamento?

Essas questões, e outras centenas como elas, são de extrema importância. Curiosamente, muitos fiéis de hoje assumem que sabem as respostas para essas importantes questões. No entanto, este livro coloca algumas dessas respostas conhecidas em xeque, sob a luz do que crentes ao redor do mundo nos ensinaram. Baseado em uma pesquisa ampla e ilustrado por anedotas episódicas, este livro tentará contar a história do que descobrimos conforme viajamos pelo mundo. Fiéis em situação de perseguição de fato foram nossos professores, e alegremente compartilhamos neste livro o que aprendemos com eles.

Com toda a humildade, desejamos nos associar com Deus e Sua obra de nos trazer a graça. Algumas coisas que achávamos que eram verdade acabaram sendo exatamente isso; verdades. Muitas de nossas convicções foram confirmadas e reforçadas. Mas, frequentemente, fomos compelidos a repensar nossos pressupostos e reexaminar nossas perspectivas. Em alguns casos, nossas hipóteses simplesmente estavam erradas. Conforme Deus nos mostrava coisas novas, tentamos nos manter abertos às Suas orientações.

Quando eu e Ruth nos casamos em 1976, ouvimos falar de um outro casal que começava a vida matrimonial ao mesmo tempo que nós. Com o passar do tempo, o marido começava a falar constantemente sobre o tópico: "Como criar seus filhos". Só tinha um problema: na época, eles não tinham filhos! Esse discurso era cheio de todos os tipos de introspecções e conselhos maravilhosos, nenhum que tenha sido aplicado pelo casal.

Depois de terem filhos, o orador reformulou sua fala e deu o nome dê: "Algumas sugestões de como criar seus filhos". Nessa segunda versão, seus conselhos dogmáticos foram suavizados para "sugestões". Anos depois, após enfrentar os desafios da paternidade, o homem mudou seu discurso mais uma vez. Agora foi intitulado: "Dicas frágeis para companheiros em dificuldade".

Essa história representa bem nossa peregrinação. Nós oferecemos este livro para você como "dicas frágeis para companheiros em dificuldade".

Estamos gratos que tenha se juntado à esta jornada. Nós o convidamos a sentar conosco aos pés de fiéis ao redor do mundo, enquanto pedimos a eles para nos contar o que aprenderam sobre a vontade de Deus e os caminhos de Deus neste mundo doente. Mesmo que enfrentemos verdades ásperas, oramos para que também nos seja possível ouvir a risada entre as lágrimas, testemunhar a fé que transcendeu os sofrimentos terrenos e saber com certeza que, se a ressurreição é verdadeira, isso muda tudo.

CONSIDERE ESTAS QUESTÕES:

- Onde você intencionalmente se encontra dentre os "lobos"? No trabalho, deliberadamente durante a recreação, ou recebendo famílias que não conhecem Jesus em sua casa?
- Qual a porcentagem do seu tempo que você passa sendo "ovelha no meio de ovelhas" ou "ovelha no meio de lobos"?
- Nesse mundo, como é possível amar os lobos? Especialmente aqueles que machucam e matam os cordeiros de Deus?

Capítulo 3

Eu dormi durante essa aula no seminário?

QUANDO COMEÇAMOS NOSSAS ENTREVISTAS COM CRENTES em situação de perseguição, a Rússia foi o primeiro destino. Ao longo de várias semanas, ouvi testemunhos maravilhosos sobre as provisões de Deus durante temporadas de sofrimento indescritível. Os fiéis na Rússia que me contaram suas histórias foram bastante verdadeiros tanto sobre suas dores quanto sobre a habilidade de Deus de usá-las para o Seu propósito. Frequentemente, o que ouvi nas histórias soava miraculoso para mim; as histórias soavam quase bíblicas aos meus ouvidos.

Contudo, meus contadores de histórias pareciam tão acostumados com as intervenções de Deus nas horas certas, que eles guardavam a palavra *milagrosas* para as ações mais dramáticas de Deus. Pareciam completamente casuais sobre as histórias que estavam narrando. Não é que tivessem a garantia da atividade de Deus; com certeza não a tinham. Pelo contrário, eles pareciam conhecer Deus tão bem, e Ele parecia tão perto e real, que não era uma surpresa quando Ele agia de formas tão pessoais e necessárias.

No entendimento deles, as intervenções de Deus não eram realmente milagres; Deus estava simplesmente agindo da maneira que Deus age! Sua atividade era esperada, natural e completamente intrínseca ao Seu ser. Constantemente guardavam o termo *miraculoso* para descrever a conversão de uma pessoa.

Depois de ouvir histórias como essas por várias semanas, eu estava simplesmente maravilhado. Conforme o meu tempo na Rússia foi chegando ao fim, me encontrei com um grupo de pastores. À luz de tudo isso que eu tinha ouvido, meu coração e minha cabeça estavam cheios.

Falei para o grupo reunido: "Há uma coisa que não entendo. Vocês me contaram tantas histórias notáveis sobre o que Deus fez. Contaram-me sobre um sofrimento indescritível, penosas perseguições e o poder de Deus posto à prova. Por que não escreveram essas histórias? Por que não publicaram essas histórias? Por que suas histórias não foram gravadas de alguma maneira?"

Os pastores pareciam genuinamente confusos devido às minhas perguntas.

Finalmente, um pastor mais velho me chamou de lado para conversar. Ele gentilmente segurou meu braço e me levou até uma janela da casa – uma janela que estava virada para o leste.

Ele começou fazendo referências a minha família: "Você nos disse que tem filhos, dr. Ripken".

"Sim, isso é verdade", respondi.

"Diga-me, dr. Ripken", perguntou pacientemente o pastor. "Quantas vezes você acordou seus filhos antes do nascer do Sol e os levou na sua casa até a janela virada para o leste? Quantas vezes disse a eles: 'Garotos, se preparem! Olhem pela janela, porque o sol está prestes a subir no leste! Garotos, acordei mais cedo hoje porque queria que vocês vissem! Está para acontecer!'? Dr. Ripken, quantas vezes acordou seus meninos e disse isso para eles?

A Insanidade da Obediência

"Bom, senhor", respondi, "eu *nunca* fiz isso. Na verdade, meus filhos pensariam que enlouqueci caso o fizesse".

O pastor mais velho assentiu com um sacudir de cabeça como se uma lição tivesse sido ensinada. No entanto, não consegui enxergar nenhuma conexão com a conversa que tivéramos mais cedo. Estava completamente perplexo.

Sentindo minha confusão, ele se pôs a explicar:

"Você nunca faria isso com seus filhos porque o nascer do sol no leste é normal e ordinário. É um evento do dia a dia. É esperado. Bom, é assim que a perseguição é para nós. É assim que é a atividade de Deus para nós. Não escrevemos muito sobre essas coisas – não falamos muito sobre essas coisas –, pois são coisas tão normais quanto o nascer do sol no leste."

Foi um pensamento surpreendente para mim. Da minha perspectiva, a perseguição era algo excepcional, incomum, fora do ordinário. Da minha perspectiva, a perseguição era um problema, algo a ser evitado. Já da perspectiva do meu amigo pastor na Rússia, perseguições não eram nem um pouco excepcionais. Eram comuns. Ordinárias. A perseguição é simplesmente algo que um seguidor de Jesus está esperando. E a habilidade de Deus de intervir e usar as perseguições para os Seus propósitos também é esperada.

Eu estava na Ucrânia algumas semanas depois. Mais uma vez, meu coração e minha cabeça estavam cheios. Tinha ouvido mais histórias sobre perseguições, sofrimento e provisões divinas. Mais uma vez, perguntei algo similar: "Por que não escreveram essas histórias? Por que não conseguem enxergar quão dramáticas e incríveis essas histórias são? Nunca antes tinha ouvido sobre Deus fazendo esse tipo de coisa! Por que suas histórias não foram gravadas?"

Dessa vez, foi um pastor ucraniano que me chamou de lado para conversar. Ele foi muito mais ríspido do que o pastor russo.

Respondendo à minha pergunta, ele simplesmente disse: "Filho, quando você parou de ler a Bíblia?"

"O que você quer dizer?", protestei.

Ele repetiu a pergunta de forma enfática: "Quando você parou de ler a Bíblia? Tudo que contamos a você já aconteceu na Palavra de Deus. O povo de Deus vem experienciando essas coisas há muito tempo, e Deus vem cuidando do Seu povo há muito tempo. Por que escreveríamos histórias que já são conhecidas e vivenciadas pelo povo de Deus há séculos? Esse tipo de coisas tem acontecido desde o começo. A Bíblia é cheia de histórias como as nossas! Quando você parou de ler a Bíblia?"

Fiquei tão sem graça e me senti tão inepto biblicamente que eu poderia ter me escondido em um dedal.

Novamente, sua perspectiva era tão diferente, tão incomum, tão... bíblica.

A maioria das pessoas simplesmente assume que sua visão de mundo corresponde diretamente ao que o mundo é. Talvez essa perspectiva seja simplesmente parte da condição humana. Por exemplo, se por acaso vivemos em uma parte do mundo na qual perseguições explícitas a crentes são raras, então assumimos que é raro que isso aconteça. Esse pressuposto parece óbvio e claro. No entanto, muitos de nossos irmãos e irmãs em Cristo ao redor do mundo têm um ponto de vista diferente.

Uma das maiores dificuldades dos fiéis de Jesus é a de desenvolver e aceitar uma visão de mundo que, na maioria dos casos, é radicalmente diferente da visão de mundo que já temos. Em nenhum outro caso essa dificuldade é mais aguda do que quando o assunto é a perseguição.

De acordo com Paul Marshall, da Freedom House (Casa da Liberdade), 80% dos crentes do mundo *que estão praticando sua fé* vivem em situação de perseguição.⁴ Antes de apresentar essa estatística chocante, Marshall vai longe para definir o que ele quer dizer quando fala "crente". Acontece que ele está falando das pessoas que não só usariam a palavra "cristão" para defini-las, mas especificamente pessoas que têm uma genuína relação com Jesus. Marshall está falando de pessoas que se consideram "nascidas de novo", pessoas cuja fé em Jesus é formativa em suas vidas. Usando essa definição de crente, Marshall afirma que 80% dos crentes do mundo vivem em situação de perseguição.

Se suas afirmações forem ao menos próximas da verdade, então somos obrigados a repensar nossa definição de "normal". Se 80% de um grupo experiencia algo, então talvez o que eles estejam vivenciando seja normal. De acordo com a Bíblia, a perseguição é normal, um simples produto da fé. Para a nossa surpresa, o mundo contemporâneo reflete essa precisa premissa bíblica.

As estatísticas de Marshall continuam sendo debatidas em círculos missionários e de advocacia, mas certamente se encaixam com a história encontrada no Livro de Atos. Em metade dos capítulos de Atos, encontramos fiéis ou na prisão por causa de sua fé, ou passando por pressão intensa por terem expressado sua fé abertamente. No Livro de Atos, sofrimentos pela fé não são nem excepcionais nem incomuns. No mínimo, a perseguição parece normal e previsível.

Geralmente falando, as perseguições aumentam conforme as pessoas vão respondendo mais e mais às atividades de Deus, o que é exatamente o que vemos acontecer no Livro de Atos. É também o que vemos acontecendo em muitas partes do mundo hoje em dia.

De maneira simples, à medida que as pessoas passam a ter uma relação com Jesus, a perseguição se dá a seguir. Nossas entrevistas

---

4 MARSHALL, Paul. *Their blood cries out* (O sangue deles clama). Nashville, Thomas Nelson, 1997, p. 249-50.

sugerem que o *acesso* ao Evangelho por si só não está correlacionado diretamente ao crescimento da perseguição. O indicador claro da perseguição é a *resposta* ao Evangelho. Normalmente, a resposta ao Evangelho cresce conforme se tem mais contato com ele, mas o acesso por si só não necessariamente leva ao aumento das perseguições. O que leva a uma maior perseguição é, tipicamente, uma resposta maior.

Isso pode parecer um ponto óbvio, mas leva a uma observação intrigante. Se nosso objetivo fosse simplesmente reduzir as perseguições, isso poderia ser feito facilmente. O jeito de reduzi-las – ou de eliminá-las por completo – é simplesmente impedir as pessoas de entrarem em uma relação com Jesus. Se nosso objetivo fosse simplesmente parar as perseguições, os seguidores de Jesus poderiam cumprir isso fácil e rapidamente ao se recusarem a compartilhar Jesus – ao se recusarem a viver como ovelhas no meio de lobos.

Obviamente, isso é algo que não estamos dispostos a fazer! Felizmente, os fiéis não estão dispostos a parar de compartilhar sua fé. Mesmo assim, isso é um bom lembrete de que começar uma relação com Jesus é a principal causa das perseguições. Talvez seja bom ser lembrado disso, dado nosso chamado e nossa missão; a redução (ou eliminação) das perseguições não é nosso objetivo máximo.

Jesus claramente tem um outro ponto de vista. A derradeira prioridade de Jesus para seus seguidores é o compartilhamento das boas-novas da graça. Conforme as boas-novas são partilhadas, Jesus nos garante que a perseguição virá. Portanto, o objetivo não é reduzir ou eliminar as perseguições, mas ver a perseguição como Jesus a vê. E Jesus vê a perseguição como resultado inevitável da obediência de seus seguidores. De acordo com Jesus, a obediência fiel, em todos os casos, *causará* perseguição. Geralmente, quanto maior a resposta às atividades de Deus, maior a perseguição.

A Insanidade da Obediência

É comumente difícil para nós enxergarmos as coisas de outra maneira, mas a Palavra de Deus e o testemunho dos fiéis ao redor do mundo nos dizem que a perseguição é normal, é completamente esperada por Jesus. E as perseguições podem (de alguma maneira) ser usadas para os seus propósitos. Ovelhas no meio de lobos podem, de fato, ser massacradas, mas essas ovelhas abatidas também podem (por meio da graça de Deus) ser usadas para propósitos divinos. Esses são mistérios dignos de nossa consideração.

A perseguição em si é difícil de entender. Parece óbvio, de fato, assumir que qualquer ameaça, intimidação ou ataque é, tecnicamente, "perseguição", mas nem sempre é tão simples. Na Somália, descobrimos que havia muitos tipos de perseguições *aparentes* que tinham pouco a ver com Jesus. Por exemplo, fiéis eram frequentemente atacados por causa de suas associações com ocidentais (especificamente os cristãos). Crentes foram mortos por causa de seus empregadores ou por causa dos estrangeiros com quem eles oravam. A perseguição aumentava quando pessoas locais eram vistas em posse de materiais de literatura religiosa, mesmo normalmente não sabendo ler. É doloroso lembrar os somalianos que foram mortos porque os ocidentais os incumbiram de evangelizar seu próprio povo e lhes ensinaram maneiras ocidentais de evangelismo. Por mais trágicos que tenham sido esses ataques, as causas dessa perseguição são bastante diferentes de realmente ser perseguido "pela causa de Jesus". É importante definir o que implica ser perseguido pela causa de Jesus e o que é a perseguição por motivos secundários. Todos os fiéis, ocidentais e locais, precisam ter certeza de que, quando a perseguição chegar, será pela causa de Jesus.

Sendo dolorosamente franco, ser perseguido por causa do Nik não é a mesma coisa que ser perseguido por causa de Jesus. Foi uma lição custosa de aprender, mas chegamos à conclusão de que, quando crentes fossem perseguidos por motivos secundários, nós nunca mais escolheríamos participar das práticas que instigaram tamanha perseguição!

Trabalhadores ocidentais devem se esforçar para criar o melhor ambiente espiritual possível e fomentar o crescimento de uma comunidade de crentes *antes* que a perseguição chegue. No cenário de uma comunidade de fiéis, a perseguição pode glorificar a Deus, fortificar os crentes e validar o Evangelho. Na verdade, quando aqueles que estão fora do Reino de Deus testemunham fiéis que estão dispostos a sofrer e morrer pela sua fé, eles são atraídos a Deus, que é o "autor e consumador" de nossas fés. Nesse contexto, o resultado pode ser um aumento significativo de pessoas chegando à fé e múltiplos Corpos de Cristo nascendo. Mas esses bons resultados só podem acontecer dentro do contexto de uma comunidade de fiéis.

Diante da perseguição, muitas respostas diferentes são possíveis. Em nossas entrevistas, identificamos a progressão da resposta dos fiéis conforme as pessoas descreviam suas experiências de perseguição e suas reações aos seus perseguidores.

"Deus, nos salve!" Essa é normalmente a resposta inicial e comum às perseguições. Naturalmente, um crente que sofre pedirá a Deus por ajuda. Orações práticas por resgate são comuns. A primeira resposta à perseguição é normalmente "Deus, nos salve!".

"Deus, julgue-os!" Novamente, essa é uma resposta típica e frequente às perseguições. Baseada no compromisso de Deus com a justiça, essa oração reconhece tanto que Deus tem consciência do que está acontecendo, quanto Seu poder de corrigir as coisas. Os fiéis perseguidos pediriam naturalmente para Deus o julgamento de seus algozes: "Deus, julgue aqueles que estão me perseguindo! Deus, que o seu julgamento recaia sobre eles!".

Certamente não há nada de errado com essas duas primeiras orações. Elas são respostas normais e naturais. Espiritualmente, os problemas surgem quando nos limitamos a essas duas respostas, quando ficamos presos entre essas duas orações e nos recusamos a nos fortalecer. Muitas organizações que denunciam perseguições focam no resgate dos crentes e na punição dos perseguidores. Sugerimos, apesar desses focos (humanos?) normais, que existem verdades mais profundas a serem descobertas dentro das perseguições.

Se nos permitirmos crescer em Cristo durante a perseguição, iremos fazer a seguinte oração:

"Deus, perdoe-os!" Ecoando as palavras de Jesus na cruz, esse próximo e profundo nível de resposta sinaliza uma mudança no coração do crente que sofre a perseguição. O desejo por sobrevivência pessoal e até a esperança por justiça são colocados de lado. Ao se manterem nos ensinamentos de Jesus no Sermão da Montanha, os fiéis que sofrem começam a orar por seus algozes (Mateus 5:44). O crente que sofre, como Cristo, ora para que o perseguidor seja perdoado: "Pai, perdoa-lhes; porque não sabem o que fazem" (Lucas 23:34).

Quatro dos meus queridos amigos, todos fiéis somalianos, foram mortos no mesmo dia. Esses assassinatos foram planejados e deliberados. Essas crianças de Deus foram massacradas em menos de uma hora. Os assassinos esconderam seus corpos para que lhes fosse inviabilizado um funeral adequado. Eu me lembro de caminhar nos escombros de Mogadíscio depois desses eventos, pedindo para que meus guarda-costas ficassem alguns metros atrás de mim. Eu estava em pedaços conforme clamava a Deus. Essas foram as minhas palavras: "Deus, é tempo de o Senhor trazer o julgamento para essas pessoas. Elas estão matando aqueles que O amam e valorizam. Não há uma pessoa na Somália merecedora do sangue de Jesus!".

Na emoção daquele momento, ouvi claramente a voz do Senhor. Ele disse: "Nem você o é, Nik. Você também não é merecedor do sangue de Jesus. Mesmo você sendo um pecador, Cristo morreu por você" (ver Romanos 5:8). Eu discuti com Deus. Eu disse a Ele que estava ofendido que Ele tivesse comparado a condição da minha alma à condição da dos perseguidores! Mesmo assim, o Espírito Santo me disse que era uma comparação justa. O Espírito Santo me lembrou das gerações da minha família que tiveram acesso ao Evangelho de Jesus Cristo. O Espírito me lembrou de que os somalianos não tiveram essa oportunidade e que, mesmo agora, eles não têm uma escolha real de dizer "sim" ou "não" para Jesus.

"Deus, nos perdoe enquanto perdoamos os outros!" Ao viverem essas palavras desafiadoras da oração ao Senhor, os crentes que sofrem chegam ao entendimento de que há uma conexão teológica entre seus pecados pessoais e os pecados dos algozes. Uma profunda e pessoal conscientização do perdão de Deus resulta em um coração que está disposto a estender esse mesmo perdão aos outros. O fiel sofredor ousa pedir a Deus pelo tipo de perdão que ele estaria disposto a estender aos outros.

Essa é uma oração muito difícil de se fazer. A não ser que estejamos dispostos a estender um perdão livre e radical para os outros, essa é de fato uma coisa assustadora de se orar. Em nossas entrevistas, conhecemos fiéis que estavam dispostos a estender um perdão surpreendente aos seus opressores e, então, orar de forma humilde: "Senhor Deus, me perdoe da mesma maneira que perdoei meus algozes!".

"Deus, glorificai Vosso nome!" Nesse último nível de resposta, os crentes que sofrem reconhecem exatamente o que Jesus prometeu – que Deus pode usar até as perseguições para os Seus propósitos. O que se torna mais importante não é a circunstância pessoal de sofrimento,

nem mesmo o julgamento de Deus aos perseguidores, mas o resultado final que é possibilitado e garantido por Deus.

Perante a perseguição, essa é uma oração radical – e bíblica – de ser orada! Devemos pensar novamente sobre Jesus na cruz e lembrar sua convicção de que o Pai usaria até a dor mais grave da cruz para o bem maior. O crente em sofrimento é atraído para dentro desse mistério e ora para que Deus seja, de alguma maneira, glorificado *até por meio da perseguição e durante ela.*

Há uma verdade adicional incorporada nessa última oração. Essa última oração destaca a responsabilidade do fiel de glorificar a Deus independente do cenário ou do ambiente. Às vezes, agimos como se pudéssemos dar glória a Deus apenas quando as circunstâncias estão propícias ou, talvez, apenas quando vivemos em um cenário de liberdade política ou religiosa. **No entanto, essa última oração nos lembra de que os crentes podem escolher glorificar a Deus independentemente de seus cenários.** Crentes que sofriam nos disseram abertamente sobre seu comprometimento de glorificar a Deus mesmo em ambientes com perseguições severas.

É claro que ninguém deve procurar a perseguição. Uma coisa é acreditar que Deus pode usar o sofrimento para Seus propósitos; outra coisa é procurar o sofrimento por causa deles. A lição aqui *não* é que todo crente deve procurar a perseguição. Mesmo ao estarmos completamente convencidos de que Deus pode usar as perseguições para os Seus propósitos, estaríamos errados ao procurá-las por nós mesmos. No entanto, quando a perseguição vier, os fiéis têm certeza de que Deus pode usá-la. A procura da perseguição é evidência de uma instabilidade psicológica, e isso deve ser tratado imediatamente. Por outro lado, uma compreensão saudável da perseguição leva à confiança plena em Deus, de que Ele a usará para Seus propósitos.

Resumindo, perseguição não é necessariamente algo bom ou ruim; simplesmente é. O valor da perseguição se dá pela maneira que os fiéis respondem a ela, e essa resposta também determinará se a perseguição levará, ou não, a resultados significantes. Não se foge da perseguição por medo, nem se procura a perseguição por orgulho ou desequilíbrio psicológico.

Os crentes também compreendem que a perseguição, quando vem, precisa vir pelos motivos certos. Para ilustrar, aos apóstolos em Mateus 10 foi garantida a perseguição, mas também lhes foi assegurado que ela viria, *pois* eles carregavam um testemunho ousado de Jesus, e não por uma causa menor. Como notamos anteriormente, o jeito mais fácil de evitar a perseguição é sermos silenciosos com nossa fé, mas essa não é uma escolha que podemos fazer sem negar as influências de Jesus em nossas vidas. Logo, somos deixados com uma escolha clara: podemos ser fiéis ao nosso chamado e lidar com a perseguição que inevitavelmente virá, ou podemos evitar a perseguição ao ignorar ou desobedecer às instruções de Jesus de ir e fazer discípulos.

É bem simples: obediência resultará em perseguições. Perseguições podem ser evitadas apenas se formos desobedientes e falharmos em atravessar a rua ou os oceanos. A escolha é assustadora em sua clareza. Ao mesmo tempo, é uma escolha que todo crente deve fazer. A esperança de que podemos, de alguma maneira, ser obedientes *e* evitar perseguições é ingênua e equivocada.

Essas são as verdades que estamos aprendendo de nossos irmãos e irmãs que sofrem ao redor do mundo. Para a maioria de nós, isso se mostrou uma verdade abrupta e uma nova lição; para aqueles que viveram perseguidos por muito tempo, são simplesmente os caminhos do mundo.

Conforme tínhamos dificuldade de entender os perseguidores e a perseguição, fomos conduzidos a uma compreensão maior da natureza do bem e do mal. Representando as forças do mal, Satanás se esforça em negar o acesso a Jesus para grupos de pessoas e até nações inteiras. *Tinha ficado claro em nossas entrevistas que o objetivo final dos algozes é sempre negar às pessoas o acesso a Jesus*, e nossas entrevistas indicavam que os perseguidores fariam o que fosse necessário para atingir esse objetivo.

Os perseguidores procuravam negar às pessoas as duas maiores oportunidades espirituais: primeiro, acesso a Jesus e, segundo, a oportunidade de testemunhar. Escolher Jesus como Senhor e Salvador e então compartilhar seu amor e graça com os outros são as maneiras mais claras de se levantar e se opor ao mal.

Por mais estranho (e horrível) que pareça, percebemos que os crentes poderiam ser cúmplices involuntários de seus algozes simplesmente por se recusarem a compartilhar sua fé. Assim como a perseguição, a recusa de compartilhar a fé nega o acesso das pessoas a Jesus. Foi surpreendente tomar consciência de que tanto o uso da violência por parte do perseguidor para inibir a fé quanto a recusa do crente em falar abertamente sobre Jesus resultam na mesma coisa. Nos dois casos, é negado às pessoas o acesso a Jesus. Quão trágico é o fato de que o silêncio dos fiéis poderia resultar na mesma coisa que a violência dos perseguidores resulta! Por outro lado, quando compartilhamos nossa fé ousadamente e nos recusamos a silenciar nossos testemunhos, nós estamos nos identificando poderosamente com os fiéis perseguidos.

Quando testemunhamos a ressurreição de Jesus Cristo, nos identificamos com aqueles enclausurados. Quando nos recusamos a testemunhar, nos identificamos com aqueles que enclausuram os seguidores de Jesus.

Com qual dos grupos desejamos nos identificar?

É claro que a maioria das pessoas assumiria que reduzir as perseguições seria um objetivo que valeria a pena. Isso parece senso comum. No entanto, nossas entrevistas nos disseram algo um tanto diferente. Por outro lado, as perseguições diminuem conforme as pessoas param de estabelecer uma relação com Jesus. Obviamente, os crentes não conseguiriam parar de compartilhar sua fé, mesmo que essa escolha reduzisse as perseguições. Por outro lado, Deus nos garantiu que Ele pode usar até a perseguição para os Seus propósitos.

No Livro de Gênesis, do Antigo Testamento, José é posto na prisão. Ele é preso injustamente. Se pudéssemos falar algo sobre o assunto, nós possivelmente resgataríamos José da prisão e insistiríamos para que o resgate acontecesse rapidamente. Na verdade, é provável que insistíssemos que o resgate acontecesse imediatamente. No mundo de hoje, nós poderíamos fazer uma petição para o governo e para entidades internacionais, para ajudar no resgate desses irmãos e irmãs erroneamente acusados e encarcerados.

Na história de Gênesis, no entanto, Deus está satisfeito em deixar José na prisão por bastante tempo. De alguma maneira, Deus dá um propósito para esse tempo de sofrimento na vida de José. Nossa suposição típica é a de que o objetivo máximo seria suavizar o sofrimento de José, reduzir seu tempo na prisão e colocar um fim na perseguição a ele. A astuta pergunta bíblica é: "Como saber quando deixar José na prisão?". Libertar José da prisão do faraó prematuramente, política ou militarmente seria contribuir para a fome dos judeus e egípcios. É ousado sugerir que Deus usa a perseguição para a libertação tantos dos cristãos quanto dos não crentes.

Contudo, Deus parece ter um plano bem diferente. Imagine o quanto a história da Bíblia mudaria se José tivesse sido resgatado da prisão antes de ter tido a oportunidade de interpretar os sonhos do faraó.

A Insanidade da Obediência

À luz da história que encontramos em Gênesis e em contraste com a história alternativa que podemos imaginar, somos compelidos a pensar se é possível que Deus tenha um propósito maior do que diminuir o sofrimento de José. E, conforme pensamos nos crentes que sofrem hoje, somos obrigados a pensar se é possível que Deus tenha um propósito maior do que suavizar o sofrimento desses cristãos perseguidos.

Crentes em situações de perseguição nos lembram de uma possível mentira herdada na cultura cristã ocidental. Algumas vezes agradecemos a Deus por vivermos em países nos quais somos "livres para adorar". É interessante que orações públicas são raramente proferidas agradecendo a Deus por sermos "livres para testemunhar"! Significantemente, testemunhar a morte e ressurreição de Jesus Cristo tem pouco a ver com liberdade política. Crentes na Arábia Saudita são tão livres para compartilhar Jesus quanto o são em Saint Louis; na Somália são tão livres para compartilhar Jesus quanto o são em Kentucky.

Ser uma testemunha de Jesus tem pouco a ver com liberdade política. Ao contrário, nossa disposição de testemunhar tem tudo a ver com obediência e coragem.

Conseguimos facilmente nos convencer de que ser uma testemunha positiva de Jesus é uma questão de liberdade política. Na verdade, ser uma testemunha positiva de Jesus é uma simples questão de obediência e coragem. Nosso testemunho pode, de fato, resultar em perseguições – mas temos sempre a liberdade de compartilhar, mesmo quando existem consequências negativas (e talvez devastadoras) a esse compartilhamento.

Quando a perseguição vem, a reação dos indivíduos e das organizações é relativamente uniforme. A maioria dos crentes é atraída a cinco respostas específicas.

A primeira: queremos que a perseguição pare. Na verdade, essa deve ser nossa primeira e maior esperança. Essa resposta é tão óbvia que até colocá-la em questão parece ridículo. A hipótese é a de que a perseguição seria uma "coisa ruim" e nós simplesmente queremos que acabe. Então oramos e trabalhamos para que a perseguição acabe.

A segunda: estamos propensos a resgatar os perseguidos. Queremos removê-los do perigo e botá-los em um lugar seguro. Talvez ainda queiramos garantir a segurança deles extraindo-os para outro país. Novamente, isso normalmente parece uma proposta completamente óbvia. De novo, a hipótese está quase além do questionamento: se me importo com alguém, então quero essa pessoa protegida do perigo. De acordo com as Escrituras, extrações estratégicas *podem* ser um passo apropriado, mas não na maioria dos casos. Por exemplo, por meio de uma visão, Deus conduziu José a levar Jesus, recém-nascido, para o Egito por uma temporada. E então, em uma segunda visão, Deus conduziu José a levar Jesus para sua cidade natal. Algum tempo depois, o próprio Jesus deu instruções para seus seguidores e sugeriu que, algumas vezes, eles deveriam fugir para outras cidades ou províncias. A extração, quando acontecia, era para ser estratégica. Ao mesmo tempo, extração não era a resposta adequada. Resgates e implantações de igrejas não são o mesmo objetivo.

Terceira: desejamos que nossos algozes sejam punidos. Mais uma vez, essa é uma resposta que a maioria das pessoas mal questionaria. Acreditamos que, sendo a perseguição um mal, ela merece ser punida. Estivemos em inúmeras reuniões conduzidas por crentes ocidentais bem conhecidos que focavam em um chamado de intervenção militar em nome dos cristãos em situação de perseguição. Nosso comprometimento para parar as perseguições e punir os "caras maus" provavelmente diz mais sobre a condição dos nossos corações do que sobre as necessidades dos crentes em cenário de sofrimento.

A Insanidade da Obediência

Quarta: tendemos a acreditar que as formas ocidentais de democracia e direitos civis concomitantes conduzirão aos Reinos de Deus e criarão um ambiente no qual perseguições simplesmente não aconteceriam mais. Tendemos a acreditar que a fragilidade do espírito pode ser curada por meio de medidas políticas. Guerras foram travadas – e continuam sendo – baseadas na crença de que os estilos de governo ocidentais e o Reino de Deus são, essencialmente, sinônimos. Essa é uma hipótese perigosa e não bíblica.

Quinta: tendemos a focar em agregar apoio financeiro para que os crentes em situação de perseguição possam ser resgatados e salvos. É interessante como tendemos a confiar no poder dos recursos financeiros para atingir os objetivos e alvos mais altos de crentes individuais e de organizações missionárias.

Todas essas cinco respostas são perfeitamente normais. Elas fazem sentido "para os humanos". Essas respostas são comuns a perseguições, tanto no nível pessoal quanto no organizacional. De fato, essas respostas são tão comuns que estão quase além do questionamento.

Mesmo assim, todas as cinco falham significativamente nos terrenos bíblicos.

Primeiro, Jesus claramente nos disse que a perseguição é normal e esperada. A única maneira de parar a perseguição é, de fato, ser desobediente ao chamado dele. Como podemos orar para que a perseguição pare, quando o único jeito de a parar é se recusar a compartilhar Jesus e impedir as pessoas de chegarem a Jesus como seu Senhor e Salvador? Como podemos orar para que a perseguição pare, quando Jesus nos disse que seria um resultado inevitável e incontornável para testemunhas obedientes? Trabalhar para parar algo que Jesus nos disse que aconteceria – ou orar para que não aconteça – nos coloca em um lugar estranho!

Segundo, é possível que Deus tenha propósitos que estão ligados ao sofrimento do seu povo? Para colocar de forma simples, por mais atrativa que possa soar a extração, é possível que José devesse permanecer na prisão? Dentro do nosso desejo de sermos úteis, poderíamos nos encontrar trabalhando contra os derradeiros propósitos de Deus?

Terceiro, como o nosso desejo de que os perseguidores sejam punidos se encaixa com as claras instruções de Jesus para amar nossos inimigos e orar por aqueles que nos perseguem? Os crentes perseguidos na China nos contaram mais de uma vez que estar na prisão era uma tremenda oportunidade evangelista. Igrejas foram começadas entre os prisioneiros. Além disso, perseguidores frequentemente encontravam a graça de Deus por meio do testemunho de crentes encarcerados. Crentes que sofriam não oravam para que seus algozes fossem punidos; eles oravam para que seus perseguidores chegassem a experienciar a graça de Deus! Cristãos perseguidos descobriram que o melhor jeito de lidar com os perseguidores e parar suas perseguições era *orar e testemunhar, para que os seus perseguidores se tornassem irmãos e irmãs em Cristo!*

Quarto, por mais que estimemos as formas de governo democrático ocidentais, nos deixa humildes saber que a maioria dos movimentos rumo a Cristo, hoje, está em países e entre grupos de pessoas nos quais a perseguição é abundante. Nos dias de hoje, há menos crescimento do Reino nos países do ocidente democrático chamados de "cristãos". O horrível fato é que, em quase todos os ambientes ocidentais, o Cristianismo está em declínio.

Quinto, enquanto devemos encontrar jeitos criativos de ficar com nossos irmãos e irmãs que estão em cenários de perseguição, nosso modo primário de nos identificar com eles é sendo testemunhas consistentes nos nossos próprios meios sociais. É impossível substituir o testemunho *com dinheiro*. Nós nos identificamos com aqueles atrelados aos seus testemunhos por meio do compartilhamento de Jesus no nosso próprio ambiente. Nós nos identificamos com seus perseguidores ao mantermos Jesus para nós. Recursos financeiros nunca substituirão o testemunho fiel do povo de Deus.

Como observado acima, muitos crentes em sofrimento nos contaram que a melhor resposta à perseguição é trabalhar pela salvação dos algozes. Na salvação, eles explicaram, os perseguidores deixaram de perseguir e se tornaram irmãos e irmãs em Cristo! Para esses cristãos em sofrimento, o objetivo não era a punição, mas a salvação de seus perseguidores.

Tipicamente, queremos que a perseguição acabe.

Tipicamente, queremos que os crentes que sofrem sejam resgatados.

Tipicamente, queremos que os algozes sejam punidos.

Tipicamente, equiparamos as formas democráticas ocidentais com o Reino de Deus.

Tipicamente, tentamos fazer com dinheiro o que deveríamos fazer com testemunho.

E, nessas respostas perfeitamente normais, podemos nos achar desviados dos propósitos e dos planos de Deus.

Para a nossa surpresa, os crentes perseguidos não nos pediram para que orássemos para que suas perseguições cessassem. *Em vez disso, nos imploraram para que orássemos para que fossem obedientes durante seus sofrimentos.* E essa é uma oração bastante diferente.

MAIS QUESTÕES DIFÍCEIS PARA DISCUSSÃO:

- Talvez isso seja um pensamento completamente novo, mas será possível que a perseguição seja apenas a maneira normal de viver para aqueles que escolheram seguir Jesus? Então, é possível que Deus possa trazer algum propósito maior em nosso sofrimento e perseguição?
- Talvez a pergunta crucial seja: como posso evitar que a perseguição aconteça? Talvez esta seja uma pergunta melhor: por que *eu* não estou sendo perseguido? Se Jesus disse que seus seguidores devem esperar perseguições, então por que eu não estou sendo perseguido?
- E se a pior perseguição nos dias de hoje fosse ter pouco ou nenhum acesso a Jesus? Eu sou perseguidor ao manter minha fé para mim mesmo, apenas dentro do ambiente da igreja?
- Por que há pouca perseguição no Ocidente?

Seria sábio de nossa parte pensar sobre essas coisas, e seria sábio de nossa parte prestar atenção cuidadosamente no que Jesus disse.

Capítulo 4:

Definindo a conversa

VAMOS TIRAR ALGUNS MOMENTOS PARAR DEFINIR NOSSA conversa. Muitas verdades fundamentais já surgiram em nossa discussão, mas seria útil destacá-las de forma específica.

Primeiro, de acordo com as Escrituras, perseguição é normal. Crentes que vivem em contextos nos quais perseguições são raras acham essa verdade surpreendente e perturbadora. Mas o testemunho das Escrituras e o testemunho dos crentes ao redor do mundo afirmam que a perseguição é esperada e mostram um resultado inevitável de pessoas chegando à fé em Jesus. Isso com certeza era verdade nos tempos do Velho Testamento. É igualmente verdade hoje.

Segundo, as perseguições acontecem porque as pessoas dão a vida a Jesus. Essa é a causa primária da perseguição. Isso obviamente não justifica as ações dos perseguidores. Mesmo assim, deve ser lembrado que a perseguição é um produto da fé!

Terceiro, os crentes que respondem fielmente ao chamado de Jesus de ir e fazer discípulos irão invocar perseguições, sofrimento e martírio. É claro que esses resultados não são especificamente desejados. E esses resultados não devem ser procurados. Uma pessoa não pode procurar (ou fugir da) perseguição. Os crentes não vão intencionalmente tornar as coisas mais difíceis para si ou para os outros. Do mesmo jeito, compartilhar nossa fé necessariamente resulta em perseguição, sofrimento e martírio para nós e/ou para os outros. Mesmo no sofrimento, nosso foco não está em nossos algozes ou na perseguição, mas em Jesus e em testemunhar. O que nos mantêm seguindo em frente é a alegria de ver vidas e famílias transformadas.

Cada geração de crentes deve determinar quando deixar José na prisão do faraó, mesmo que pareça que está em nosso poder ganhar sua liberdade. Para servir Jesus nos dias de hoje, como nos tempos do Novo Testamento, é necessário ter intuições espirituais, um psicológico forte e uma sabedoria divina.

Frequentemente, quando crentes pensam sobre compartilhar sua fé, eles pensam na oposição à mensagem que está sendo compartilhada. No compartilhamento da fé, os cristãos podem temer a rejeição, a ridicularização e a argumentação. E todos esses medos podem ser bem reais; essas coisas podem de fato acontecer quando partilhamos nossa fé. Não obstante, o que não costumamos considerar é a dificuldade que com certeza virá *quando a mensagem for recebida*!

Se escutarmos as palavras de Jesus calmamente, também somos compelidos a considerar esse custo. De acordo com as Escrituras, a perseguição é perfeitamente normal e é o resultado inevitável do testemunho de fé. Claramente há um preço alto por não compartilharmos nossa fé: há uma consequência eterna para aqueles que nunca ouviram falar dela. Ao mesmo tempo, também há um preço alto em compartilharmos nossa fé! O resultado inevitável do testemunho ousado é a perseguição. Enquanto nós simplesmente não podemos escolher permanecer em silêncio, também não podemos ignorar o alto preço do testemunho.

Ao mesmo tempo, aqui vai outra verdade para se considerar. A maioria das pessoas da Terra que têm pouco ou nenhum acesso a Jesus vive essencialmente em um ambiente do Velho Testamento. Por não terem acesso a Jesus atualmente, elas já estão sofrendo! Essas pessoas já estão vivendo sob governos opressores. A história de Ló dentro de Sodoma e Gomorra é a história delas. De alguma maneira, a história de Jó é uma história comum para aqueles que vivem hoje em dia em ambientes que se assemelham ao Velho Testamento. Eles já são reféns de um sistema religioso que oferece pouco dos caminhos do amor e da esperança nessa vida, abandonados na vida que virá. Quando essas pessoas se tornam seguidoras de Jesus e experienciam tempos difíceis pelo bem do Evangelho, suas respostas são frequentemente de alegria. Elas estavam sofrendo antes de conhecerem Jesus; agora, pelo menos, o sofrimento delas ganhou sentido!

Leitores ocidentais mal podem imaginar como é ir do Velho Testamento ao Novo Testamento em uma geração, por meio de uma relação com Jesus Cristo! Imagine subir em um avião no Novo Testamento e desembarcar do avião no Antigo Testamento.

Para que fique tudo claro, vamos definir algumas de nossas palavras-chave.

Perseguição é uma reação negativa à presença encarnada de Jesus dentre seu povo. Essa reação negativa pode tomar várias formas e pode vir de muitas fontes diferentes. A perseguição pode vir da sociedade como um todo, do governo, de uma entidade ideológica, ou da família e de indivíduos. A perseguição pode ser evidente (aberta) ou encoberta (escondida). Pode ser física ou psicológica. A perseguição pode ser real ou meramente ameaçadora. Independentemente de sua forma, o objetivo último da perseguição é calar o testemunho. No seu pior, a perseguição nega o acesso a Jesus.

Na verdade, esse objetivo de negar às pessoas o acesso a Jesus nem sempre é expressamente compreendido, mesmo pelos perseguidores. Os algozes podem apenas estar preocupados com a ordem ou o controle. Se estivéssemos em posição de pedir aos perseguidores para explicarem o que eles estão fazendo, eles deveriam falar sobre a necessidade de controlar movimentos perigosos ou sobre a necessidade de manter novas ideias sob controle. A preocupação específica deles pode ser política ou econômica. As intenções *expressadas*, no entanto, podem não revelar toda história. É bem possível que as ações dos perseguidores tomem um propósito maior – um propósito do mal que talvez eles mesmos não compreendam.

As Escrituras são rápidas em identificar um ser Maligno que se opõe aos propósitos de Jesus. Independentemente de os algozes conseguirem articular a dimensão espiritual de seus ataques, é nítido que esse Maligno deseja, no final das contas, usar a perseguição para silenciar testemunhas e negar às pessoas o acesso a Jesus. E o Maligno pode usar as ações dos perseguidores para esse propósito, mesmo se estes não entenderem por completo a dimensão espiritual de seus comportamentos.

No segundo capítulo, nós aludimos as múltiplas definições da palavra **cristão**. Paul Marshall é útil nesse ponto. Primeiro, ele aponta que a palavra *cristão* pode ser usada de formas variadas. Não é sempre fácil diferenciar as várias definições, mas as categorias que Marshall propõe são de extrema ajuda.[5]

Cristão de censos são pessoas que, se questionadas sobre sua religião, diriam "cristão". Essa designação pode nem se relacionar a nada que essas pessoas acreditem ou pratiquem. Essa é, frequentemente, uma resposta cultural. Em algumas áreas demográficas, se as pessoas são questionadas sobre sua religião, elas podem responder: "É claro

---

5 Ibid., p. 250-51.

que eu sou cristão. Todo mundo é, não?". Em um censo, essas pessoas assinalariam o quadrado de "cristão". O que essa designação realmente significa fica em aberto.

Membro cristão afirma algum tipo de identificação com alguma instituição ou organização cristã particular. Novamente, isso não significa que essas pessoas necessariamente participem ou mesmo que apareçam em suas igrejas. Essas pessoas simplesmente têm algum tipo de conexão pessoal com a igreja e elas se identificam com aquela igreja. Eles podem dizer "eu sou católico" ou "eu sou batista" ou "eu sou metodista".

Cristãos praticantes realmente participam na vida da igreja. Eles tipicamente comparecem a serviços de adoração. De alguma maneira, essas pessoas estão envolvidas nas formas e nos rituais da fé. Frequentemente a conexão delas com a igreja é limitada a casamentos, batismos e funerais.

Crentes (ou cristãos dedicados) são pessoas para quem a fé cristã é central e modeladora. Esses cristãos se esforçam para viver sua fé e comunicá-la a outros. Para usar a linguagem do mundo evangélico, essas pessoas têm uma relação pessoal com Jesus. Elas irão constantemente usar a linguagem de João 3 e falar sobre "nascer novamente".

Cristãos escondidos são pessoas que acreditam secretamente. Temendo a perseguição, essas pessoas mantêm sua fé para si mesmas. Em alguns cenários, esses crentes podem manter sua fé em segredo dos oficiais e dos empregados do governo. Em outros cenários, eles podem manter sua fé em segredo dos membros de sua família ou dos amigos. Esses crentes talvez nem experienciem específicos atos visíveis de perseguição, mas o medo dela fez com que sua fé se internalizasse. Na maioria das vezes, sua fé, apesar de real, é escondida. Na maior parte dos casos, eles não se "juntaram" a uma igreja, apesar disso poder ser uma medida artificial, já que, em muitos cenários, não há uma instituição oficial de igreja para se juntar.

Neste livro, quando falamos sobre "crentes", "cristãos" ou "seguidores de Jesus", nós geralmente estaremos usando a quarta e a quinta definições de Paul Marshall: as pessoas as quais ele se refere como "crentes" ou "cristãos dedicados" e as pessoas que ele chama de "cristãos escondidos". Estamos falando de pessoas que sabem quem Jesus é e pessoas para as quais a fé em Jesus é central e modeladora. Em nossa pesquisa, nós usamos essas duas últimas definições para a compreensão de quem é considerado cristão, um seguidor de Jesus.

Vale ressaltar que, quando Paul Marshall afirma que 80% dos crentes do mundo estão vivendo perseguições, ele está focando essa estatística nessas últimas duas categorias. O tipo de perseguição ao qual ele se refere acontece especificamente porque os cristãos são verdadeiros seguidores de Jesus, e não por outra razão.

Nem toda perseguição termina em morte. Mesmo assim, algumas terminam. A palavra *mártir* descreve aqueles que morreram por sua fé como crentes. Os missiólogos David Barrett e Todd Johnson afirmam que, nos últimos vinte séculos da fé cristã, mais ou menos 70 milhões de crentes foram assassinados por sua fé e podem justamente ser chamados de mártires.[6] Barrett e Johnson ainda alegam que atualmente mais de quatrocentos crentes são mortos todos os dias por causa de sua fé. Nossa pesquisa só pode verificar uma porcentagem de um dígito desse número. Enquanto há um debate importante sobre a precisão desses números, a definição de *mártir* usada por Barrett e Johnson é útil para a nossa discussão.

---

6 BARRETT, David B.; JOHNSON, Todd M. *World Christian Trends* (Tendências do mundo cristão), *A.D. 30–A.D. 2200: Interpreting the Annual Christian Megacensus* (30 D.C. – 2200 D.C.: interpretando o megacenso cristão anual). Pasadena, CA, William Carey Library, 2003, p. 228.

A definição básica deles é a de que mártires cristãos são "crentes em Cristo que perderam suas vidas prematuramente em situações de testemunho, como resultado de hostilidade humana".[7] Essa definição tem cinco componentes essenciais e distintos:

- *Crentes em Cristo*: Barrett e Johnson incluem toda a comunidade cristã nesse agrupamento. Essa ampla categoria inclui cristãos professadores, criptocristãos (cristãos escondidos), cristãos afiliados e cristãos não afiliados. Usando essa definição bastante ampla de cristão, Barrett e Johnson afirmam que hoje em dia existem 2 bilhões de cristãos no mundo. Usando a mesma definição, declaram que, desde o tempo de Cristo, mais de 8.3 bilhões de pessoas acreditaram em Cristo. Nossa pesquisa nos leva a questionar o uso dessa ampla definição de cristão e também nos leva a uma visão muito mais limitada do martírio.
- *Perderam suas vidas*: são numerosos os cristãos dentre os mártires que realmente foram executados. Há muitos níveis de perseguição, mas o martírio resulta em morte.
- *Prematuramente*: para Barrett e Johnson, essa palavra é importante. Eles apontam que martírio é repentino, abrupto, inesperado e indesejado. É uma morte que acontece antes do que "deveria" acontecer; nesse sentido, é prematura. Se o martírio não acontecesse, essas pessoas viveriam mais. Do mesmo jeito, "prematuro" é uma palavra problemática. Nos nossos *workshops*, nós comumente fazemos a pergunta: "Que morte não seria considerada prematura?".
- *Em situações de testemunho*: pela definição, a palavra mártir sugere a ideia de testemunha. No uso tradicional, um mártir

---

7 Ibid.

é uma pessoa que carrega o testemunho de Cristo em sua própria morte. Contudo, uma "situação de testemunho" não é necessariamente um depoimento público ou uma proclamação pública. Uma "situação de perseguição" também pode referenciar um estilo de vida de testemunho ou simplesmente um modo de viver. De acordo com Barrett e Johnson, o modo de viver, com ou sem um testemunho verbal, pode compreender uma situação de testemunho. Em uma entrevista telefônica com o dr. Barrett, ele indicou que uma "situação de testemunho" necessariamente incluiria algum tipo de testemunho à ressurreição de Cristo.

- *Como resultado da hostilidade humana*: a morte dos mártires, de acordo com Barrett e Johnson, acontece nas mãos de um perseguidor. Um ser humano está envolvido no martírio.

Paralelamente a esses cinco elementos essenciais, somaríamos *que o testemunho do mártir resiste ao tempo*. Isso significa pelo menos duas coisas. Primeiro, o jeito de viver do mártir não acabará sendo revelado como falso e inautêntico. Conforme as pessoas olharem para trás e considerarem a vida de um crente que morreu, elas verão que havia, de fato, uma crença verdadeira. Segundo, independentemente de podermos medir seu efeito ou não, a morte servirá como testemunho. A morte encorajará, dará frutos e fará isso ao longo do tempo. Haverá impacto evangelista no cenário em que aconteceu o martírio, no grupo que enviou o crente ou em ambos os cenários.

Embora essas definições e esclarecimentos sejam pertinentes, é importante notar que há perguntas substanciais sobre o número de mártires reportado anualmente pelas organizações. Se usarmos a quarta e a quinta definições de cristão propostas por Paul Marshall – ou seja, aqueles que publicamente professam Cristo e compartilham sua fé com os outros –, *não podemos achar nenhuma evidência substancial que apoie as afirmações das publicações populares de hoje em dia, que apontam para centenas de milhares a cada ano.*

De fato, quando pedimos para essas publicações os documentos que sustentam suas afirmações e a lista de países nos quais essas mortes aconteceram, não recebemos respostas. Em um ano típico, elas fazem referência a "mais de 150 mil mártires". Mas fomos incapazes de achar evidências que apoiem essa afirmação. Então, enquanto a perseguição dos seguidores de Cristo é desenfreada, o martírio não o é. Nosso desejo aqui não é causar dissensão dentro da família de Deus, mas nos parece que esse tipo de afirmação infundada mantém nosso foco nos atos dos algozes e nos impede de falar sobre como nossa falta de testemunho nega a milhões de pessoas o acesso a Jesus.

Muitas outras palavras são importantes para a nossa discussão. Volumes foram escritos a respeito de cada uma delas. Nossa intenção é, brevemente, capturar a essência desses termos importantes dentro dos ambientes de perseguição.

Igreja é o chamado, o batizado, o povo de Deus reunido. Será definida pelo pertencimento à comunidade, irá agir a respeito do chamado de Jesus para levar pessoas a missões, irá se reproduzir (o que resultará em novos crentes e novas comunidades de fé), irá se financiar, irá providenciar cuidado e apoio para aqueles que a compõem e irá escolher seus próprios líderes e funcionamento. As categorias e atividades destacadas em Atos 2 são um guia útil: uma igreja será comprometida com a adoração (normalmente dentro de casas) e missões que conduzirão à realização da Grande Comissão, desde o outro lado da rua até o fim do mundo. Mesmo sendo termos bastante ocidentais, a igreja inclui comunhão, educação e um estilo de vida discipulado, que é um termo intercambiável com evangelismo. Quando Jesus ensinava seus discípulos e quando Ele os evangelizava?

Uma ***igreja doméstica*** é normalmente um pequeno corpo de dez a trinta crentes que se encontram em casas. A organização das igrejas domésticas pode variar drasticamente, mas a liderança é normalmente fluida e adaptável. Quando uma igreja doméstica cresce até certo tamanho, geralmente se dividirá em grupos menores. Igrejas domésticas eram normais nos tempos do Novo Testamento e são normais em muitos cenários hoje em dia.

Pessoas não alcançadas e não envolvidas são aquelas que têm pouco ou nenhum acesso ao Evangelho. Elas normalmente não são alcançadas não porque rejeitaram o Evangelho, mas porque tiveram pouco ou nenhum acesso a ele. Os números desse tipo de pessoas chegam a centenas de milhões. Frequentemente, não há nenhum evangelizador entre elas. Elas não têm a Bíblia ou trechos da Bíblia e nenhum "filme sobre Jesus". Geralmente, o acesso delas às boas-novas é quase inexistente.

Missionário não é uma palavra da Bíblia, mas é uma palavra que veio a definir a resposta ao chamado de Jesus para ir à rua com sua mensagem. Um missionário ou um ***grupo missionário*** é um indivíduo, uma família ou um time compromissados a proclamar o Evangelho. Neste livro, nós iremos ocasionalmente usar essa palavra não bíblica (mas popularizada) para descrever uma pessoa que proclama o Evangelho às pessoas que nunca o ouviram e àquelas que têm poucas chances de o escutar. Frequentemente é preciso que trabalhadores que compartilham sua fé aprendam outras línguas e cruzem culturas; constantemente isso é necessário até mesmo em nosso próprio país. Geralmente, evitaremos usar a palavra *missionário* neste livro. Em vez disso, comumente a substituiremos pelas palavras "trabalhadores", "enviado(a)s" ou "trabalhadores de além-mar".

O conceito da "missão" é o ato divino de enviar. Em certo sentido, certamente Jesus envia seus seguidores às suas famílias, amigos e vizinhos. Todavia, em um sentido mais profundo, Jesus definitivamente envia seus seguidores para difundir sua graça através do mundo inteiro, começando em Jerusalém, passando por Judeia, até a Samaria e então a todos os grupos de pessoas, especialmente em lugares nos quais sua graça ainda não foi difundida. A Escritura é clara em nos ajudar a entender que, de alguma forma, *todo crente é um enviado*. O comando de estar em missão é um comando comum para todos os seguidores de Jesus. É um comando para ser local e global.

Um **movimento de implantação de igrejas** (MII) é um crescimento rápido e exponencial de igrejas nativas. Essas igrejas estão, por definição, implantando novas igrejas. Por sua vez, essas novas igrejas estão implantando mais novas igrejas. O crescimento em uma MII é exponencial. Crescimento exponencial (2 x 2 = 4; 4 x 4 = 16) contrasta com crescimento incremental (1 + 1 = 2; 2 + 1 = 3).[8]

Ao longo deste livro, faremos referência a vários grupos de pessoas em relação às suas culturas de origem.

- *Crentes de origem muçulmana* são seguidores de Jesus que vivem em (ou que saíram de) um contexto predominantemente muçulmano. Nos referiremos a eles como COMs.
- *Crentes de origem hindu* são seguidores de Jesus que vivem em (ou que saíram de) um contexto predominantemente hindu. Nos referiremos a eles como COHs.
- *Crentes de origem budista* são seguidores de Jesus que vivem em (ou que saíram de) um contexto predominantemente budista. Nos referiremos a eles como COBs.
- *Crentes de origem cristã* são seguidores de Jesus que vivem em (ou que saíram de) um contexto predominantemente cristão.

---

8 GARRISON, David, *Church Planting Movements: How God Is Redeeming a Lost World* (Movimentos de implantações de igrejas: como Deus está redimindo um mundo perdido). Richmond, International Missions Board, 1999.

Nos referiremos a eles como COCs. Muitos COCs, por exemplo, são anteriores ao Islã em muitos países islâmicos.

Outros termos e identificações serão definidos à medida que forem surgindo, mas essas palavras preliminares são cruciais para a nossa discussão e serão usadas ao longo do livro.

PENSANDO JUNTOS:

- Você consegue imaginar o Velho Testamento estando presente nos dias de hoje? Na sua cidade, onde ele pode estar? Como seria desembarcar de um avião em um ambiente como o do Velho Testamento?
- Você consegue imaginar experienciar a igreja sem um edifício da igreja? Se as igrejas domésticas são a norma do Novo Testamento, o que Deus pode estar falando para nós?
- Como você definiria fé e igreja rápida e claramente para um descrente?

Capítulo 5

A necessidade de disposição e trabalhadores resistentes

Apesar do esforço significativo de crentes em compartilhar sua fé, centenas de milhares de pessoas no nosso mundo de hoje continuam inalcançadas e muitas não estão engajadas com o Evangelho. Conforme nos aprofundarmos no nosso estudo, será útil considerar alguns dos obstáculos que se colocam no caminho de um testemunho viável para aqueles que nunca ouviram falar de Jesus. Para que fique claro, esses são obstáculos que mantêm centenas de milhões de almas inalcançadas.

Em resposta ao comando de Jesus para compartilhar sua graça com o mundo todo, muitos crentes obedeceram ao seu comando inicial "ide". Conforme veremos mais à frente, "ir" é mais fácil do que "ficar". Frequentemente, o desafio não é meramente ir, mas desenvolver uma presença à semelhança de Cristo – viável e a longo prazo – entre aqueles que ainda precisam escutar o Evangelho com maior clareza. O que nos é exigido não é uma resposta casual e temporária ao comando de Cristo, mas um compromisso radical e para a vida toda. O resultado desse tipo de compromisso é que o Evangelho crie raízes profundas dentro da cultura que o acolhe, onde quer que seja.

Quais são os obstáculos que podem impedir o Evangelho de criar raízes na cultura que o acolhe?

Preocupação com a colheita espiritual

A palavra do Novo Testamento para evangelismo expressa a atividade de "contar" ou "proclamar". Em algum lugar dessa linha, crentes bem-intencionados adicionaram a essa instrução básica o elemento aparentemente mandatório da *colheita*. A proclamação obediente era vista como o primeiro passo necessário. Então, adicionado a esse primeiro passo, estava o resultado mensurável dessa proclamação. Um tipo de ceifa espiritual era tanto esperado quanto requerido. Não era o suficiente simplesmente declarar o Evangelho; uma resposta mensurável ao Evangelho era esperada. Essa medição das respostas permitia que os trabalhadores avaliassem seus esforços e também demonstrava sucesso. Era necessário algum tipo de medição espiritual.

Embora seja ótimo que se deseje uma ceifa espiritual, seria sábio lembrarmos a diferença entre o que Deus exige de nós (obediência) e o que o próprio Deus pode ou não conceder (resultados que os humanos podem ver e medir; o que podemos chamar de colheita espiritual). A tarefa do crente é simplesmente compartilhar o Evangelho para que todas as pessoas tenham a oportunidade de ouvir as boas-novas. O crente tem a tarefa de fazer parte de uma comunidade que batiza e disciplina aqueles que Deus traz *à fé*. Além disso, os crentes devem deixar os resultados nas mãos de Deus.

Nossa tarefa continua sendo providenciar o acesso a Jesus para todos os homens, mulheres, meninos e meninas de todos os grupos de pessoas. Esse acesso inclui a oportunidade de ouvir o Evangelho, de entender, acreditar, ser batizado e de se juntar às igrejas domésticas.

Se esperarmos (ou até demandarmos) uma colheita espiritual, então nos seduziremos a gravitar em direção a lugares nos quais a resposta ao Evangelho será mais provável ou a lugares nos quais a resposta já está acontecendo. Ao mesmo tempo, estaremos suscetíveis a evitar lugares nos quais a resposta ao Evangelho será menos provável. Essas tendências claramente resultarão na permanência de pessoas não envolvidas e inalcançadas como tal.

Surpreendentemente, a grande maioria de trabalhadores além-mar hoje reside em ambientes que já são definidos como cristãos, logo já têm um testemunho de fé significativo.

Uma mentalidade de colheita afeta tanto as igrejas e agências missionárias quanto os trabalhadores além-mar. Dois de nossos colegas do Kenya visitavam a mesma igreja enquanto estavam nos EUA. Um dos trabalhadores servia entre um grupo de pessoas que responde razoavelmente; o outro servia com somalianos. Eles viviam na mesma cidade.

Em seu relatório para a igreja, o primeiro trabalhador descrevia considerável número de pessoas que estavam sendo convertidas. Ele falava sobre igrejas que estavam sendo implantadas e compartilhou que essas igrejas já estavam implantando mais igrejas.

O segundo trabalhador, em seu relatório, explicou que ele viu apenas um homem somaliano aceitar Jesus. Ao mesmo tempo, de forma triste, compartilhou que estava ciente de três "buscadores" que tinham retornado ao Islã.

Não é difícil imaginar qual trabalhador recebeu apoio financeiro da igreja naquele ano! No geral, crentes desejam ver uma colheita e, infelizmente, é normal conectarmos uma ceifa visual com a fidelidade de trabalhadores além-mar. Em outras palavras, nós supomos que trabalhadores que pregam arduamente, oram vigorosamente e fazem um bom trabalho produzirão o fruto da colheita espiritual.

No final da década de 1990, dentro de um grupo muçulmano no Chifre da África, a taxa de pessoas chegando a Jesus era aproximadamente de uma *por ano*, por agência evangélica fundamentada em igrejas. Ao longo dos últimos cinquenta anos, oito de cada dez "buscadores" retornaram ao Islã.

Qual exatamente é o resultado de um serviço a longo prazo? Qual exatamente é o resultado da fidelidade? Certamente, o resultado não é sempre uma colheita. Às vezes dá a impressão de que a ceifa não ocorrerá em nossos dias.

O ponto não é que uma colheita de almas vai contra a vontade de Deus! O ponto é que focar nas áreas aparentemente frutíferas do mundo, em detrimento às áreas que nunca ouviram sobre Jesus, não é uma abordagem bíblica equilibrada. Essa também não é uma escolha obediente.

O requisito da obediência é simplesmente "ir e fazer discípulos" em todos os grupos de pessoas. A ceifa aparente – ou a ausência dela – deve permanecer nas mãos de Deus.

É ainda possível argumentar que as invasões militares de lugares como a Somália, o Iraque e o Afeganistão são, em grande medida, indicativos de uma falha pelo Corpo de Cristo de se sacrificar e obedecer ao falar do Evangelho de Jesus nesses lugares difíceis. Como resultado, o preço em sangue da desobediência da igreja pode ser maior do que o preço em sangue da obediência. Ainda mais, o apoio financeiro da desobediência é muito maior do que o da obediência. *(Nota: essas declarações têm a intenção de ser controversas, e elas certamente não são para impugnar o trabalho dos militares. Nosso ponto é simplesmente este: o preço que as pessoas do mundo pagam quando os seguidores de Jesus são desobedientes e não levam o Evangelho a todos é espantoso.)*

O conhecimento de fazer igreja de um único jeito

Mais de 80% das pessoas não alcançadas no mundo são comunicadores orais. Por definição, isso significa que eles não podem ler ou escrever de maneira funcional. Essas pessoas vivem em culturas orais. Um nômade somaliano explicou sua situação de tal maneira: "Mostre-me como colocar sua igreja no meu camelo antes de falar comigo sobre o seu Jesus".

Muitos dos inalcançados habitam em áreas nas quais não há nenhum dos recursos e modelos tradicionais relacionados à igreja ocidental. Na verdade, mesmo quando esses modelos tradicionais estão presentes, eles são comumente perigosos aos crentes que vivem nesses ambientes. Mas sem um templo, adorações corporativas, assentos e hinários do ambiente cristão, como e onde alguém conhece Deus? Compartilhar a fé é uma parte natural da vida do crente. Mas como a ausência dos estudos letrados da Bíblia, de adorações corporativas, de batismos conduzidos pelo clero e da ceia de Deus afeta aqueles que são chamados para ministrar em cenários inalcançáveis?

Obviamente, entendemos que Deus pode trabalhar em *qualquer* cenário, mas algumas vezes temos dificuldade de entender como exatamente isso pode acontecer. Algumas vezes, os trabalhadores simplesmente reúnem o que sabem e o que têm entre eles mediante 2 mil anos de história cristã e, com isso, tentam sobrepor essas tradições em um novo ambiente anfitrião. Essa abordagem costuma ser ineficaz e pode levar a uma profunda frustração.

Junto com esse tipo de frustração está um desejo herdado de transmitir atributos cristãos, em especial o Fruto do Espírito, aos não alcançados. É óbvio que as pessoas inalcançadas são pessoas que nunca experienciaram um ambiente de crença. Mesmo assim, de alguma maneira, esperamos que essas pessoas não alcançadas exibam atitudes e comportamentos que nunca viram! Muitas vezes, testemunhamos sofrimento da parte dos nossos colegas, pois eles queriam que os não alcançados exibissem os atributos de amor, alegria, paz, resignação e bondade mesmo nunca tendo conhecido ou estado perto de alguém que conhecesse o Autor desses atributos.

Um de nossos professores foi sábio em seu conselho: "Não fiquem surpresos quando as pessoas não alcançadas agirem como tal!". Descobrir novas maneiras, ou retornar a uma maneira mais oral, bíblica, de "fazer igreja" é obrigatório em cenários inalcançáveis, e isso é algo que a maioria dos crentes e das agências missionárias acha extremamente difícil. Como podemos "fazer uma igreja" em lugares nos quais a "igreja" parecerá completamente diferente? Como a "igreja" pode ser plantada em um cenário no qual as formas e fundações letradas, tradicionais no mundo ocidental, simplesmente não se aplicam (como também não devem ser aplicadas)?

A necessidade de segurança

Instituições crescem e se perpetuam ao gerarem fundos por meio da divulgação de seus programas e equipe. Como, então, as igrejas, conselhos de envio, seminários e publicações de missões lidam com pastores que não podem ser mencionados abertamente? Como eles celebram em público quando as categorias estatísticas normais não se encaixam? Algumas vezes, a necessidade de uma instituição para se promover e promover seu trabalho vem antes da necessidade do ministério, resultando em consequências lamentáveis. Infelizmente, há uma mentalidade de "troféu" que conduz à publicidade imprudente relativa a conversões de culturas rígidas. Há uma necessidade humana e institucional de tomar crédito pelo fruto espiritual que apenas Deus pode produzir.

Por exemplo, a história do batismo de um empresário que é um COM deveria ser publicada, quando isso poderia causar sua morte? Essa parece uma pergunta tola. Ao mesmo tempo, a agência missionária quererá muito contar a história desse grande "sucesso", mesmo que isso possa causar danos indizíveis aos indivíduos envolvidos. Isso pode parecer uma decisão fácil, mas, às vezes, aqueles que tomam tal decisão desconhecem as possíveis consequências desse ato. Eles vivem no Novo Testamento e devem lembrar que tudo isso acontece em um mundo em comunicação instantânea com o Velho Testamento. Pode parecer banal, mas frequentemente proclamamos abertamente o que deveria ser mantido secreto e seguro em nossas orações particulares. Talvez devamos adotar o modelo bíblico de comunicação entre crentes e comunidades de crença: quando esse tipo de necessidade se dava nos tempos da Bíblia, *cartas pessoais eram escritas e entregues de mãos em mãos, de um crente para o outro e de igreja para igreja.*

Muito da nossa comunicação segura, ou que *deveria* ser uma comunicação segura, normalmente chega aos *sites* dos perseguidores dentro de algumas horas. *Além disso, a maneira como falamos sobre crentes em situação de perseguição – e a ampla distribuição dessa informação – geralmente acaba causando ainda mais perseguição.*

Seria perspicaz de nossa parte notar um tema frequente no Evangelho. Especialmente no Evangelho de Marcos, lemos sobre o ministério de Jesus, e esse ministério normalmente era seguido de instruções no sentido de "não falar a ninguém". Essa não é a maneira como costumamos pastorear. Na verdade, nos sentimos obrigados a "falar para todos"! Ansiamos por celebrar publicamente *nosso* sucesso e *nossas* conversões. No entanto, usando uma frase emprestada do mundo médico, devemos fazer nosso trabalho de tal maneira, especialmente com os recém-convertidos, que não "seja prejudicial".

Em Mateus 16:13, Jesus perguntou algo importante para seus discípulos: "Quem dizem os homens ser o Filho do Homem?". Os discípulos ofereceram diversas respostas: "Uns dizem que é João, o Batista; outros, Elias; outros, Jeremias, ou algum dos profetas" (versículos 14). Então Jesus perguntou algo mais pessoal e pontual: "Mas vós, (...) quem dizeis que sou?" (versículo 15). Simão Pedro de forma ousada anunciou: "Tu és o Cristo, filho do Deus vivo" (versículo 16). Jesus abençoou Pedro por sua resposta e disse que ela foi uma resposta "divina". Então, para a nossa surpresa, Jesus "ordenou aos discípulos que a ninguém dissessem que ele era Cristo" (versículo 20).

Dada a nossa tendência de reportar tudo abertamente e em qualquer cenário, achamos o aviso de Jesus em Mateus 16 absolutamente chocante. Afinal, concluímos que nosso propósito específico seja falar ao mundo que *Jesus é o Cristo*, certo? Ainda assim, a Bíblia apresenta Jesus instruindo o silêncio no contexto em que a fé da primeira geração de cristãos estava se formando.

Mas, se somos silenciosos sobre o nosso trabalho e sobre os resultados de nossos testemunhos, como um ministério levanta fundos, recruta uma equipe e angaria orações de apoio? Essa é uma tensão terrível em pastorar! Muitas agências missionárias, e aqueles que denunciam as perseguições, são incapazes de operar sob esse tipo de ambiguidade. Um jeito desagradável de lidar com essa tensão é simplesmente evitar áreas do mundo que não conseguem aceitar métodos tradicionais de implantação de igrejas e relatórios. Outro jeito de lidar com a tensão é simplesmente ignorar as potenciais consequências e publicar abertamente – mesmo na internet – relatórios sobre o trabalho. E talvez até façamos isso enquanto Jesus está claramente nos dizendo: "Não fale para ninguém". Ainda assim, outra prática nociva é ir aos lugares difíceis sem o apoio ou sem a cobertura de orações das agências missionárias e famílias, obrigatórios para o serviço.

Por causa dessa dificuldade tão grande, igreja, trabalhadores e agências costumam focar em áreas "cristãs" e países receptivos, onde as preocupações com a segurança não são tão agudas. Nosso típico (e compreensível) desejo de manter os trabalhadores longe dos caminhos perigosos está associado à nossa necessidade de falar sobre nosso trabalho, e essas forças formidáveis podem exceder nosso desejo de que os perdidos ouçam sobre Jesus.

A conclusão pode ser óbvia por agora, mas se pretendemos que os perdidos escutem sobre Jesus, precisaremos mandar trabalhadores aos caminhos perigosos; também será necessário manter silêncio publicamente sobre o trabalho que está sendo feito.

Ignorância sobre a fé cristã

Ser somaliano significa ser muçulmano. Se perguntássemos para a maioria dos somalianos se eles são muçulmanos, eles iriam simplesmente rir. A pergunta não faz sentido para eles. Dentro do Islã, não há divisão entre Igreja e Estado. O Islã é uma instituição econômica e política, assim como uma entidade religiosa. Frequentemente, se novos trabalhadores além-mar perguntam aos crentes que antes eram muçulmanos qual a nacionalidade deles, a resposta vem normalmente embargada de tristeza: "Agora não tenho mais país, sou cristão". Em sua mente, deixar de ser muçulmano também significa deixar de fazer parte de sua antiga nação. Já que nunca antes eles viram, por exemplo, um "somaliano cristão" vivendo em uma comunidade de fé somaliana, essa categoria não chega a ser nem uma possibilidade.

Essa visão de mundo está profundamente enraizada. Por extensão, os muçulmanos costumam acreditar que ser norte-americano é ser cristão.

Esse tipo de conexão é problemático. A presença ocidental em nações islâmicas tem apresentado uma imagem distorcida de quem são os "cristãos" e como eles vivem. O pressuposto nem é questionado: *esses soldados, esses diplomatas, esses trabalhadores de organizações não governamentais (ONGs) devem ser todos "cristãos", pois são do Ocidente.* À medida que esses expatriados ocidentais se envolvem com consumo de álcool, adultério e a ingestão de comidas impuras, eles se tornam a imagem de "um típico cristão" na mente daqueles que vivem nos países islâmicos.

As 30 mil tropas norte-americanas que foram à Somália durante a "Operação Restauro da Esperança" eram, na perspectiva dos somalianos, "cristãos" em uma "cruzada" conta os muçulmanos. "Cristão", "igreja" e "missionários" são apenas alguns exemplos de palavras politicamente carregadas com sentido negativo e maléfico na Somália e em áreas similares. Os seguidores de Jesus nesses locais iniciam seus ministérios com um déficit quase insuperável, porque muitas dessas palavras boas já foram atadas a compreensões negativas.

Por causa dessa visão, fortemente reforçada ao longo do tempo, muitas pessoas inalcançadas começam com uma compreensão defeituosa do que significa seguir Jesus. Para os crentes que desejam compartilhar sua fé em ambientes difíceis, esse é um obstáculo enorme e desafiador.

Clima severo

Um de nossos colegas mapeou a África por clima e temperatura. Nesse mesmo mapa, observou a localidade e o número de trabalhadores além-mar. Por meio desse exercício de mapeamento, ele descobriu uma correspondência direta entre temperaturas mais altas e menos trabalhadores. Em um segundo mapa, ele coloriu as áreas de pessoas não alcançadas, especialmente as aderentes ao Islã. Então descobriu uma correspondência direta entre temperaturas mais altas e um número maior de não alcançados.

Muitos dos não alcançados vivem em regiões do mundo que apresentam desafios climáticos. Alcançar os inalcançados requererá intencionalmente deixar para trás o que muitos dos crentes ocidentais acham confortável. Em um país no Chifre da África, a média da temperatura normalmente é 52ºC durante três meses do ano. É claramente um desafio encarnar Jesus nesse clima. Climas extremos se tornam mais um obstáculo no compartilhamento da fé cristã com as pessoas não alcançadas. O custo financeiro de um pequeno ar-condicionado em uma janela do quarto pode ser proibitivo; ainda assim, o custo de *não* providenciar um pode resultar em um trabalhador sendo incapaz de ter uma boa noite de sono por meses a fio.

Dificuldades em cuidar e apoiar a equipe

Viver dentre as pessoas não alcançadas carrega um grande custo pessoal. Dificuldades especiais costumam incluir a vivência comunitária, isolamento de uma comunidade cristã maior, um clima severo e uma guerra espiritual extrema. Frequentemente escolas e bons hospitais não estão disponíveis.

Muitas igrejas e agências fazem um trabalho credível em chamar os obedientes. Muitas igrejas e agências fazem bem em equipar e enviar sua equipe. No entanto, muitos daqueles enviados não recebem o cuidado e apoio que precisam a fim de funcionar e servir em ambientes hostis.

Ao longo dos anos, nós testemunhamos trabalhadores de Deus servindo entre os não alcançados. Algumas vezes, o serviço deles durava apenas entre seis meses e um ano. Existem muitas razões para esses curtos períodos de trabalho, mas algumas vezes o isolamento, a perseguição, o perigo e a falta de um sistema de apoio espiritual podem causar estresse e esgotamento. Esses ambientes normalmente não oferecem um lugar nem para orar nem para o lazer. Esgotamento é uma ameaça constante. O estresse no casamento é imenso. Ser uma mulher ocidental em um ambiente muçulmano pode causar nela uma desconfiança de todos os homens – até de seu marido e seus colegas!

Alcançar os inalcançados e os não envolvidos requererá cuidado intencional e significativo para com a equipe de forma regular. Cuidados de intervir também serão necessários quando a crise surgir. Além disso, também será demandado o cuidado de remissão quando o cuidado normal não for o suficiente. Cuidar de trabalhadores além-mar é custoso e difícil, mas essencial. Em nossa experiência, para cada hora que passávamos dando cuidado aos nossos colegas em países abertos, eram necessárias dez horas cuidando daqueles em ambientes hostis ao Evangelho de Jesus Cristo.

A dor da perseguição

No começo do nosso trabalho no Chifre da África, um colega e mentor incisivamente falou para mim e Ruth: "Se você 'obtiver sucesso' em compartilhar Jesus com o seu grupo de pessoas, e alguns desses indivíduos não alcançados chegarem à fé em Jesus, alguém acabará morrendo". Não demos muita atenção a essas palavras na época. Para sermos justos, ainda não tínhamos aprendido que a obediência fiel ao chamado de Jesus necessariamente leva à perseguição, sofrimento e martírio.

É desanimador reportar agora que muitos dos crentes que disciplinamos foram mortos por causa de sua fé. Até hoje, lutamos com o conhecimento de nossas ações que podem ter tido parte em suas mortes.

Setenta por cento dos crentes locais de uma entidade religiosa em particular, foram extraídos de seus ambientes por agências evangélicas de boas intenções, igrejas e indivíduos. Como notamos acima, geralmente não é sábio adotar uma "teologia de extração" dentro de ambientes de perseguição. Apesar disso, 60% dos crentes deixados nesse tipo de cenário experienciarão perseguições extremas e martírio. Trabalhadores além-mar conhecem o desespero conforme os novos convertidos apanham, são expulsos de suas famílias, baleados ou levados à morte.

Como é possível viver emocional e espiritualmente com as consequências negativas de testemunhar, que são com frequência mais custosas para quem recebe o testemunho do que para quem o dá?

Para qualquer um que esteja se preparando para trabalhar dentre os não alcançados, esse desafio honesto vale a consideração.

O cerne do problema aqui é bíblico:
- Jesus vale isso?
- Jesus vale isso para quem porta o testemunho?
- Jesus vale isso para quem escolhe acreditar em suas afirmações?
- Jesus vale a perseguição?
- Mais ainda, Jesus vale a morte de uma pessoa que abraça a fé?

Se você não acredita que Jesus é quem Ele afirma ser, se não acredita que Jesus é o Caminho, a Verdade e a Vida, se não acredita que Jesus é o próprio Filho de Deus e o único caminho para o céu, então, por favor, não vá entre os inalcançados. Não provoque a morte de alguém por algo que você não tem absoluta certeza a respeito.

Existem muitas razões de por que os não alcançados são não alcançados, e existem muitas razões de por que os não alcançados *continuam* não alcançados.

Obviamente, o primeiro passo para superar esses obstáculos é ser obediente e ir. Ir é um primeiro passo excelente. Mas ir não é o suficiente. O que é preciso em seguida é *ficar* no meio de um grupo de pessoas não alcançadas, com ministérios e abordagens viáveis a longo prazo.

O desafio é pagar o alto preço que inclui até a certeza da perseguição.

AINDA MAIS FUNDO:

- Discuta o custo de alcançar os não alcançados. Discuta o custo de não ir.
- Pense criativamente sobre como cuidar e apoiar aqueles que vivem nos lugares mais difíceis do planeta – que podem ser no centro de uma cidade dos EUA.
- Seu país de origem é um país cristão ou influenciado pelo Cristianismo?

Capítulo 6:

Arrumando a desordem

Enquanto pensamos sobre a desafiadora tarefa de ir e permanecer, também enfrentamos decisões sobre nossas prioridades e foco, conforme servimos. Mesmo com um desejo sincero de ser radicalmente obediente, não é sempre fácil tomar decisões sobre o que é mais importante. A Grande Comissão é uma instrução clara. Jesus nos contou com franqueza que o compartilhamento do Evangelho está no coração de seu comando para obediência. Que Deus tem uma preocupação especial para com os perdidos está além de discussão. Mesmo assim, seu interesse especial não é sempre o *nosso* interesse especial, mesmo quando estamos nos esforçando para ser obedientes!

Considere as prioridades que falam sobre nossa vida. Normalmente, essas prioridades são claramente refletidas em nossas conversas e encontros; nossas prioridades são refletidas pela maneira que usamos nosso tempo e dinheiro. Para ilustrar a dificuldade de determinar prioridades, imagine um grupo de trabalhadores além-mar ou mesmo um grupo de crentes em uma igreja norte-americana.

O que ocupa nossa atenção? Com o que nos preocupamos mais? Quais são os tópicos de discussão mais frequentes quando nos reunimos? Com o que as igrejas mais se importam? O que importa mais para os crentes individualmente? O que está na programação dos trabalhadores além-mar? Em outras palavras, onde colocamos nosso foco?

Com o risco de ser demasiadamente simplista, este capítulo procura explorar três ingredientes básicos presentes na maior parte dos esforços feitos pelas missões. Esses três elementos são muito importantes. Esses três elementos, por definição, vivem em uma tensão criativa. Mas com cada decisão e cada ação, grupos e indivíduos determinam a importância relativa desses elementos. A questão não é se esses três elementos são importantes. Claramente, eles são todos importantes. A questão é: onde colocaremos nosso foco? Qual será a força dominante e condutora de nosso trabalho? O que nos motivará e moldará nossas decisões?

O diagrama a seguir representa a tarefa do trabalhador além-mar. *Foco é essencial*. Na verdade, a ausência de um foco claro conduzirá ao esgotamento de um trabalhador, parâmetros administrativos não realistas e, o mais preocupante, irresponsabilidade com um mundo perdido. Em nosso diagrama, a base do triângulo representa a abrangente tarefa de conduzir a estratégia da missão. Nosso foco principal é o topo da pirâmide. Os três elementos indispensáveis, representados pelos vértices do triângulo, são as preocupações dos trabalhadores, interesses emanados pela entidade de envio e as necessidades dos perdidos.

FOCO

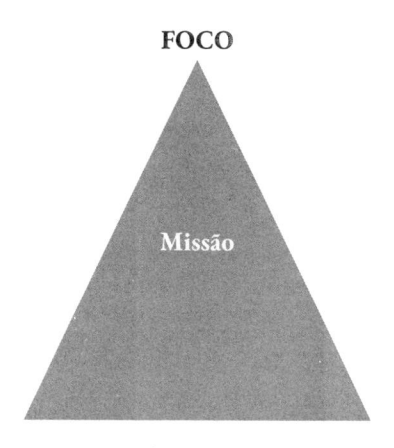

Missão

Fundações para conduzir as estratégias da missão

Novamente, a intenção não é implicar que qualquer um desses elementos não tenha importância; eles são todos importantes e terão um papel importante dentro do nosso desejo compartilhado de fazer com que as boas-novas estejam disponíveis para qualquer pessoa do planeta. Ao contrário, a intenção é a de entender o que pode acontecer com a harmonia da missão, a estratégia intencional e a manutenção de um sistema de apoio divino, conforme nosso foco muda.

Além disso, o intuito é ilustrar como os perdidos são afetados pelas diferentes escolhas que fazemos. A decisão sobre o nosso foco terá um impacto considerável nos perdidos e em suas necessidades.

Nik Ripken

MODELO #1: Foco nos trabalhadores além-mar

Preocupações dos trabalhadores

Agências/entidades missionárias

Missão

Necessidades dos perdidos

Esse primeiro modelo representa empreendimentos de missões (e de crentes individuais) que são definidos por um foco interno. O que mais importa, nesse modelo, são as necessidades dos trabalhadores. O foco está no bem-estar dos "enviados". O psicólogo Abraham Maslow propôs uma teoria chamada *hierarquia de necessidades*. Adaptando sua teoria básica, segurança, moradia, transporte, custo de vida, escola para as crianças dos trabalhadores e assuntos como esses são as considerações mais importantes nesse primeiro modelo. Novamente, é claro que essas coisas são importantes. Mas essas questões devem ser nossa preocupação primária?

A prioridade representada nesse modelo quase nunca é declarada como nosso foco. Ainda assim, essa prioridade parece tomar o centro das atenções, conforme gerenciamos nosso tempo e tomamos decisões sobre o nosso trabalho.

Imagine um encontro de trabalhadores além-mar. Imagine conversas nessa reunião que focam quase completamente em transporte, moradia, orçamento, preocupações com o custo de vida e com a educação dos filhos dos trabalhadores além-mar. Nesse cenário, ganhar competência no pastoreio e cultivar a habilidade de se comunicar compartilhando culturas podem facilmente se tornar secundários a esses outros assuntos relacionados ao cuidado e bem-estar dos trabalhadores. E talvez, de forma involuntária, crentes locais, observando essa hierarquia de valores, concluiriam que sistemas de apoio bem desenvolvidos são a chave para compartilhar Cristo com um mundo perdido. Baseada nas conversas que consomem a maior parte do tempo dos trabalhadores, a impressão que dá é a de que o empreendimento da missão é "tudo sobre mim e o meu".

MODELO #2: Foco na administração

Agências/entidades missionárias

Necessidades dos perdidos

Missão

Preocupações dos trabalhadores

Esse segundo modelo não olha para dentro; em vez disso, foca nas entidades missionárias que proveem as ovelhas. Nesse modelo, igreja ou identidade denominacional, estrutura das missões, políticas, comitês e administração são concebidos como importâncias primárias. Na maioria dos cenários, nossas entidades missionárias fornecem recursos, recolhem informação e treinam trabalhadores para que tenham um serviço eficiente. Elas também proporcionam muitos outros serviços. Obviamente, esse tipo de preocupação com a questão do envio é crucial. Ainda assim, quando os interesses da entidade missionária são o foco principal, os resultados que se seguem são previsíveis.

Por exemplo, nesse modelo, os trabalhadores podem (algumas vezes sem querer) ser encorajados a escalar a escada corporativa. Sucesso normalmente é medido por números; preocupações importantes podem incluir o número de novos crentes, de igrejas implantadas, de prédios de igreja construídos e o de batismos. Talvez ainda possa haver uma ênfase em quão próximos os novos trabalhos estão relacionados com a entidade missionária. A linguagem usada nessas reuniões pode até focar em quem está no comando ou em matéria de autoridade, política e procedimentos ligados à sede ou à igreja. Nesse modelo, a estratégia comumente flui de cima para baixo. O ministério pode ser reduzido a fluxogramas, fórmulas e planos de ação. O que é mais conveniente para a administração se torna precedente sobre quase todo o resto. Iniciativas do campo não são sempre altamente valorizadas e a criatividade é inadvertidamente sufocada.

Talvez haja alguma palavra profética sobre planos globais que precise ser ouvida, que tenha sido originada em outros lugares que não sejam o coração dos trabalhadores além-mar que tocam as almas perdidas. Quando as necessidades da entidade missionária são a prioridade máxima, uma visão compartilhada e mútua por parte do grupo é rara. Pior ainda, novas perspectivas podem ser sequestradas ou novas ideias desviadas, na tentativa de encaixá-las com uma abordagem administrativa em particular ou uma presunção teológica específica. Essas preocupações administrativas podem facilmente tomar precedência sobre a criação de uma nova visão para um mundo perdido.

Trabalhadores que vivem no segundo modelo podem ter dificuldades em duas frentes. Por um lado, há uma guerra espiritual inevitável na beira da perdição. Um modelo que foca nas entidades missionárias será menos provável de atender a esse tipo de esforços. Já por outro lado, esse segundo modelo frequentemente resultará em conflito entre as necessidades daqueles que enviam de modo sacrificatório e as necessidades daqueles que estão servindo em campo, sem mencionar as necessidades das pessoas perdidas. Normalmente, um conflito dessa natureza pode ser intenso e custoso. O perigo desse modelo é o de que as necessidades da agência missionária ou da igreja que envia assumam prioridade máxima sobre as necessidades do mundo perdido.

Novamente, as preocupações daqueles que enviam não são insignificantes. Essas preocupações são fundamentais e vitais para que as missões sejam efetivas. Todavia, elas não são – e não devem ser – o foco principal.

MODELO #3: Foco nas necessidades dos perdidos

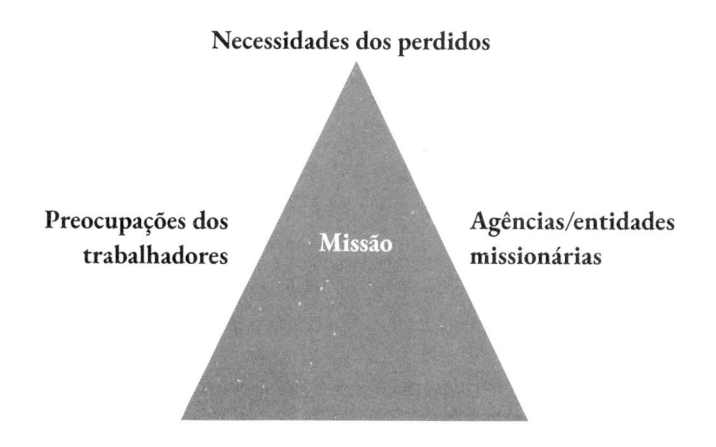

Isso pode parecer óbvio, mas é necessário que se mencione. As necessidades dos perdidos devem ser mantidas como o foco primário. Os perdidos precisam ouvir, entender, acreditar no Evangelho, ser batizados e reunidos em igrejas domésticas. Responder às necessidades dos perdidos é a tarefa que nos foi dada por Deus. Conforme respondemos obedientemente ao comando de Deus, nada pode ser mais importante do que as necessidades dos perdidos.

A necessidade do perdido de ouvir as boas-novas sempre excede as necessidades daquele que testemunha.

O foco desse terceiro modelo encoraja os trabalhadores a se prepararem para a guerra espiritual e para sempre olharem para o exterior. Os trabalhadores não descansarão até que todas as pessoas neste planeta tenham acesso a Jesus. Nesse modelo, os recursos de todo o mundo evangélico são trazidos para se oferecer aos perdidos. Palavras como "rede", "oração", "jejum", "perspectiva", "advocacia", "estratégia", "perseguição" e "sacrifício" são a linguagem comum de reuniões que refletem esse modelo. Nele, a perdição do mundo faz com que os trabalhadores e as entidades missionárias estejam quebrados perante Deus e perante seus colegas. Nele, os trabalhadores voluntariamente tomam o papel de servo, submetendo suas necessidades às dos perdidos. A visão de alcançar os perdidos é central e, então, instituições missionárias criativas e reativas desenvolvem abordagens que crescem a partir de encontros do ministério. Quando os perdidos são o foco, o que constitui a tarefa de um trabalhador e o que define uma igreja se torna cada vez mais claro. Estratégias de entrada e de saída são definidas com clareza.

Quando os perdidos são o foco, aqueles que são enviados e aqueles que enviam vivem em harmonia, compromissados com a tarefa compartilhada. Agências e instituições missionárias impactam os perdidos ao possibilitar, convocar, enviar e nutrir os trabalhadores. Estes permitem e reforçam a habilidade de enviar daqueles que enviam conforme reportam o que Deus está fazendo no limite da perdição. A missão do ministério modela as decisões à medida que todos os envolvidos se esforçam para resolver as necessidades dos perdidos. *A natureza da tarefa determina o foco.*

Claramente, esses três elementos essenciais (preocupações dos trabalhadores, preocupações daqueles que enviam e as necessidades dos perdidos) vivem em tensão criativa. E, novamente, todos esses elementos são importantes. As necessidades dos trabalhadores são importantes, mas elas não podem ser tão importantes quanto a necessidade do perdido de ouvir uma apresentação clara do Evangelho. As preocupações de envio são importantes, mas elas devem servir para focar nossa atenção em um mundo sem Cristo.

Finalmente, as necessidades dos perdidos são nossa prioridade principal. Jesus, na parábola da ovelha perdida, em Lucas 15, convidou seus seguidores a imitarem o caráter do Pai ao focar naquilo que era de maior importância: a ovelha que estava perdida.

A questão é simples, mas essencial: *o que está no topo do nosso triângulo*? Se não temos certeza ou não conseguimos responder, então seria sábio de nossa parte prestar atenção em algumas perguntas básicas:

UM DIÁLOGO HONESTO:

- Baseada em orçamentos, tempo e recursos, com o que nossa igreja ou denominação mais se importa? Com quem eu me importo?
- Quantas conversas espirituais nós temos a cada semana?
- Qual é a maneira definitiva de medir o sucesso?

Por mais simples e pessoais que essas questões sejam, as respostas revelam nosso foco com clareza.

Capítulo 7

Mentiras, mentiras e mais mentiras

Ruth e eu compartilhamos o conteúdo deste capítulo muitas vezes em muitas igrejas. Nunca escapamos ilesos. Ele revela o que nós falamos um para o outro e em que acreditamos nas sombrias horas da noite. Ao mesmo tempo, não são coisas das quais falamos abertamente com frequência. Normalmente, as pessoas da igreja aplaudem a mim e a Ruth quando lhes revelamos alguma percepção de outra cultura. Ainda assim, ao aplicarmos essas mesmas percepções culturais à nossa igreja ocidental, a resposta não é tão positiva!

Será fácil ficar ofendido por este capítulo. Apesar disso, ter perspectivas dentro da nossa própria cultura é possivelmente um dos maiores sinais de maturidade espiritual. A nossa esperança é a de que este capítulo nos ajude de forma definitiva a ter sobretudo uma fé e uma igreja, em vez de uma religião e uma instituição.

Logo no começo da história do Evangelho, nos é dito que "foi conduzido Jesus pelo Espírito ao deserto, para ser tentado pelo Diabo" (Mateus 4:1). Nesse ponto, bem no começo de seu ministério terreno, Jesus foi conduzido para ser testado por um período longo. A tensão física desse período de testes foi extrema: um jejum de quarenta dias em um ambiente desértico.

A Insanidade da Obediência

Talvez ainda mais exigente tenha sido a luta espiritual. Jesus começou a ouvir os sussurros do Maligno:

"Essa tarefa é algo que você pode realizar? Você ouviu as especificidades do seu chamado corretamente? Essa obediência vale a sua vida? Isso tudo poderia ser feito de outra maneira? Tem certeza de que esse é o caminho que você deve trilhar? Você fará o que foi convocado para fazer? Como você pôde fugir e deixar sua mãe sozinha dessa maneira?"

Essas perguntas tinham a intenção de conduzir à dúvida. E então, as dúvidas tinham a intenção de distrair Jesus de sua missão, eventualmente o levando à desobediência. Essas tentações tinham como objetivo puxar Jesus para outra direção. Quando Satanás percebeu quão importante eram as Escrituras para Jesus, ele rapidamente achou um jeito de citá-la, subitamente distorcendo-a para seus propósitos.

Celebramos o fato de Jesus se manter obediente ao seu chamado e celebramos a segurança de que Ele pode nos empoderar para que façamos a mesma coisa. Ao mesmo tempo, à luz dessa história sobre tentação, somos forçados a reconhecer o poder destrutivo das mentiras.

De maneira similar, o povo de Deus hoje acha fácil escutar os sussurros do Maligno:

"Essa tarefa que você recebeu é algo que você realmente pode fazer? Você ouviu o chamado de obediência de forma correta? Essa obediência vale a sua vida? Isso tudo poderia ser feito de outra maneira? Há algum jeito de realizar a tarefa sem o sofrimento e a perseguição? Você está certo de que esse é o caminho que deve ser trilhado? E quanto à sua família? Seus filhos? Você fará o que foi convocado para fazer, não importa o que aconteça?"

Francamente, essas parecem perguntas boas e razoáveis que merecem ser levadas em consideração. Mas logo descobrimos que fomos distraídos; logo percebemos que fomos puxados para outra direção. O que parecia tão claro e crucial em um momento, de repente, deixa de ser. É claro, nós nunca sonharíamos em ser desobedientes, mas às vezes procuramos maneiras de ser obedientes *nos nossos próprios termos*.

A Palavra de Deus é clara. Os comandos de Deus são diretos. As intenções de Deus para com suas igrejas são irrefutáveis. Ainda assim, se isso é verdade...

Por que mais de 70% das testemunhas evangélicas do mundo focam nos países que são historicamente cristãos?

Por que a igreja no Ocidente retém bem mais que 90% dos recursos de Deus para ela?

Por que o volume de ofertas sacrificiais é direcionado a prédios, salários de funcionários e material educacional para aqueles que já estão no Reino?

Por que a igreja ocidental está disposta a compartilhar com as nações apenas as sobras?

Por que grupos de pessoas não engajadas e não alcançadas hoje continuam carentes de um mínimo acesso ao Evangelho?

Por que muitos seminários no Ocidente, transbordando de estudantes capazes e dedicados, mandam menos de 10% de seus graduados para as nações?

É óbvio que respostas para essas perguntas são complexas. Mas algumas dessas respostas estão embrulhadas em mentiras que o povo de Deus escutou, acreditou e incorporou em seus corações e mentes. Neste capítulo, consideraremos algumas das mentiras que podem nos atrapalhar a levar o comando de Deus a sério, mentiras que podem nos fazer questionar sua atividade contínua e mentiras que podem realmente nos impedir de ir ao outro lado da rua, ou ao outro lado do mundo. O Maligno sussurra para nós hoje da mesma maneira que tentou Jesus, quase 2 mil anos atrás.

Primeira mentira: A Bíblia é um livro velho

Essa mentira começa com um simples fato: a Bíblia é um livro velho, um registro do que Deus fez. Envolta nesse ponto de partida está a implicação de que Deus não faz mais o que costumava fazer. Os caminhos e o comando de Deus não se aplicam ao nosso mundo de hoje, pelo menos não da mesma maneira que se aplicavam nos tempos da Bíblia. E a expectativa de Deus de que nós lhe obedeçamos já não é mais vinculatória. Resumindo, *essa mentira sugere que Deus deixou de fazer no nosso tempo o que Ele fazia na época da Bíblia.*

A mentira do "livro velho" sugere que a Bíblia descreve com precisão o que Deus fez no passado, mas essa mentira seguramente ancora a ação de Deus no passado. Certamente, é impossível ler as Escrituras e "perder" o comando de sermos pessoas em missão. No entanto, de acordo com essa primeira mentira, esse nível de obediência pertence aos dias de outrora. Não se aplica ao povo de Deus hoje. Mais ainda, os caminhos de Deus são diferentes agora. Essa primeira mentira sugere que os milagres, os sinais e maravilhas que encontramos nas Escrituras são emocionantes, mas Deus não funciona dessa maneira hoje em dia.

Quando acreditamos nessa mentira, afirmamos honrar a Bíblia, mas definitivamente dispensamos as Escrituras como história antiga, que meramente registra a atividade de Deus em outros tempos. Afirmamos amar a Bíblia, mas acabamos por remover o poder e a vida das Escrituras. Isso nos permite escolher que porções da Bíblia ainda podem ser aplicadas hoje e que partes podem ser descartadas sem pensarmos duas vezes.

A primeira mentira soa desta maneira: "Estude a Bíblia, aprenda, memorize, viva pelos seus preceitos e até a pregue, mas perceba que hoje vivemos em tempos diferentes. Obediência ao comando de Deus não é mais obrigatória, e os caminhos de Deus não são mais miraculosos".

Um homem de origem islâmica me contou esta história:

Eu nunca imaginaria que um dia pudesse ser um crente em Jesus. Até na pré-escola fui ensinado a ser bastante rigoroso. Eu frequentei um internato muçulmano. No internato nós fomos ensinados a como e por que odiar os cristãos. No ensino médio e na universidade, eu era muito ativo em organizações de estudo muçulmano. Como estudante e mais tarde nos negócios, sempre orientei fundos e energia à islamização.

E então, um dia, veio uma crise pessoal em minha família.

Eu orava cinco vezes e ainda adicionava a oração da meia-noite. Por muitos dias continuei com as minhas orações, mas nenhuma luz vinha delas. Eu usava o conjunto comum de orações árabes. Eu era encorajado a expressar meus sentimentos sinceros na minha língua local. Solicitei a Alá que ajudasse seu servo. Eu estava sozinho no meu quarto, na minha cidade. Então me senti totalmente exasperado, sem esperança e completamente frustrado.

Então eu ouvi uma voz. A voz disse: "Eu sou o Caminho, a Verdade e a Vida". Eu ouvi a voz na minha própria língua! Não sabia o que aquelas palavras significavam. Mas ouvi essa voz se repetindo por muitos dias e noites que se seguiram.

Depois disso acontecer por vários dias, eu disse em minhas orações: "Se você é o Senhor, me mostre".

Na manhã seguinte, encontrei um amigo que não via há oito anos. Ele disse que vinha me procurando desde a semana anterior. Esse amigo disse: "Andei pensando em você". Ele me convidou para jantar no hotel. Depois de comermos no restaurante, percebemos que uma reunião sobre o Evangelho estava para começar em uma sala de reuniões próxima. Eu fiquei surpreso e em choque. Falei para o meu amigo que queria ir embora. Mas, mesmo o meu corpo querendo ir, minha mente não dava permissão para que o fizesse.

De repente ouvi o palestrante na sala dizer: "Jesus é o Caminho, a Verdade e a Vida".

Eu agarrei meu amigo e perguntei para ele: "O que aquele homem acabou de dizer?". Meu amigo abriu a Bíblia e me mostrou o décimo quarto capítulo de João. Ele leu para mim as mesmas palavras que eu tinha ouvido em meus sonhos.

Senti um tremor por todo o meu corpo. Eu estava lutando ferrenhamente, como se quisesse fugir, mas não conseguisse. Continuei ouvindo essa voz e lendo essas palavras na Bíblia até que finalmente entreguei minha vida para Jesus.

Outro homem contou a seguinte história:

Eu era de origem islâmica. Comecei a sonhar sobre um livro sagrado. Esse livro não era verde como o meu Alcorão; era azul. Por muitas noites eu sonharia com esse livro sagrado. Ouvi uma voz me dizendo para achar esse livro e ler sobre o Messias. Comecei a procurar pelo livro, mas não sabia onde encontrá-lo.

Um dia fui ao mercado da minha cidade na Ásia Central. Repentinamente, um homem caminhou até mim do meio da multidão. Eu não o conhecia. Ele me entregou um livro azul e disse: "Deus me disse para vir ao mercado hoje e dar este livro para você".

Então ele desapareceu na multidão e eu nunca mais o vi. Levei esse livro, a Bíblia, para a minha casa e o li cinco vezes no mês seguinte. Nunca tinha conhecido ninguém como o Messias Jesus, e meu coração foi convertido, do Islã, para segui-lo.

É óbvio que há mais nessas histórias; esses episódios foram só o começo da jornada para esses dois homens. Mas até a parte inicial de suas jornadas é um lembrete do poder e da presença de Deus hoje!

Tudo que Deus já fez na Bíblia, Ele continua fazendo! A presença e o comando de Deus ainda são imperiosos. Seu trabalho miraculoso ainda não chegou ao fim. Até em lugares desse mundo que parecem sombrios, Deus está se fazendo conhecido, frequentemente com sinais e maravilhas que parecem saídos das páginas das Escrituras. Seríamos sábios em não acreditar na mentira de que a Bíblia foi escrita para outros dias e tempos. Por que qualquer um de nós desejaria ir a lugares difíceis neste planeta, ou até do outro lado da rua, com um Deus que deixou de ser o que todos os registros bíblicos dizem que Ele é?

O que Deus fez no passado, Ele continua fazendo hoje.

Segunda mentira: Deus está se movendo poderosamente além-mar. Deus está fazendo milagres além-mar. Mas seus milagres não acontecem no mundo ocidental.

Essa segunda mentira nos força a lutar com nossa compreensão, ou incompreensão, do milagroso: o que é o milagroso, por que milagres acontecem e se milagres continuam acontecendo nos dias de hoje. Relatórios sobre os poderosos atos de Deus ao redor do mundo são comuns. Histórias da Ásia Central e do Sul contam sobre centenas de milhares de batismos, seguidos de uma onda de igrejas sendo começadas. Histórias da África celebram incríveis movimentos de renascimento. Histórias da América do Sul falam de um crescimento espiritual e numérico notável. Na América do Norte, achamos essas histórias maravilhosas e emocionantes. Mas também tendemos a acreditar que esse tipo de coisas só pode acontecer em lugares distantes. Por alguma razão, tendemos a acreditar que Deus não faz milagres aqui, conosco.

O Movimento de Igrejas Domésticas Chinesas é uma história do miraculoso. Estimativas conservadoras de crentes em igrejas domésticas na China começam em quase 100 milhões de pessoas ("membros" ou "verdadeiros seguidores"?). Durante a minha visita à China, fiquei espantado com o crescimento de igrejas acontecendo em três movimentos de implantações de igrejas particulares.

Em uma localidade, mais de 150 líderes de igrejas domésticas estavam sendo treinados. Foi chocante quando me perguntaram: "Jesus é conhecido em outros países ou apenas na China?".

Comecei a compartilhar com eles histórias sobre crentes na África e na América do Norte. Foi emocionante vê-los celebrando espontaneamente por estarem tão empolgados com a ideia de Jesus também ser conhecido em outros países! Mas quanto mais eu descrevia fé, igreja e práticas na América do Norte, mais quietos eles ficavam.

De repente, os líderes de igrejas domésticas começaram a clamar: "Por que, Deus, não nos ama como ama os crentes nos Estados Unidos? Por que não podemos experienciar os milagres que você concede para os crentes nos Estados Unidos?".

Não podia acreditar nos meus ouvidos. Pedi para que me explicassem sua angústia. Suas experiências eram comparáveis com as histórias dos apóstolos. Milagres de cura eram comuns. Milhares estavam chegando à fé em Jesus. Quase metade de seus pastores ficou vários anos presa por compartilhar sua fé, e eles frequentemente implantaram igrejas nessas prisões! Como podiam comparar esses milagres com o que lhes contara sobre a América do Norte?

Eles ficaram surpresos por eu não ter entendido.

"O que é mais miraculoso?", eles perguntaram. "Que possamos dividir nossa Bíblia livro por livro, dando a cada pastor um fragmento rasgado das Escrituras, ou o que você disse, que possam possuir dúzias de Bíblias, junto com livros de música e materiais de estudo?"

"O que é mais miraculoso? Que os chineses sejam curados às centenas de milhares e que talvez mil deles discernirão que sua cura veio de Jesus, ou que você tenha acesso até a doutores cristãos, enfermeiras e plano de saúde a qualquer momento?"

"O que é mais miraculoso? Que nos mudemos de casa em casa, nos encontremos em dias diferentes da semana e em horários diferentes durante o dia para evitar a ruptura da igreja, ou que você possa se reunir para adorar todos os dias, o dia todo, e ninguém nunca pense em prender você ou o seu pastor?"

"O que é mais miraculoso? Que enxerguemos a prisão como nosso terreno de treino teológico ou que você possa estudar em escolas especiais estabelecidas à parte só para crentes e seu treinamento?"

"O que é mais miraculoso?"

Foi a minha vez de chorar. Percebi que aquilo que chamo de "comum" no meu país e na minha fé seria considerado profundamente miraculoso pela maior parte do mundo crente e perseguido.

Em resposta à segunda grande mentira, seríamos sábios em ter um cuidado especial ao definirmos o miraculoso. *O que descartamos como comum não é nada mais do que a clara atividade de Deus no mundo da igreja ocidental!* É crucial que vejamos, que o chamemos do que é, que vivamos em imensa gratidão por tudo que Deus está fazendo e que reconheçamos a profundidade da responsabilidade que acompanha milagres como esse.

Terceira mentira: Se Deus quiser que eu vá até os não alcançados, Ele me fará um chamado especial.

Essa terceira mentira é uma tentativa sutil de evitar a responsabilidade pessoal. *A priori* parece boa: se Deus quer que eu vá, Ele pode deixar isso claro. Mas, logo abaixo da superfície, está um outro pensamento: *sem um chamado especial de Deus, eu não tenho nenhuma responsabilidade pessoal com os inalcançados, em qualquer lugar que estejam.* Por ser muito pessoal, é doloroso o processo de confronto dessa terceira mentira.

Ao pensar sobre essa terceira mentira, penso na minha própria vida:

Cheguei a Jesus aos 18 anos. Já tinha terminado o ensino médio e trabalhava em uma fábrica. Ouvi o chamado de Deus para a salvação e serviço em uma noite, enquanto trabalhava, e dei minha vida a Cristo. Por conselhos de pessoas nas quais confiava, tomei o rumo de uma universidade denominacional.

Eu ainda não tinha muita bagagem de fé, mas estava sedento por conhecimento. Comecei a ler o Novo Testamento e fui arrebatado pelos primeiros quatro livros: Mateus, Marcos, Lucas e João.

Eu me apaixonei pelo trabalho e a vontade de Deus. Eu tinha pouco interesse nos debates teológicos que pareciam importantes para outros, simplesmente confiava em Deus e tentava viver minha vida sob a autoridade do que encontrava nas Escrituras.

Lendo sobre o que mais tarde aprendi ser a "Grande Comissão" em Mateus 28:18-20 e outra passagem em Atos 1:8, pensei: essa é a Palavra de Deus e ela tem autoridade sobre mim. Deus fala em sua Palavra que devo ir às nações. Então acho que tenho de ir às nações se quero ser um seguidor de Jesus.

Foi tão simples e tão direto. Com profunda alegria, li e compreendi que o mundo inteiro estava aberto para o meu serviço e meu pastoreio.
Isso foi o que Deus me disse em sua Palavra.
E foi nisso que acreditei. E esse pensamento era incontestável, até minha experiência com uma agência missionária que mandava trabalhadores além-mar.

Nessa época, minha mulher e eu estávamos nos preparando para o serviço além-mar e entusiasmados com a perspectiva de seguir o comando bíblico de "ir aos confins da Terra". Ruth e eu passamos pelo complicado processo de inscrição. Uma entrevista com a agência missionária era um dos últimos passos. Ruth e eu nos encontramos em uma pequena sala com um grupo de homens sérios. Eles olharam para Ruth e disseram: "Conte-nos sobre o seu chamado para as missões além-mar".

Ruth era o estereótipo do trabalho além-mar. Ela era filha de pastor, chegara a Jesus cedo em sua vida, sentira o "chamado" para missões e escrevera um trabalho na sexta série sobre seu sonho de um dia ser uma trabalhadora na África. Assim que ela terminou seu depoimento, os homens estavam radiantes de orgulho que sua igreja houvesse produzido uma seguidora de Deus tão astuta e sensível.

Então viraram para mim e perguntaram: "Nik, nos conte sobre o seu chamado para missões além-mar".

De forma inocente, olhei para eles e disse: "Bom, eu li Mateus 28:18 e Atos 1:8".

Eles sorriram de maneira indulgente.

"Isso é bom", eles disseram, "mas, dentro dessa agência missionária, é necessário que se tenha evidências do 'chamado divino' para missões além-mar. Precisamos que você compartilhe conosco quando foi que Deus o chamou para essas missões".

Fiquei um tanto confuso.

A Insanidade da Obediência

"Bom, eu li a Bíblia", eu disse. "Eu li Mateus 28:18 e li Atos 1:8. Li o comando de Deus para irmos às nações e estou tentando obedecê-lo!" Eu olhei de relance e vi que Ruth estava chorando. Ela fora criada dentro da denominação, e de repente me dei conta de que eu não sabia o código secreto que abria as portas para as missões além-mar. Eu simplesmente não sabia falar algo que nos colocasse em um avião com destino à África. À Ruth não seria permitido ir para a África e seria minha culpa.

Ela deveria ter me informado e avisado sobre as senhas denominacionais secretas!

Com grande paciência, os homens explicaram mais uma vez sobre a posição da agência a respeito do "chamado divino" que permitiria a ela mandar famílias além-mar. Eles falavam sobre um chamado quádruplo: um "chamado" à salvação, um ao ministério, um às missões e, finalmente, um para uma localidade específica. Havia um turbilhão em meu cérebro; eu não conseguia imaginar como alguém poderia estar a par de todos esses "chamados".

Pacientemente, eles me perguntaram o que eu pensava sobre o pequeno sermão que tinham acabado de compartilhar. Eu ainda era jovem o bastante para acreditar que eles realmente queriam que eu desse uma opinião.

Ingenuamente respondi: "Eu estou simplesmente tentando ser obediente ao comando que Deus deu para mim. Deus disse para mim 'vá', e estou tentando ir! A mim, me parece que essa denominação criou um chamado especial para missões além-mar, o que daria uma desculpa para as pessoas não serem obedientes ao comando que Deus já lhes deu".

Esse comentário não foi muito bem recebido. Houve um silêncio sepulcral na sala.

Até hoje não tenho certeza de como aconteceu, mas fui aprovado para o trabalho além-mar. Ruth e eu estávamos a caminho da África... só com uma passagem de ida.

Toda cultura tem filtros nos quais a voz de Deus é discernida. Toda pessoa é culturalmente condicionada a ouvir a voz de Deus de certa maneira. Mas as estruturas e sistemas religiosos às vezes adicionam ainda mais filtros e condições. Quanto mais tempo um sistema religioso está em vigor, mais exigências ele desenvolve para orientar e informar as pessoas que fazem parte de tal sistema.

Afirmamos, com razão, que o comando de Deus é vital. Afirmamos, com razão, que o comando de Deus é crucial. E é. Mas nossa conversa sobre o chamado deveria ser focada em *onde* fomos chamados para atuar, em vez de *se* fomos chamados. Eu deveria estar em Jerusalém? Judeia? Samaria? Eu deveria estar servindo nos confins da Terra? Essa, sim, é uma conversa que vale a pena de se ter!

Mas eu fui chamado? Essa questão deve ser resolvida logo no começo de nossa caminhada com Jesus. A Palavra de Deus deixa claro que nós, de fato, já fomos chamados. Fomos convocados à obediência radical.

Talvez seja a simples obediência que dê início à resposta fiel, e então talvez seja um chamado que defina o destino. Mateus 29:18-20 e Atos 1:8 parecem deixar bastante claro.

Quarta mentira: Devemos alcançar primeiro nosso próprio país. As necessidades aqui são tão grandes. Há milhões de almas perdidas por perto. Depois de satisfazermos as necessidades daqui, então podemos ir às nações.

A implicação dessa quarta mentira é a de que o povo de Deus nos Estados Unidos está tão profundamente envolvido com o evangelismo local, que ele não poderia interromper esse importante trabalho para servir em algum outro lugar. Para a maioria das pessoas, um compromisso com o evangelismo local não é motivo honesto de evitar ir servir entre as nações. Essa desculpa pode parecer boa, mas não soa verdadeira.

Obviamente, há uma necessidade espiritual grande nos Estados Unidos; muitas pessoas do país precisam ouvir as boas-novas. E, evidentemente, o povo de Deus tem uma ordem de compartilhá-las com seus amigos e vizinhos norte-americanos. Mas dizer que não podemos ir às nações até que as necessidades locais estejam satisfeitas significa que nós nunca iremos às nações.

Talvez seja exatamente esse o ponto.

Essa quarta mentira é uma desculpa que muitas pessoas acham aceitável. Afinal, como alguém poderia argumentar contra a necessidade de ajudar nossos vizinhos a conhecerem Cristo?

O que realmente está por trás dessa quarta mentira? É crucial que admitamos e enfrentemos uma verdade arrasadora.

O maior obstáculo para o crescimento do Reino de Deus globalmente é o racismo. Apesar de nossos protestos pelo contrário, às vezes existem razões mais profundas para as nossas "convicções". E esses motivos mais profundos não são exclusivos de nenhum grupo ou pessoas em particular. Os humanos são naturalmente atraídos ao "seu próprio povo". Mas Deus procura transformar o que é natural em nós em algo que seja mais alinhado com seu caráter e coração.

Dentro da Grande Comissão está uma das palavras mais fortes das Escrituras, confrontando o pecado do racismo. Às vezes, aqueles que são desprezados são pessoas que estão longe. Mas, com mais frequência do que o contrário, aqueles que são desprezados estão geograficamente próximos. Judeia pode ser um desafio para todos nós. E Samaria? Bom, até "os confins da Terra" podem ser mais atrativos do que Samaria! Algumas pessoas acham mais fácil levar as boas-novas para um africano negro do que as compartilhar com um vizinho que seja de outra raça ou de uma etnia diferente. Essas atitudes são profundas e, com frequência, profundamente veladas. Atravessar a rua pode ser muito mais difícil do que ir aos confins da Terra! E apenas o poder de Deus pode transformar nossos corações.

Honestamente acreditamos que Jesus pretende que a igreja termine a tarefa em Jerusalém antes de se aventurar na Judeia? Nós honestamente acreditamos que Jesus pretende que nós mandemos grupos à Samaria enquanto ignoramos samaritanos que vivem em nossas próprias vizinhanças? Honestamente acreditamos que trabalhar duro em Jerusalém nos liberta da responsabilidade de nos preocuparmos com os confins da Terra e ir até eles? Ir apenas ao "nosso povo" e decidir por nós mesmos o quão longe Deus quer que cheguemos são a antítese das boas-novas e o contrário da natureza de Cristo.

Quinta mentira: Fiz um acordo com Deus. Se eu trabalhar arduamente na minha própria igreja, especialmente no apoio ao trabalho missionário, então Ele manterá Suas mãos longe dos meus filhos e netos.

Mais uma vez, minha própria vida ilustra o poder dessa mentira:

Foi uma das coisas mais difíceis que eu já tive que assistir, especialmente logo no começo de nossa carreira além-mar. Nossa família inteira estava doente; estávamos todos terrivelmente doentes com a malária. Finalmente tínhamos sido retirados do posto do nosso ministério para sermos tratados por um doutor interiorano em um hospital melhor. Era a quinta vez que nossos filhos sofriam com essa doença transmitida por mosquitos e a décima vez para mim e Ruth. Eles nos colocaram em um pequeno quarto de hospital e rapidamente inseriram quinina intravenosa nos braços dos meus dois filhos e da minha esposa. Eu esperei pelas 24 horas necessárias para que o gotejamento do medicamento acabasse. Em seguida, foi a minha vez por vinte e quatro horas.

Passamos as próximas duas semanas nos recuperando na casa de um amigo antes de fazer a longa jornada de volta ao nosso lugar de serviço. Dez dias depois de chegarmos em casa, nosso filho mais velho, Shane, teve malária de novo.

Aquele não era um exercício acadêmico para nós. Temos a salvação pois Deus, o Todo-poderoso, enviou Seu filho. Nunca conseguiremos escapar do fato de que a obediência ao chamado de Deus afeta ambos, indivíduos e família.

Podemos convidar Maomé, sua esposa Aisha e suas crianças a chegarem em Jesus apenas quando nós também estivermos dispostos a permitir que os membros de nossa família paguem o preço por seguir Jesus. Nosso convite aos outros é apenas válido se também estivermos dispostos a entrar no sofrimento compartilhado.

Há talvez uma única coisa mais difícil do que deixar a própria vida nas mãos de Deus, e é deixar a vida daqueles que amamos, especialmente nossos filhos. Que riscos estamos dispostos a assumir, incluindo a própria esposa e os filhos, pelo bem do Reino de Deus? Quando perguntamos isso às igrejas ocidentais, normalmente há um silêncio ensurdecedor; ainda estamos esperando por uma resposta.

Qual é a tarefa mais difícil? Ir? Isso pode ser complicado, mas não é o mais difícil. Ficar? Sim, como já percebemos, isso é árduo. *Mas a tarefa mais difícil talvez seja enviar: dar e abençoar nossos filhos e filhas para que sirvam as nações.*

O que é mais difícil: morrer em uma cruz ou enviar alguém que você mais ama para morrer em uma cruz? A maioria dos pais estaria disposta a morrer em mil cruzes, caso isso impedisse seus filhos de morrerem em uma! Mas tanto o envio quanto o morrer são intrínsecos à natureza de Deus.

Quando o Corpo de Cristo relembrar a verdadeira responsabilidade de enviar pessoas amadas às nações, ele vai passar por uma temporada profunda de renovação da missão, ou parará de enviar.

A igreja ocidental frequentemente idolatra suas crianças. Negociar com Deus e reter nossas crianças para que elas possam experimentar "a boa vida" do sonho americano são como acreditar em uma mentira que definitivamente faz com que a igreja negue às nações o melhor que o Pai tem a oferecer. E nos conduz ao desaparecimento da própria igreja.

Sexta mentira: Deus parece estar chamando mais mulheres solteiras às nações. Ele deve ter uma necessidade especial para que as mulheres solteiras sirvam dessa maneira, Ele não chama a mesma quantidade de homens solteiros.

Uma análise cuidadosa da comunidade da missão revela uma realidade intrigante: *para cada homem solteiro em serviço além-mar, há aproximadamente sete mulheres solteiras.*

Qual o motivo disso? Será que o Pai celestial tem um problema de comunicação com homens solteiros? Mulheres solteiras são mais fáceis de serem convencidas? Os homens solteiros estão perdendo na leitura o comando bíblico para ir às nações? Será que é porque Deus, por algum motivo, precisa de mais mulheres do que de homens?

Um líder de missão, lutando com essa tendência em sua própria área de serviço, normalmente frequenta reuniões de faculdade e seminários de alunos. Muitos desses estudantes de universidade são solteiros. Ele sugere aos homens solteiros que eles precisam parar de repetir a oração que exclama "aqui estou eu, Senhor... envie minha irmã!". Esse comentário seria engraçado, não fosse tão verdadeiro.

Até nos lugares mais difíceis, nos lugares devastados pela guerra e pela fome, o número de mulheres solteiras dentro da comunidade missionária supera o dos homens solteiros em sete para um. Essa estatística parece consistente nas linhas denominacionais e dentro de áreas diferentes do mundo.

Por que isso importa? Consideremos esses dois cenários não tão hipotéticos.

Dez mulheres solteiras seguem obedientemente o comando de Deus e servem no campo da missão. Vamos assumir que elas façam um comprometimento inicial de dois anos. Durante esse tempo, seu chamado é confirmado e elas são profundamente afetadas pelas suas experiências. Mas elas honestamente não acreditam que foram "chamadas" para serem solteiras. Elas retornam aos Estados Unidos depois de dois anos de serviço, procurando maridos de Deus que caminharão com elas no além-mar. Evidências anedóticas parecem sugerir que apenas três dessas dez mulheres encontrarão esse tipo de marido.

Dez homens solteiros seguem obedientemente o comando de Deus e servem no campo da missão. Vamos assumir que eles façam um comprometimento inicial de dois anos. Durante esse tempo, seu chamado é confirmado e eles são profundamente afetados por suas experiências. Mas eles honestamente não acreditam que foram "chamados" para serem solteiros. Eles retornam aos Estados Unidos depois de dois anos de serviço, procurando esposas de Deus que caminharão com eles no além-mar. Evidências anedóticas parecem sugerir que *oito* desses dez homens encontrarão esse tipo de esposa.

Por que a disparidade?

A muitos pastores de campus, líderes da juventude e reverendos, foi pedido para que comentassem sobre essa anomalia social e cultural. Muitos tiveram dificuldade para explicar o aparente desequilíbrio na obediência bíblica entre homens solteiros e mulheres solteiras. Duas observações iniciais estão emergindo. Ambas sugerem que há uma doença cultural infectando a igreja no Ocidente.

Primeiro, estatísticas sugerem que "os degraus do avanço" encontrados em nossas igrejas, seminários e estruturas denominacionais são geralmente o território de homens. Isso não é oferecido como um julgamento moral ou teológico, simplesmente como uma observação. Muitos desses degraus não estão disponíveis para mulheres. Portanto, enquanto os homens escalam os degraus do ministério profissional, as mulheres se tornam muito mais familiarizadas com o serviço. Campos missionários são lugares nos quais normalmente há poucos degraus para subir. Mesmo um trabalhador proficiente e de grande desenvolvimento raramente será recompensado com salário adicional, uma promoção ou um novo título. Frequentemente, a liderança no campo de missão tem mais a ver com longevidade do que aptidão.

Avanço em um cenário de missão simplesmente significa que à pessoa foram dadas mais tarefas para realizar. Essa falta de avanços sociais e profissionais de forma clara e mensurável falha em recompensar os homens da maneira que sua cultura os condicionou a esperar. Por outro lado, mulheres que são mais orientadas ao serviço e que já estão condicionadas a não esperar avanços ou reconhecimento talvez sejam mais adequadas para as missões.

Segundo, considere os modelos que os homens têm de pastores em tempo integral nos Estados Unidos. Muitos homens jovens hoje vêm de lares disfuncionais. Muitos desses homens nunca conviveram com modelos saudáveis de liderança masculina. Poucos tiveram a experiência de um pai que era capaz e estava disposto a promover uma liderança espiritual. Gradativamente nos Estados Unidos, as megaigrejas estão se tornando a norma. E que tipo de líder será frequentemente mais visível nesse cenário? Nosso modelo é um refinado, bem vestido, eloquente orador-líder-professor-administrador-pastor socialmente adepto, atrás do púlpito ou diante de uma sala cheia de estudantes. Esse líder consegue mover as massas e deslumbrar uma audiência de televisão com inteligência e humor. As ferramentas da troca são comentários, microfones, computadores e palavras forjadas cuidadosamente. Esse mundo está cada vez mais formal.

É claro que esses dons nem sempre combinam com o campo missionário. É comum que sejam mais operários. Com frequência requerem – ou, pelo menos, resultam em – calos nas mãos e no coração, conforme o fiel enfrenta a perda, a perseguição, a fome e as balas perdidas. Argumentos podem ser elaborados em favor dos seminários. Escolaridade é indispensável. Mas onde os homens de hoje aprenderão a ser espiritual e fisicamente resistentes? Onde aprenderão a religar um gerador? Onde aprenderão a pastorear em uma cultura hostil que não lê nem escreve?

No Ocidente, o modelo tradicional parece ser, para os homens, o de pastor e professor. Esses são os papéis espirituais que muitos homens aspiram. Ainda assim, em movimentos ao redor do mundo, os papéis de evangelista e implantador de igrejas são os mais procurados. Esse tipo de modelo é normalmente ausente na igreja ocidental e na vida institucional. Seminários são mais direcionados ao pastor/professor do que ao evangelista/implantador de igrejas.

O que precisamos hoje são pais, pastores e mentores que consigam ser modelos não apenas na habilidade de analisar versos em hebreu no Livro de Êxodo, mas que também possam carregar a Arca da Aliança através do severo deserto até batalhas físicas e espirituais.

Precisamos que os homens cresçam e apareçam.

Talvez a aparente escassez de homens jovens solteiros no campo missionário esteja ligada ao nosso modelo atual de ministério, que enfatiza mais apresentações polidas do que toalhas e lavatórios.

Essas observações podem estar certas ou erradas, mas o fato permanece: o número de mulheres solteiras supera o número de homens solteiros na missão, em uma razão de sete para um.

Deus está mesmo comandando biblicamente mais mulheres do que homens para as coisas difíceis? Com certeza não.

Sétima mentira: Como uma mulher jovem, fui comandada a ir às nações. Decidi me casar com um homem que não compartilha o meu chamado. Com certeza Deus agora chamará meu marido às nações.

Essa é uma mentira tão sutil quanto desonesta.

Muitas culturas enxergam uma pessoa solteira com menos valor do que uma pessoa casada. Ainda mais valorosa, em muitas culturas, é a pessoa que é casada e tem filhos. Em um contexto de missão, a dificuldade é normalmente expressada nesses tipos de pensamentos e sentimentos: meu desejo de me casar não supera o meu chamado às nações? De fato, o que farão as mulheres de Deus e solteiras? Como notado anteriormente, a evidência é clara ao sugerir que, em termos de obediência bíblica ao comando de ir às missões, há um número muito maior de mulheres solteiras do que de homens solteiros.

Quando mulheres de Deus e obedientes não conseguem encontrar homens de Deus e obedientes para casar, se tornando companheiros globais entre os perdidos, qual escolha elas devem fazer: as nações ou o casamento?

A experiência sugere que, dentro da igreja norte-americana, há uma população significativa de mulheres que trocaram seu chamado de obediência às nações por casamento. Não é (sempre) o caso de essas mulheres se ressentirem da escolha que fizeram, e com certeza não é o caso de se arrependerem dos filhos que geraram. O que é comum, no entanto, é uma consciência profunda de que, logo no começo, Deus trabalhou em seu coração e confirmou seu chamado. Essa consciência lembra muitas dessas mulheres de um comando de obediência, de ser sal e luz para aqueles que têm pouco ou nenhum acesso às boas-novas. A consciência faz com que elas se questionem se trocaram uma obediência divina por um marido que não partilha do mesmo entendimento.

Nos últimos anos, foram percebidas mudanças. Números crescentes de mulheres solteiras estão abraçando o comando de Deus de ir às nações. Mesmo que elas não sintam que sejam especificamente chamadas para serem solteiras, elas valorizam o comando de Deus acima de todo o resto. Elas determinam que compartilharão cedo em qualquer relação potencialmente relevante que seu compromisso primário é com Deus e com as nações. O ideal é que isso resulte em um casal explorando junto – e por fim abraçando junto – os planos e propósitos de Deus. No entanto, infelizmente nem sempre esse é o desfecho, e relações são sacrificadas por um comando maior. De qualquer forma, costuma ser tarde demais para se ter essa conversa depois que a relação se torna séria.

Oitava mentira: Por servir em viagens além-mar de curto prazo, eu não preciso servir na minha igreja local.

Essa mentira é, em essência, uma versão do modelo de vida "o trabalho dele, do meu jeito". Seguindo a lógica dessa mentira, nós compreendemos o suficiente do comando de Deus para fazermos nós mesmos em detrimento aos propósitos Dele. Nós estamos ansiosos (ou dizemos estar) para participar, mas desesperados para participar nos nossos termos.

Felizmente, dezenas de milhares de cristãos se voluntariam a viajar o globo a cada ano para uma temporada de serviço e ministério. Desde jovens no ensino médio até aposentados, os voluntários enchem aviões e ônibus indo às nações. As cidades grandes estão inundadas com esses voluntários. Felizmente, muitos desses voluntários se esforçam para se adaptar com estratégias de longo prazo, enquanto outros perpetuam o infeliz estereótipo do "turista missionário".

Considere por um momento a mentalidade e a prática de alguns voluntários que vão regularmente além-mar. Embora eles sejam bênçãos no cenário além-mar, a reação da igreja que os envia é, talvez, menos entusiasmada.

Ao voltarem para casa, os trabalhadores além-mar visitam as igrejas que os enviaram e que são companheiras. Em boa-fé, eles agradecem a elas por enviar voluntários tão úteis e produtivos. Mais tarde, após o serviço, não é incomum que pastores e líderes leigos digam algo como: "Fico feliz que esses voluntários tenham feito um bom serviço em campo, mas nós nunca conseguimos fazer com que eles levantem um dedo para ajudar o ministério dentro de suas próprias igrejas". Em alguns casos, até a regularidade na adoração e a devoção nesses voluntários não são consistentes.

Talvez servir a causa de Cristo além-mar possa parecer glamoroso e até exótico. Talvez as pessoas se sintam mais abertas em compartilhar um testemunho em ambientes em que não são conhecidas... e onde elas não ficarão tempo o suficiente para que seu caráter pessoal se revele.

Por outro lado, talvez um tempo breve além-mar possa ser usado por Deus para renovar seu compromisso quando estiver de volta ao seu país natal, ou para focar a atenção de uma pessoa em pastorear em suas imediações. Talvez.

Mas a prática de viajar por milhares de quilômetros enquanto se negligenciam os perdidos, os necessitados e os vizinhos próximos aponta para uma vida de crença que está mal balanceada. Cristo ordenou aos seus seguidores que o encarnassem em *qualquer lugar* que estivessem. Negligenciar "Jerusalém" ameaça prejudicar todo o empenho da missão. Pastorear dentre as nações deve ser apenas uma extensão natural de qualquer tipo de pastoreio que estiver acontecendo em casa. Transbordar e quebrar entre as pessoas que melhor conhecemos é uma preparação essencial – mais ainda, é um pré-requisito – para pastorear dentre as pessoas que ainda não conhecemos. E a maturidade e experiência que vêm de um extenso período como pastor em casa tendem a reduzir os erros que todos estamos propensos a cometer em um cenário de missão.

Que Deus nos ajude se tentarmos fazer coisas em um lugar distante que nunca nem sonharíamos em fazer perto de casa!

Nik Ripken

Nona mentira: na nossa igreja, o jeito principal de apoiarmos o trabalho entre os não alcançados é por meio da doação financeira. Contanto que continuemos dando dinheiro, nós cumprimos nossa responsabilidade para com as nações.

Essa mentira paralisou empresas de missões ao redor do globo. Muitos membros da igreja dão seus fundos como sacrifício. Há uma abundância de histórias sobre viúvas doando suas economias para o empreendimento de missões. Uma única igreja doando para as causas missionárias pode ser facilmente o maior item no orçamento anual. Esse tipo de doação deve ser aplaudido.

Mesmo assim, se a maior parte do apoio às missões for definido *a priori* por doações de dinheiro, por mais vital que o suporte financeiro seja, pode se desenvolver uma divisão entre a igreja e o campo. Isso leva à mentalidade do "eles" e "nós". Missões podem se tornar algo que a igreja faz, mais do que algo que define o que a igreja é.

Como uma igreja pode determinar que se entregou à mentira que às vezes se esconde por trás da doação de sacrifício? Escute como a igreja fala e ora. A igreja ora "pelos" missionários ou "com" os missionários? Os membros da igreja conseguem articular o que os missionários fizeram com "seu" dinheiro entre as nações?

Por décadas, trabalhadores além-mar em um país muçulmano "fechado" ouviram falar sobre e oraram pelos perseguidos do mundo todo. Eles ouviram histórias atuais de sofrimento extremo e maravilhas de dimensão bíblica. Eles frequentemente choravam de tristeza, mesclada com alegria, conforme ouviam histórias do mundo todo descrevendo a vida e os desafios daqueles perseguidos por sua fé. Eles se sentiam privilegiados por orar pelos perseguidos.

Então um dia algo horrível aconteceu.

Foi o dia em que quatro de seus colegas foram baleados por um extremista muçulmano. Três estimados seguidores de Jesus foram martirizados.

Recursos globais dentro do Corpo de Cristo foram de imediato mobilizados. Orações fluíram e conselheiros foram trazidos. Dezenas daqueles que testemunharam e sobreviveram ao evento foram interrogados pelo governo local. A liderança espiritual chegou para andar lado a lado desses crentes em luto. Respostas e motivos eram procurados.

Depois de uma longa manhã de interrogatório, a equipe local retornou à ampla sala de conferências. No centro de um círculo de cadeiras havia uma mesa. Nesta tinha um copo e um pão achatado. No meio dessa esmagadora tragédia, esse grupo de "enviados" em luto se aproximou da mesa do Senhor e dividiu entre si a ceia dele.

O Espírito Santo caiu com poder.

Poderia ser argumentado que, pela primeira vez em suas vidas, esses trabalhadores além-mar, mais do que lembraram do sofrimento do Senhor, entraram no sofrimento de Jesus. Os sofrimentos de Jesus já não eram mais históricos ou abstratos. Seu sofrimento de repente era real e eles o estavam compartilhando. Naquele momento sagrado, esses trabalhadores não mais oravam "pelos" perseguidos. Eles agora poderiam orar "com" os perseguidos. Doar e orar "por" algo sugere uma distância, uma desconexão. Agora, orar e doar "com" os trabalhadores além-mar sugerem um fardo compartilhado, um ministério compartilhado e uma tarefa compartilhada até os confins da Terra.

Seríamos sábios em apagar a divisão entre a igreja e o campo missionário. A oferenda que Deus mais precisa não é a financeira; o que é requerido por Ele leva, afinal, à entrega de nossas vidas e à rendição voluntária de nossos filhos e netos aos propósitos Dele. Quando esses presentes inestimáveis são oferecidos, a igreja local finalmente caminha lado a lado com os trabalhadores além-mar, em vez de ver missões como apenas mais um item no orçamento.

Décima mentira: o lugar mais seguro do mundo é junto da vontade de Deus.

"Nossos trabalhadores além-mar estão seguros?" Esta é uma pergunta frequente. A segurança do trabalhador é de suma importância. Ainda assim, se a segurança é o problema principal para as famílias, igrejas e agências, então há apenas uma coisa a se fazer: *parar de enviar*.

A cultura ocidental tentou lapidar as ásperas arestas da fé. Nossa hipótese não testada é a de que, com certeza, Deus só quer o que é melhor para mim, minha família e meu país. Dada essa tese, quando problemas, sofrimento, perseguição e até morte chegam, somos rápidos em ver essas coisas difíceis como sinais da desaprovação de Deus. Talvez seja porque o Cristianismo ocidental reduziu o âmago da fé bíblica ao remover o sofrimento e a perseguição que o Novo Testamento promete serem intrínsecos ao seguirmos Jesus.

Muitos trabalhadores além-mar acham difícil começar a implantação de igrejas entre pessoas que são perigosamente inalcançadas. É comum que esses trabalhadores sejam muito mais comprometidos ao que podemos chamar de "trabalho de resgate". Aqueles que servem em áreas muçulmanas removerão crentes de origem muçulmana (COBs) de perseguições, para realocá-los em um lugar seguro em outro país.

Fazendo referência à história do Velho Testamento que mencionamos em um capítulo anterior, muitos se recusam a deixar José na prisão e lutam para providenciar resgates antes que os Josés modernos possam ter a oportunidade de interpretar os sonhos do faraó.

E, como resultado, escolhas com boas intenções na verdade trabalham contra os propósitos finais de Deus.

É uma escolha muito difícil de se fazer, mas os trabalhadores além-mar e aqueles que defendem os perseguidos devem discernir espiritualmente quando deixar José na prisão do faraó. Ao mesmo tempo, devem orar tanto pela obediência dele quanto a sua.

Por mais que queiramos evitar a conclusão óbvia, talvez seja tempo de os crentes no Ocidente admitirem que estamos com medo. Infelizmente, quando os COMs são questionados sobre o que aprendem com os trabalhadores além-mar, é normal que eles respondam a mesma coisa. Com sinceridade e tristeza, eles dizem: "Os trabalhadores ocidentais nos ensinam a ter medo".

Incutir medo em novos crentes não é meramente um erro missionário. É também um pecado. Para ilustrar, os COMs apontam que trabalhadores além-mar têm medo de fazer com que crentes locais sejam presos ou machucados. Eles indicam que os trabalhadores têm medo de perder seus vistos ou suas permissões para trabalho. Eles sugerem que trabalhadores temem a mudança, ter que aprender mais uma nova língua, ou mais uma vez colocar seus filhos em outra escola. De tantas maneiras diferentes, os trabalhadores além-mar tendem a enfrentar um medo paralisante.

E é bem possível que os trabalhadores além-mar tenham aprendido esses medos com seus pais, suas igrejas e suas agências missionárias.

A crença de que a segurança pessoal e a ausência de riscos são importâncias primordiais e de que nossa necessidade de segurança deveria nos impedir de arriscar tudo pelo Reino de Deus é uma mentira hedionda, que infecta o empreendimento de missões ao redor do mundo.

Como os líderes chineses de igrejas domésticas chamam a prisão? Eles a chamam de sua "escola de treino teológico".

Como é chamada a perseguição, e até o martírio, por pastores e líderes leigos? Eles a chamam de "normal".

O medo é devastador. Paralisa. Faz com que as pessoas corram e se escondam. O medo é um buraco negro que esvaziará de alegria a alma do crente. O medo é um inimigo mortal da igreja.

Seu medo é a maior ferramenta que você pode dar a Satanás, mas superar seu medo é a maior ferramenta contra ele.

Após os ataques terroristas de 11 de setembro de 2001, cerca de 60% dos missionários voluntários dos Estados Unidos cancelaram suas viagens planejadas. Durante esse mesmo período, uma porcentagem ainda maior de pastores cancelou planos prévios de serviços além-mar. Talvez esse tipo de decisão faça sentido para nós, mas, ao mesmo tempo, revela o alto valor que colocamos em uma suposta segurança e deixa claro nossa relutância em correr riscos para perseguir o chamado de Deus.

Com essa décima mentira é difícil de lidar. Enquanto entendemos muitos dos motivos para termos medo, ousamos não permitir que o medo nos impeça de cumprir o comando de Deus. Em termos mais simples, podemos fazer uma escolha obediente. Podemos escolher não ter medo, ou obedecer apesar de nossos medos. O Maléfico nunca pode tirar dos filhos de Deus a oportunidade de fazer escolhas corretas e divinas. O próprio Deus deu essa oportunidade. A Escritura nos diz claramente para não termos medo. E mesmo se não formos capazes de controlar por completo o medo, sempre temos a oportunidade de obedecer. Eternamente, o único lugar seguro para todos no planeta é junto da vontade de Deus. Sejamos claros: a vontade de Deus não é sempre o lugar mais seguro para se estar, mas é único lugar para se estar.

Crentes não podem escolher sempre a segurança, mas sempre têm a escolha da obediência.

Essas dez mentiras são obstáculos terríveis que podem nos impedir de perseguir o comando de Deus. Essas mentiras podem ser devastadoras para a causa de Cristo. Mas elas também podem ser reconhecidas, refutadas e rejeitadas. O povo de Deus não possui chamado maior do que viver à luz de Sua verdade. Que assim seja, em especial quando o assunto for lidar com essas mentiras que nos impedem de ter uma fé obediente.

O QUE FALTA PARA SER CONVERSADO?

- Você estaria disposto a arriscar pedir a um amigo querido que ele compartilhasse com você quais dessas mentiras você(s) está(ão) ouvindo?
- Qual a influência que o medo tem em você? Do que você tem medo?
- Homens, estamos destinados por Deus a ter uma vida fácil, sem sofrimento ou permitindo que nossas famílias sofram por Jesus? O que deve mudar na cultura de nossa religião para que os homens se imponham?

Capítulo 8
Obstinação

Apesar da clareza da Grande Comissão, a decisão de obedecer e "ir" normalmente é difícil e assustadora. Algumas vezes, uma dificuldade ainda maior se coloca diante do trabalhador além-mar: a decisão de ficar.

Em 1991, entrei em um momento de diálogo com um amigo que também era um trabalhador. Ele já estava no campo havia bastante tempo; era experiente e calejado. Falávamos sobre o trabalho na Somália, que se provou caro, perigoso e não muito produtivo (pelo menos, não produtivo para nossa maneira humana de medir as coisas). Alguns dos comentários que meu amigo fez em 1991 estão marcados na minha alma.

Ele afirmou que não tinha jeito de justificar "o desperdício" de equipes, dinheiro e testemunhos dentre os somalianos. Comparou o que estava acontecendo na Somália com o que acontecia no país em que ele servia. Chegou ao ponto de alegar o seguinte: "Se me der um de seus trabalhadores – só um –, começaremos uma igreja em meu país dentro de 48 dias. Se mantiver todos os seus trabalhadores na Somália, depois de 48 *meses*, ainda não haverá nenhuma igreja. De fato, depois desses 48 meses, os muçulmanos no seu grupo de pessoas continuarão a testemunhar para você!".

A Insanidade da Obediência

Então ele repetiu sua dolorosa conclusão: "Não há jeito de justificar o *desperdício* de equipes, dinheiro e testemunhos em um lugar que é tão sem resposta".

Mais ou menos um ano depois, um líder de um comitê de financiamento de missões me ligou no meio de uma cruzada evangelística no leste da África. Depois de uma conversa fiada, ele chegou aonde queria chegar com a ligação. Basicamente, esta era a questão que ele gostaria que fosse respondida: "Quantas pessoas você batizou, quanto dinheiro gastou, e esse custo é justificável para que você esteja aí?". A partir de então, eu soube que aquela não era só uma conversa educada ao telefone!

Depois de eu ter respondido, ele me disse: "Deixarei meu hotel em cinco minutos. Quando eu retornar à tarde, depois da nossa cruzada evangelística, daqui a algumas horas, haverá mais de 150 novas pessoas no Reino de Deus. O que você está me dizendo é que você teve apenas um convertido em um ano e meio, gastou 1 milhão de dólares e viu três pessoas sendo martirizadas? Como você pode defender sua permanência nesse lugar?".

Eu respondi: "Senhor, eu não preciso defender nossa permanência nos lugares difíceis e não alcançados. Nós simplesmente temos que ser obedientes e ir aonde Deus nos disse para ir".

Ruth e eu estávamos cientes da escassa colheita espiritual muito antes dessas duas dolorosas conversas. Do mesmo jeito, esses encontros foram alarmantes em sua clareza. Estávamos servindo em um lugar muito distante de uma ceifa espiritual. Na verdade, percebemos que não estávamos nem em um ponto de regar, plantar ou até cultivar o solo; sentíamos que estávamos simplesmente movendo pedras para que, um dia, o campo ficasse pronto para a semeadura.

Algumas vezes, esse trabalho preliminar parecia legítimo. Em nossos momentos convictos, dizíamos que estávamos sendo verdadeiros ao chamado de Deus. Em outros momentos, nos questionávamos. Honestamente, queríamos desistir.

Conforme avaliávamos nosso trabalho, sabíamos que os recursos deveriam ser usados com sabedoria. Mas não conseguíamos achar nenhum lugar das Escrituras no qual uma linha era traçada entre o valor investido e o número de novos irmãos e irmãs adicionados ao Reino de Deus. No que nos dizia respeito, não havia tal relação. Apesar das palavras duras de amigos e colegas, éramos movidos por uma paixão à obediência, não pela promessa de uma ceifa produtiva. Sim, éramos profundamente perturbados pela falta de sucesso mensurável, mas (pelo menos nos nossos bons dias) escolhíamos deixar esse assunto nas mãos de Deus.

Nossa tentativa inicial de conclusão agora havia se tornado uma sólida convicção: *seguidores de Jesus não precisam justificar sua presença em áreas nas quais Cristo não é conhecido. Eles simplesmente precisam ser obedientes.*

Este capítulo é uma breve revisão da lógica bíblica para continuar focando em grupos de pessoas que aparentemente não respondem e permanecer em ambientes pastorais que constituam risco considerável aos crentes nacionais e expatriados.

Nossa missão é ir ao mundo todo e proporcionar a todas as pessoas a oportunidade de ouvir com clareza sobre Jesus Cristo (Mateus 28:18-20). É nossa convicção que, por determinação de Deus, todas as pessoas tenham o direito de ouvir, compreender e ganhar a oportunidade de crer em Jesus. O comando de Cristo de ir e compartilhar o Evangelho não é uma escolha opcional para crentes, ou uma mera oportunidade para um seleto grupo de crentes. O comando de Cristo de ir às nações é uma incumbência para todos os seus seguidores.

Nossa metodologia não envolve apenas ir, mas também enviar aqueles que foram comandados por Deus para irem às nações. Aqueles que são enviados devem ser apoiados pelos que foram chamados por Deus a ficar e realizar a tarefa de crescer e nutrir a igreja existente (Romanos 10:14-21). Enviar é de longe a função mais difícil.

Nossa resolução é nos mantermos na tarefa até que todas as pessoas e nações tenham tido uma oportunidade de ouvir. Não precisamos retornar; simplesmente temos que ir!

Com frequência diziam aos membros de nosso time: "Vocês fizeram o suficiente. Chegou a hora de 'sacudir a poeira' de seus pés e se retirar". Por mais atraente que seja essa opção, ela deve ser examinada à luz do que lemos nas Escrituras.

Ao enviar seus discípulos, Jesus aborda exatamente esse assunto. Ele se refere a situações nas quais o testemunho não é bem recebido. Ele fala sobre situações nas quais não há acolhimento e a mensagem é rejeitada. Nesse contexto, Jesus fala "sacudi a poeira de vossos pés" (Mateus 10:14; Marcos 6:11; Lucas 9:5).

Nessas passagens paralelas, muitas coisas valem a pena serem notadas:

- Jesus envia seus discípulos para todas as cidades e vilas;
- Há consequências severas por rejeitar a mensagem e os mensageiros de Deus. Essas passagens em Mateus 10, Marcos 6 e Lucas 9 carregam o peso de aviso.
- As histórias de envio encontradas aqui são de discípulos de Jesus indo aos judeus. Significativamente, o povo judeu é aquele que teve uma história de revelação; eles não pertenciam ao grupo de pessoas que nunca haviam ouvido!
- Jesus disse aos seus discípulos que eles deveriam "sacudir a poeira de seus pés" se eles ou a mensagem do Evangelho fossem rejeitados.

- A última coisa que notamos é que, mesmo quando havia rejeição, Jesus nunca retirava seus seguidores de um grupo de pessoas! Mesmo em cenários de recusa e perseguição, seus seguidores eram apenas realocados e redistribuídos nas próximas vilas e cidades. No entanto, a vila ou cidade seguinte era povoada por indivíduos que faziam parte do mesmo grupo de pessoas.

Os únicos exemplos apostólicos de sacudir a poeira dos pés em resposta a uma mensagem rejeitada se encontram em Atos 13:50-51 e Atos 18:6.

Na primeira passagem, Paulo estava indignado com os judeus de Antióquia na Pisídia, que estavam agitando oposições às suas pregações. Significativamente, Paulo não "sacudiu a poeira dos pés" em nenhuma outra cidade de sua jornada na qual encontrou perseguições similares incitadas por judeus (como em Cônia e Listra). Além disso, ele até retornou a Cônia para encorajar a igreja lá (Atos 14:21).

Na segunda referência, Paulo estava em Corinto. Em resposta à rejeição judaica de sua mensagem, Paulo "sacudiu suas vestes" como um sinal aos judeus de que ele agora levaria seu pastoreio evangélico aos gentios.

Ao avaliarmos nossos esforços entre os perigosamente não alcançados e ao tomar decisões difíceis sobre deixar ou ficar, deveríamos comparar os comandos achados em Mateus 28 e Romanos 10. Especialmente por nossa propensão de contar cabeças e registrar números, tendemos a escolher lugares para serviço que respondam mais. Enquanto esse tipo de escolha possa fazer sentido às nossas entidades missionárias, talvez isso não reflita uma obediência bíblica. É possível – mais que isso, é bastante provável – que Deus mantivesse seus mensageiros entre os perigosamente não alcançados, apesar de nossas dificuldades de justificar comprometimentos tão ineficazes e improdutivos.

Há não muito tempo, foi relatado que um líder missionário influente disse: "Enquanto a Somália e outros países forem perigosos e não responderem, usarei minha influência para retirar e manter os trabalhadores longe desses lugares". Esse comentário é uma representação de muitos que sacrificariam a oportunidade de todos ouvirem sobre Jesus por questões como resposta mensurável, custo ou segurança.

Claramente, não é tempo de se retirar de grupos de pessoas em lugares como o Chifre da África (sabendo muito bem que os trabalhadores podem ser forçados a sair desses lugares) ou de afastar nossos testemunhos de grupos de pessoas que tiveram pouca ou nenhuma chance de ouvir e crer. *Os grupos de pessoas em questão não rejeitaram Cristo ou seus mensageiros; eles apenas não ouviram com clareza sobre Jesus e seu Evangelho.*

Em 1992, tivemos uma conversa com um missiólogo bem conhecido. Ele nos disse: "Então vocês são o casal que tem a audácia de ir a Somália com o Evangelho?"

Respondi casualmente: "Os somalianos não dão resposta ao Evangelho de Jesus Cristo".

Agressivamente, esse homem instruído se inclinou sobre a mesa e me repreendeu: "Como você ousa dizer que essas pessoas não respondem? Elas simplesmente nunca tiveram uma chance de responder!".

De fato, pouco depois dessa conversa, os somalianos recusaram auxílio oferecido pelas Nações Unidas. Eles rejeitaram a assistência e o envolvimento do Ocidente. Na verdade, eles rejeitaram uma falsa ideia preconcebida de Cristianismo. Mas eles não rejeitaram Cristo ou sua mensagem. Até os dias de hoje, os somalianos não rejeitaram Cristo ou sua mensagem. Na maioria dos casos, eles simplesmente não tiveram uma oportunidade de ouvir com suficiente clareza para responder.

Em áreas específicas nas quais perseguidores mataram seguidores de Cristo, nós devemos honesta e biblicamente enfrentar a vontade de Deus em relação a uma presença expatriada. Como consideração paralela, podemos perguntar se os judeus *como grupo de pessoas* rejeitaram Jesus ao matarem Cristo. À luz da rejeição judaica do Evangelho, devemos notar que, em Mateus 28, Jesus não disse aos seus discípulos para sacudirem a poeira de seus pés e deixar Jerusalém. Pelo contrário, ele os mandou de volta. Na verdade, ele os mandou especificamente para Jerusalém. E o resultado foi que o povo judeu, aos milhões, se reuniu para ouvir a mensagem de Jesus.

Enquanto sacudir a poeira de seus pés possa ser uma resposta necessária em alguns cenários, devemos buscar orientação divina para saber quando, onde e por quanto tempo essa resposta será apropriada. E seríamos sábios em não entrar nessa decisão de forma fácil ou rápida e, certamente, não para sempre.

Jesus, como líder espiritual e administrativo de seus discípulos, traçou parâmetros definitivos e claros. Mas para aqueles que enviou, ele deixou a decisão de quando partir com o julgamento guiado pelo Espírito. A decisão de ficar ou de ir foi tomada por aqueles "no local" por meio dos parâmetros claramente colocados por Jesus, e baseados no discernimento que viria apenas pela fé, oração e abstinência.

Então, quem decide quando o suficiente é o suficiente? Quando é hora de tomar a decisão de deixar um lugar difícil? A Bíblia e Jesus nos dão os parâmetros. Biblicamente, a poeira é sacudida de nossos pés caso o povo de Deus ou o Seu Evangelho sejam rejeitados. Essa decisão de partir é tática; não é um decreto permanente para um grupo inteiro de pessoas até o fim dos tempos. Talvez, após uma comunidade ser deixada, ela pode ser retomada em um ano, uma década, ou quando e como o Espírito guiar. Sacudir a poeira de nossos pés é um protesto público entre aqueles que rejeitaram Jesus; é um gesto simbólico direcionado aos duros corações, em particular os de pessoas que já estão familiarizadas com as Escrituras.

Orações baseadas em passagens das Escrituras, como em I Coríntios 16:9, II Coríntios 2:12-13, e II Tessalonicenses 3:1-2, são apropriadas para aqueles trabalhadores entre os perigosamente não alcançados e que não respondem, incluindo comunidades que já rejeitaram o Evangelho. Se o Evangelho de Cristo ainda não foi compartilhado, então discernimento e poder de permanência são requeridos.

De fato, Jesus chamou ceifadores para a colheita em Mateus 9:35-38. Mas Ele o fez à luz da cruz e tinha certeza sobre a natureza de seu chamado. Ele enviou seus discípulos como "ovelhas no meio de lobos" (Mateus 10). Jesus gostaria que entendêssemos que a colheita espiritual e a perseguição andam lado a lado. Como já percebemos, perseguições são normais no Novo Testamento, não uma exceção, em ambientes de rejeição e ambientes de ceifa. Colheita sem perseguição pode ser o que desejamos, mas não é o que encontramos no testemunho do Novo Testamento.

O apóstolo Paulo serve como modelo para os enviados de hoje em dia. Enquanto a história de sua vida certamente é repleta de "implantações bem-sucedidas de igrejas domésticas", suas dificuldades e mágoas são igualmente importantes. Paulo teve que escapar de Damasco (Atos 9:23). Ele discordou com intensidade de Barnabé (Atos 15:37-39). Foi acusado de traição (Atos 18:13). Foi feito prisioneiro em Filipo. Foi despido e agredido (Atos 16:16ss.). Foi preso em Jerusalém (Atos 21:27). E foi preso duas vezes em Roma (Filipenses 1:19-21).

Se o apóstolo Paulo estivesse servindo nos dias de hoje e encontrasse experiências similares, muitas agências missionárias diriam logo para ele sacudir a poeira de seus pés, para ficar apenas nas áreas de ceifa sem perseguições, ou até para voltar para casa, pois ele já teria feito o bastante.

Agradecemos a Deus que Paulo não tenha recebido essa instrução! Agradecemos a Deus pela disposição de Paulo de ficar, mesmo quando a colheita parecia muito pequena para ser medida. Ao ficar, Paulo permaneceu fiel ao chamado de Deus, sacrificou sua vida. Em sua obediência, Paulo honrou o chamado de Deus e, ao fazer isso, seu sacrifício voluntário partiu os corações das igrejas que ajudou a implantar, assim como o das igrejas missionárias em sua casa!

O conselho divino sempre deve ser procurado. A decisão de quando entrar ou deixar um grupo de pessoas é uma "decisão familiar", feita dentro do Corpo de Cristo. Apenas Deus poderia dizer a Paulo, e àqueles viajando com ele, quando ficar e quando ir embora. Apenas Deus pode nos dizer a mesma coisa hoje em dia.

SEJAMOS REALISTAS:

- Em que lugar do seu mundo estão as discussões a respeito de perseguições e maus-tratos de crentes que fazem parte do seu ciclo de adoração?
- O que causaria sua saída do ministério que lhe foi dado por Deus; a morte de uma esposa, filho ou parente?
- A que temos direito como cristãos ocidentais? Mensagens dominicais de um púlpito que deve sempre ser ouvido? Temos o direito de morrer pacificamente enquanto dormimos em uma cama confortável, em idade avançada?
- Cristo prometeu somente uma cruz?
- Por que há uma profusão de membros de igreja evangélica mudando incessantemente de igreja? Por que as denominações ocidentais estão em um declínio de 3% a 5%?
- Onde estaríamos se Deus sacudisse a poeira de seus pés a respeito de nossa desobediência?

Parte II

O nascimento da fé em ambientes de perseguição

Capítulo 9:
Os algozes

DE TODOS OS OBSTÁCULOS OBSERVADOS NO CAPÍTULO CINCO, o mais perturbador talvez seja a palavra final sobre perseguições. Conforme nos esforçamos para entender por completo esse mundo repleto de lobos, um perfil dos algozes é instrutivo.

A perseguição de crentes é diferente em cenários variados. Por definição, existem três tipos principais de perseguidores. Esses três tipos podem ser encontrados através da história do Cristianismo e todos estão presentes na oposição a Jesus nos dias de hoje. À medida que verificarmos a lista, perceberemos a perseguição ficando mais eficiente com cada tipo e cenário de perseguidores descritos. Por favor, percebam que a linha entre esses três tipos de perseguição é contínua; frequentemente as categorias se sobrepõem.

Historicamente, o perseguidor de crentes mais comum é o Estado. Nessa situação, a perseguição é guiada ou sancionada pelo governo. *Aqui vamos nos referir a ela como perseguição de cima para baixo.* A perseguição ocorre quando o Estado vê a igreja (ou o crente individual) como uma ameaça à ordem, ao controle ou à sua própria existência. Quando esse tipo de perseguição é dominante, ela é originada fora da família. Na verdade, nesse cenário, os familiares e a comunidade, em muitos casos, providenciam uma medida de proteção aos crentes, especialmente se são membros da família. A perseguição vem "de fora".

Nesse cenário, há uma boa e uma má notícia. A boa é que se o governo não enxergar uma grande ameaça, pode haver literalmente décadas para que as pessoas ouçam sobre Jesus, compreendam, acreditem, sejam batizadas e se reúnam em igrejas e até denominações. Nessa situação, um vizinho ou membro da família provavelmente não reportará o crente às autoridades. Se o governo estiver procurando um crente, até seus pais descrentes o esconderão do governo. Se um crente for preso, os pais provavelmente pagarão um suborno ou uma taxa para libertá-lo da prisão (mesmo que este argumente contra a ação). Nessa primeira categoria, perseguição é uma preocupação do governo, e até indivíduos descrentes geralmente não participarão da opressão contra os crentes.

Nesse primeiro tipo de perseguição, o governo pode pedir absoluta lealdade e pode concluir que o "Senhor Jesus" é uma afronta à autoridade, ao senhorio do Estado. É uma ameaça ao Estado dizer "Jesus é o Senhor", quando César é senhor e já ocupa essa posição. O Estado pode concluir que os crentes, por causa de seus compromissos com Jesus, estariam incapazes ou indispostos de serem completamente leais aos seus países. Talvez um imperador ou um rei não estejam dispostos a permitir que os cidadãos sejam devotos de outro governante (nesse caso, um governante chamado Jesus). Qualquer que seja a motivação específica, o Estado escolhe perseguir os crentes e faz o que for necessário para exercer controle sobre aqueles que estão se submetendo a uma autoridade paralela.

É curioso que esse tipo de perseguição seja altamente evitado. Enquanto a igreja não for vista como uma ameaça direta ao governo, a perseguição será mínima. Em nossas entrevistas, aprendemos sobre situações nas quais grupos de crentes escolheram cooperar com governos opressivos, diminuindo – por um tempo – a perseguição que experienciavam (ou a que eles acreditavam que potencialmente experienciariam).

Também ouvimos sobre situações nas quais a decisão exatamente oposta foi tomada; alguns crentes escolheram ser corajosos com seus testemunhos, mesmo sabendo que esse tipo de comportamento poderia aumentar a perseguição por parte do governo. Na antiga URSS, foi milagrosamente permitido que um líder denominacional estudasse em um seminário na Europa Ocidental. Retornando ao seu país, três anos depois, ele trouxe um relatório perturbador e desafiador. Ele afirmou que, nos três anos de seminário, aprendeu apenas um ponto de vista bíblico útil para as igrejas em perseguição. Proclamou aos seus colegas pastores que eram livres em Cristo e que deveriam, de forma corajosa, aumentar os esforços em implantações de outras igrejas, pois eles viveram erroneamente com medo por muito tempo. Mais de setenta pastores oraram e foram obstinados por um ano. Depois disso, eles elaboraram com cuidado uma carta ao Estado, dizendo que respeitavam e oravam pelo governo, mas deveriam servir a Deus em vez dos homens; logo, estavam comprometidos com uma expansão rápida do evangelismo por meio das igrejas existentes. Muitos pastores se recusaram a assinar uma carta tão ousada. Depois dessa missiva ter sido enviada à autoridade governamental competente, dezenas de pastores esperavam pelas batidas em suas portas que representariam suas prisões.

Nenhum pastor foi preso. Ninguém foi para a prisão. O medo da perseguição pelo Estado os levara a se restringir, a perseguir a si mesmos. Normalmente o medo da perseguição é muito maior do que a perseguição em si!

Ainda assim, a verdade geral permanece. A percepção que o governo tem sobre a ameaça do crescimento dos cristãos e da igreja é diretamente ligada à intensidade da perseguição.

A má notícia é que, quando o Estado se sente ameaçado, ele pode matar as pessoas que vê como ameaça, e as pessoas podem ser mortas aos milhares. O rei Herodes, perturbado pelas notícias do nascimento do "Rei dos judeus", fez o que todos os Herodes da história sempre fizeram. Ele massacrou centenas, se não milhares, de bebês inocentes para proteger o seu império romano, seu exército, seu governo, sua família e seu modo de vida. Esse trágico padrão já foi repetido através da história.

Quando esse tipo de perseguição acontece, geralmente a igreja já fez investimentos significativos em propriedades: prédios, seminários, colégios bíblicos e centrais de comando denominacionais. O Estado costuma usar tais propriedades para manter o Corpo de Cristo como refém de suas próprias bênçãos. Em muitos lugares da antiga URSS, os pastores tinham que dar relatórios semanais de suas "manipulações religiosas". Conforme a perseguição prosseguia, com o Estado propenso a fazer do clero um relutante parceiro nas perseguições ao ministério dos pastores, ele chamava o pastor para seu "interrogatório" semanal. O representante do Estado poderia dizer algo como: "Pastor, essa é uma bela casa que você tem. Seria uma pena se você a perdesse". Ou: "Pastor, é gratificante ver quão bom o prédio de sua igreja ficou e quão grande é o seu seminário. Seria uma pena se eles fechassem, não seria?".

Em países que pertenciam à URSS, esse tipo de pressão que mantinha o clero refém das próprias bênçãos e bens foi tão efetivo que registros governamentais mostram que 90% do clero colaboravam com o Estado na perseguição de seu próprio rebanho de crentes.

Nos anos de 1960, o governo chinês escreveu em um "relatório oficial" secreto a respeito da fé na China: "A igreja na China cresceu muito e se aprofundou em demasia; não podemos matá-la. Determinamos que seja dado à igreja propriedades, prédios, seminários e centrais de comando denominacionais para que ela se torne rica. Quando fizermos isso, teremos mais sucesso em controlar a igreja". Eu vi uma tradução para o inglês desse relatório, que foi dado a um amigo por um crente dentro do governo.

Essas são palavras proféticas e duras para a igreja ocidental hoje!
Fizemos conosco o que o Estado tentaria fazer se fôssemos, de fato, uma ameaça para o governo. A perseguição autoinduzida é normalmente mais sutil e efetiva do que a imposta do lado de fora!

O segundo tipo de perseguição mais uma vez envolve o Estado. No entanto, nesse caso, um "parceiro ideológico" se junta ao governo. É normal que, surpreendentemente, esse parceiro ideológico seja uma instituição religiosa que coopera com o Estado. Esse sócio cooperativo pode ser uma mesquita, um templo, uma sinagoga ou, infelizmente, uma igreja "cristã" histórica.

Uma das tragédias da história cristã é que instituições cristãs são significantes perseguidoras de crentes. Historicamente, a igreja é o quarto maior algoz da igreja! Por um lado, isso não faz nenhum sentido. Por outro lado, a história é cheia de episódios perturbadores, e esse é um desses episódios. Um grupo religioso – especialmente um que esteja buscando favores do governo, ou trabalhando para garantir sua própria sobrevivência, ou que esteja tentando proteger suas propriedades, prédios e bens – colaborará com o Estado na perseguição de crentes que fazem parte de um grupo ou movimento diferente. No início, deve haver um simples acordo ou aquiescência no tocante à perseguição do governo. Depois, todavia, talvez haja uma cumplicidade e cooperação maiores. Esse parceiro ideológico pode até conduzir a perseguições de crentes.

Às vezes, trabalhar com um parceiro ideológico é apenas uma decisão tática por parte do governo. O desejo é colocar um grupo contra o outro e, assim, concretizar uma medida maior de controle sobre ambos. Historicamente na China, líderes e membros da igreja oficial "emancipada" foram encorajados a trair os crentes que faziam parte do movimento de igrejas domésticas. Com graus variados de sucesso, o governo tenta cooptar um parceiro ideológico para manter o controle. Esse parceiro ideológico é normalmente uma entidade religiosa histórica, às vezes cristã. Esse parceiro ideológico dá ao Estado olhos e ouvidos no campo. Também dá a ambos os algozes negação absoluta.

Para entender esse ponto, imagine esta cena: Jesus foi crucificado. Uma agência de direitos humanos foi entrevistar Pilatos a respeito de seu envolvimento na morte de Jesus. Pilatos reagiria com uma fúria justa e exclamaria: "Eu queria libertar Jesus. Não via nenhum defeito no homem. Detestei tanto o que os judeus fizeram que lavei minhas mãos desse assunto. Se não fossem pelos líderes judeus, Jesus estaria vivo hoje".

Se o mesmo grupo de direitos humanos procurasse a liderança judaica a respeito de sua culpa na morte de Jesus, eles ouviriam uma história bastante diferente. O líder judeu poderia dizer: "Olhe nossas fotos. Estão vendo as mãos que pregam Jesus à cruz? Essas mãos são romanas. Olhe essa foto. Vê aqueles homens? Esses são soldados romanos crucificando Jesus. Se não fosse pelos romanos, Jesus estaria vivo hoje".

Esse tipo de situação é comum nesse segundo exemplo de perseguição. Olhando de fora, é difícil atribuir responsabilidade ou fixar culpa. Na verdade, talvez seja concluído que ninguém deve ser culpado. O Estado e seu parceiro ideológico têm suas negações e desculpas prontas. Eles podem sempre apontar para outra pessoa e se dizer inocentes. A culpa sempre recai no "outro partido". Governos como o da Arábia Saudita e o da Índia conseguem manter intactas suas relações dentro da comunidade internacional e até assinar documentos de direitos humanos ou liberdade religiosa. Seus parceiros ideológicos mantêm sua preciosa relação com o governo intacta, enquanto aumentam suas propriedades, prédios e bens.

A Insanidade da Obediência

O terceiro tipo de perseguição envolve o Estado e um parceiro ideológico. Entretanto, nesse caso, uma terceira entidade humana é o algoz primário: outros familiares e as estruturas básicas da sociedade. No primeiro tipo de perseguição, notamos que a família provavelmente providenciaria uma forma de proteção; um membro da família ou um vizinho normalmente não entregariam um crente às autoridades. Em *perseguições de cima para baixo*, os pais de um crente até tentariam tirá-lo da prisão.

Nesse terceiro caso de perseguição, no entanto, *o algoz está na mesa do café e dorme no quarto ao lado*.

Na *perseguição de cima para baixo*, pode haver décadas de escuta, compreensão, crença e batismos em Jesus. Mas, nesse terceiro tipo de perseguição, essa duração de tempo não será possível. Na verdade, familiares e vizinhos machucarão seus próprios filhos e parentes ao reportar crentes às autoridades de imediato. Eles normalmente conduzem as perseguições. *Chamamos esse tipo de perseguição de perseguições de baixo para cima*. Esse é o tipo mais efetivo e devastador de perseguição.

Nesse terceiro tipo de perseguição, o Estado pode estar envolvido, mas a participação de um parceiro ideológico frequentemente é essencial. O que faz esse tipo de perseguição particularmente devastador e insidioso é o envolvimento daqueles que têm uma relação próxima com o crente.

Esse tipo de perseguição é profundamente efetivo. Normalmente, nesse tipo de cenário, até alguém que está apenas fazendo perguntas sobre a fé cristã é reportado às autoridades ou abordado com severidade pelos familiares. Um crente nesse tipo de cenário será isolado e estará completamente ciente do que pode acontecer a seguir. O medo das consequências pode ser esmagador. Esse medo por si só pode inibir o surgimento de questões espirituais e a procura por suas respostas. Na *perseguição de baixo para cima*, os perseguidores previnem o desenvolvimento espiritual antes mesmo que ele tenha uma oportunidade de nascer.

Todos os três tipos de perseguição são complicados de serem enfrentados, mas esse último é especialmente devastador. Tradicionalmente, a abordagem ocidental ao evangelismo leva à conversão de uma pessoa por vez. Se isso ocorrer dentro do primeiro sistema de "perseguição de cima para baixo", a família do crente deverá protegê-lo. Nesse cenário, será possível que até anos se passem e que o crescimento espiritual aconteça; o crente pode até chegar a um local no qual seja capaz de compartilhar sua fé com outra pessoa. Com o tempo, novos crentes podem ser reunidos e formar uma igreja. Esse tipo de crescimento numérico e espiritual é algo que conhecemos e entendemos. E esse caso de crescimento adicional pode acontecer até em um cenário de perseguição, previsto que esta seja de cima para baixo.

Nesse terceiro tipo de perseguição, no entanto, esse desfecho não é possível. Nessa terceira categoria, a família não providencia nenhum tipo de proteção. Familiares, na verdade, são os líderes primários da perseguição. São os membros da família que agredirão aqueles que estão professando a fé em Jesus. São os avós que internarão os novos crentes em hospitais psiquiátricos, enquanto tomam os filhos deles, pois os pais já não terão mais condições de criarem suas crianças. Quando mulheres jovens professam a fé em Cristo e se recusam a renegá-la, é a família que a casará com um líder religioso conservador – alguém trinta anos mais velho. Essas mulheres jovens serão a segunda esposa em uma casa guardada por suas novas sogras. Do lado de fora, essa situação pode não parecer uma prisão. Mas, em perseguições, a prisão vem de várias formas e proporções.

Nesse cenário de perseguição de baixo para cima, não haverá tempo para o crescimento espiritual e ou oportunidades e desejo de compartilhar a fé com os outros. Evangelismo e conversão dentro das perseguições de baixo para cima não podem ser feitos com uma pessoa de cada vez. Em vez disso, devem ser modelados a partir das histórias bíblicas de "conversão familiar" de Cornélio e sua residência em Atos 10, ou do carcereiro filipense e de sua família em Atos 16. Dentro do contexto de uma *família* de crentes, o tempo pode passar e o crescimento espiritual pode acontecer. Não há nenhuma sugestão de que isso seja um processo mais fácil ou mais simples; *no entanto, sugerimos que esse é o padrão bíblico para conversões*, especialmente nesses cenários profundamente opressivos.

Movimentos de implantação de igrejas hoje acontecem no mundo todo. E, para a surpresa de muitos, a maioria deles ocorre *dentro de cenários de perseguição*. Historicamente, grande parte dos movimentos de implantação de igrejas emerge inserida em contextos de perseguição, em especial o primeiro tipo, de cima para baixo. Os motivos disso parecem claros. No primeiro tipo de perseguição, há um nível de proteção pessoal e familiar; a perseguição vem de fora da família e da comunidade. Pelo menos nos estágios iniciais da fé, nesse cenário, há tempo para que ocorra um crescimento espiritual.

É notável, hoje, como esses movimentos também estão começando a emergir dentro das perseguições de baixo para cima, e isso vem sendo cada vez mais possível conforme as famílias e comunidades chegam à fé em Jesus *como famílias e comunidades.*

Aqui está a maravilhosa perspectiva bíblica. A ceifa ocorre conforme se semeia. Se semeamos um de cada vez, colheremos um de cada vez. Se investirmos nossos testemunhos em famílias, famílias têm a oportunidade de chegar juntas a Jesus! Crentes em perseguição vêm nos ensinando verdades profundas – verdades bíblicas. Dentro de todas as formas e cenários de perseguição, o foco é em famílias (equipes) alcançando famílias. À medida que as famílias vão entregando o coração a Jesus, elas são batizadas, e então uma igreja nasce dentro de sua casa.

Seja qual for o tipo de perseguição, é preciso dizer que o perseguidor tenta exercer controle sobre o perseguido. Também é natural que os algozes acreditem ter poder para determinar como os crentes irão viver e quão ousados serão com sua fé. Uma das lições centrais de nossas entrevistas, no entanto, nos ensinou que são os perseguidos – não os perseguidores – que determinam como irão viver e quão ousados serão com sua fé. Os algozes determinam as consequências para o compartilhamento corajoso da fé, mas os crentes em situação de perseguição nos disseram que são livres para compartilhar sua fé em qualquer cenário, apesar das consequências!

Os perseguidores podem determinar a severidade das perseguições. Ainda assim, é apenas o crente que pode decidir amar, viver e compartilhar sua fé com os outros.

Somos propensos a ver situações de opressão e concluir que os crentes nesse tipo de cenário simplesmente não têm liberdade de compartilhar sua fé. Mas crentes perseguidos ao redor do mundo possuem outra perspectiva das coisas. Eles acreditam que são sempre livres para compartilhar, mesmo que as consequências sejam destrutivas. Os algozes determinarão, de fato, as consequências negativas do testemunho, mas nunca determinarão a liberdade do cristão de compartilhar, nem a colheita que seguirá. Os crentes não darão aos algozes esse poder!

Essa é uma lição profundamente importante. Até mesmo a linguagem que usamos revela nosso ponto de vista. Podemos dizer que alguém é "livre para compartilhar sua fé", ou podemos dizer que pessoas em alguns países "não são livres para compartilhar Jesus". *Mundialmente, crentes em situação de perseguição nos ensinaram que todo crente é livre para testemunhar, independente do cenário.* De fato, podem haver dolorosas consequências para os crentes que compartilharem sua fé, mas a liberdade de fazê-lo é um privilégio garantido por Deus, e essa liberdade sempre existirá.

Testemunhar não é uma questão de liberdade; é uma questão de obediência. O testemunho, em todos os casos, é construído na coragem de sofrer as consequências de exercer nossa liberdade dada por Deus para testemunhar. Com frequência, aos perseguidores é dado o centro do palco, a atenção midiática que eles não merecem. É tempo de focar em Jesus e testemunhar, não nos perseguidores e seus nefastos métodos de limitar testemunhos e machucar os filhos de Deus.

VAMOS LOCALIZAR NOSSOS PERSEGUIDORES:

- No cenário em que você vive hoje, onde está localizado o perseguidor? Você está em um ambiente de perseguição de "cima para baixo" ou de "baixo para cima"?
- Como estamos amando aqueles vistos como hostis ao Reino de Deus?
- Contraste a frase "Graças a Deus vivemos em um país no qual somos livres para adorar" com a oração quase nunca ouvida "Graças a Deus vivemos em um país no qual somos livres para testemunhar".
- Você está focando em alcançar famílias ou indivíduos?

Capítulo 10

O espírito de Deus no presente do indicativo

Logo antes de ascender aos céus, Jesus falou com seus seguidores uma última vez. Com as palavras da Grande Comissão como base, disse para que esperassem em Jerusalém pelo presente que seu Pai havia prometido (Atos 1:4). Jesus falara previamente para eles sobre o presente: a chegada do Espírito Santo (Atos 1:4-5). De acordo com Jesus, esse presente do Espírito capacitaria o testemunho ousado. "Mas recebereis poder, ao descer sobre vós o Espírito Santo", explicou Jesus, "e ser-me-eis testemunhas, tanto em Jerusalém, como em toda a Judeia, e Samaria, e até os confins da Terra" (Atos 1:8).

Os seguidores de Jesus obedeceram às suas instruções. Eles retornaram a Jerusalém e esperaram. Mais ou menos uma semana depois, no dia de Pentecostes, o Espírito Santo chegou com seu poder. Lemos sobre esse evento dramático em Atos 2. O resultado imediato da chegada do Espírito foi o testemunho ousado e efetivo. No que se torna um tema repetido nos primeiros capítulos do Livro de Atos, houve uma grande resposta à proclamação do Evangelho. Depois de Pedro se dirigir à multidão e convidá-la a receber Jesus, cerca de 3 mil pessoas aceitaram sua mensagem e foram batizadas (Atos 2:41).

Hoje, nos referimos a esse evento histórico como Pentecostes. Pentecostes era uma festa judaica ligada à celebração da colheita anual e ao anúncio histórico das Leis de Moisés. Mas depois, dentro do contexto cristão, Pentecostes recebeu um novo significado: o Espírito Santo desceu com seu poder sobre os seguidores de Jesus para que eles pudessem seguir no cumprimento de sua missão. O poder do qual Jesus fala em Atos 1:8 tinha chegado, e seus seguidores estavam equipados para o trabalho de testemunhar. Com a chegada do Espírito, os seguidores de Jesus foram empoderados para a missão.

O que aconteceu depois foi impressionante. Muitos responderam à pregação dos apóstolos. Esses novos crentes foram reunidos em uma comunidade, resultando em um número prolífico de igrejas domésticas. Dentro dessa nova comunidade empoderada pelo Espírito, os crentes adoravam e traziam tudo o que tinham em comum para o uso interno. Eles partilhavam juntos refeições e a ceia do Senhor. Dentro dessa nova comunidade, eles aprenderam sobre fé e amadureceram como crentes. E dessa nova comunidade reunida veio o crescimento – crescimento drástico e numérico. Diariamente eram agregados crentes ao grupo. Esse crescimento foi um presente concedido por Deus e empoderado pelo Espírito Santo.

O evento de Pentecostes descrito em Atos 2 pode ser definido como um acontecimento histórico único. Ao mesmo tempo, o Pentecostes também representa uma ocasião na qual o Espírito Santo trabalhou entre um grupo de pessoas para reunir crentes espalhados em comunidades de fé sustentáveis e férteis. Em um sentido histórico, o evento de Pentecostes descrito em Atos 2 nunca acontecerá de novo. Em outro sentido, no entanto, um evento como o de Pentecostes será frequentemente necessário para que ocorra o nascimento e crescimento de comunidades de crentes em qualquer cenário de não alcançados e não engajados, especialmente aqueles definidos por perseguições. De fato, só um evento como o Pentecostes possibilitaria esse tipo de nascimento e crescimento espiritual.

Da nossa perspectiva, talvez seja natural dizer: "Bom, o Pentecostes já aconteceu. Podemos ler sobre esse evento em Atos 2. Isso é história". Quando estudamos Atos 2, entendemos com clareza que encontramos algo que aconteceu há muito tempo. No entanto, em um sentido muito real, grande parte do nosso mundo vive hoje em cenários pré-Pentecostes, em situações próximas às que antecederam Atos 2. Se comunidades de fé sustentáveis e férteis devem ser formadas dentro do mundo não alcançado, será necessário que um evento como o Pentecostes aconteça.

Por isso ser verdade, a história de Pentecostes em Atos 2 serve como modelo para nos ajudar a entender tanto a história em geral do movimento cristão, quanto o mundo dos perigosamente inalcançados hoje. Nesta seção do livro, usaremos o Pentecostes *como uma analogia*. Tentaremos descrever os três estágios da história da salvação conforme o Reino de Deus emerge e cresce e, então (em alguns casos), flui e desvanece. Como a igreja inicial se apropriou da palavra *Pentecostes* das tradições judaicas, nós nos apropriaremos novamente dela para nos aprofundarmos no Reino de Deus e para propósitos ilustrativos.

O mundo pré-Pentecostes

Pode ser argumentado que todos os eventos na Bíblia, de Gênesis 1 até Atos 1, são localizados na história como ocorridos antes do Pentecostes e do nascimento da contagem das igrejas domésticas. Logo, toda essa história bíblica foi pré-Pentecostes, antes da chegada do Espírito Santo em Atos 2. Pré-Pentecostes é normal para milhões de almas perdidas hoje. Elas nunca ouviram sobre o primeiro Pentecostes

A Insanidade da Obediência

em Atos 2 e certamente não experienciaram por si próprias uma efusão do Espírito de Deus.

No mundo dos não engajados e não alcançados, existem poucos crentes conhecidos. Há poucos, se algum, recursos espirituais entre esse grupo de pessoas. Bíblias (orais ou escritas) não estão presentes, há poucas (ou nenhuma) canções nativas dentro desse cenário, e até disciplinas espirituais básicas não são familiares, ou talvez sejam inexistentes. Os muçulmanos normalmente nos perguntam: "Como se ora? Homens e mulheres adoram juntos? Quem cuidará de sua família se colocarem você na prisão? Quem ora por você? Há crentes o suficiente para que eles possam ir ao presídio juntos?"

O desafio dentro desse cenário é passar de um ambiente no qual não há crentes para um no qual se tenha a primeira família de cristãos. O passo inicial é converter de zero para uma (ou algumas), de nenhuma família crente para a primeira família cristã. Assim que o Espírito Santo der origem a isso, o desafio se torna multiplicar, ao evangelizar mais famílias por meio da palavra e da ação. Essa é simplesmente uma descrição do nascimento da fé, e a dificuldade é compreender como essa fé nasce nesse momento inicial e em ambientes pré-Pentecostes.

Nesses estágios iniciais, qualquer cristão novo obviamente faria parte da primeira geração de crentes. Por definição, esses novos cristãos seriam, talvez, os primeiros em suas famílias, em suas cidades e entre seu grupo de convívio. Conforme a fé nasce, nesse momento inicial, passa a existir uma família de crentes. Eventualmente, talvez haja mais alguns que acreditem. E, mais tarde, em algum momento, talvez possa haver um pequeno grupo de cristãos, normalmente formado por uma grande família ou uma porção integrada da comunidade.

No começo, porque, de modo equivocado, costumamos evangelizar os não engajados e não alcançados um por um em vez de por famílias, os crentes dentro desse contexto ficam espalhados, sozinhos e com medo. Dependendo do tipo de cenário de perseguição, esses poucos novos cristãos podem ou não ter a proteção de vizinhos e familiares não crentes. Em alguns contextos, sua nova fé é um segredo. Enquanto suas famílias podem não saber que eles são crentes, os ocidentais vivendo entre eles provavelmente saberão de sua fé se esses novos cristãos os procurarem como um porto seguro para se abrir sobre seu segredo pessoal e espiritual. Em outros contextos, membros da família podem saber de sua nova fé. Em ambos os casos, ainda não haveria um "grupo"; certamente, não teria uma igreja em suas casas. Infelizmente, é provável que esses poucos cristãos sejam próximos em idade, gênero e etnia. E, como descobrimos consistentemente em nossas entrevistas, é provável que essa pequena quantidade de crentes iniciais seja composta por solteiros. No Islã, essa primeira geração de cristãos pode ser descrita com frequência como homens abaixo de 22 anos de idade, solteiros e desempregados. Aqui homens são um grupo não alcançado. Pior ainda, as mulheres são tão não engajadas quanto não alcançadas.

De alguma forma, essa situação é similar ao cenário bíblico antes de Atos 2. Isso é um cenário pré-Pentecostes. O mais importante é que o Pentecostes ainda não aconteceu. Em muitos contextos o Pentecostes não pode nem ser imaginado. Outro termo emprestado para esse tipo de cenário poderia ser o Velho Testamento.

O ambiente doméstico para os não engajados e inalcançados hoje é muito parecido com isso. Em grande parte do mundo, não há um grupo reunido. Em grande parte do mundo, mesmo onde há alguns cristãos, não há igreja. Em grande parte do mundo, não há uma comunidade fértil de cristãos. Dentro desse cenário, uma pessoa em particular que acredite em Jesus será a primeira, e talvez algumas sejam acrescentadas, uma de cada vez.

Para os nossos propósitos, é interessante (e importante) fazer uma pausa aqui e considerar esse momento inicial. Como, por exemplo, esse pequeno grupo de seguidores de Jesus foi capaz de gerenciar a adição de mais ou menos 3 mil novos crentes em um dia? De algum jeito, segundo a história em Atos, eles estavam prontos e capacitados para fazer exatamente isso, e as coisas pareceram funcionar de forma bela. Obviamente Jesus e seus discípulos tinham preparado o caminho; araram o terreno e semearam milhões de barris de sementes antecipando a chegada do Espírito Santo.

Ainda assim, em um cenário pré-Pentecostes (que é o cenário dos não alcançados hoje), como um trabalhador além-mar poderia saber por onde começar? Quando não há métodos tradicionais e onde o idioma não é o mesmo, por onde um trabalhador começaria? Talvez possamos presumir que o trabalhador além-mar simplesmente começaria compartilhando a história de Jesus, mas mesmo desse primeiro passo simples surge um mundo de perguntas.

Kevin Greeson, autor de *The camel: how muslims are coming to faith in Christ* (O camelo: como os muçulmanos estão chegando à fé em Cristo), identifica quatro questões iniciais que surgem nesse começo. Essas são as perguntas que devem ser respondidas para que os crentes estejam prontos para compartilhar sua fé com os outros. Elas são:

- O que falo?
- Para quem falo? (Idade, gênero, classe social, solteiros ou famílias?)
- Quem me responsabilizará a respeito de quão frequentemente testemunho minha fé?
- O que faço se alguém disser "sim" a Jesus?[9]

---

9 GREESON, Kevin, *The camel: how muslims are coming to faith in Christ* (O camelo: como os muçulmanos estão chegando à fé em Cristo). Monument, CO, WIGTake Resources, 2007.

A última pergunta, em especial, lembra a situação em Atos 2. É evidente que os seguidores de Jesus estavam preparados para a resposta que aconteceu depois de o Evangelho ser compartilhado e a fé se propagar.

No entanto, no começo, a não ser que o Evangelho seja semeado entre as famílias, provavelmente o retorno será o de uma pessoa de cada vez. Dada a resposta, o que mais importará nesse momento? O que esses novos crentes precisarão saber? O que eles precisam aprender com os trabalhadores ocidentais que, possivelmente, passaram a maior parte de suas vidas em um ambiente religioso muito diferente de um pré-Pentecostes? Por onde começam?

Primeiro, será necessário que esses novos crentes saibam o que a Bíblia fala. É provável que, muitas vezes, esses novos cristãos sejam incapazes de ler ou escrever, então esse compartilhamento será necessariamente oral. Em resposta às perguntas, é preciso contar histórias da Bíblia. Será necessário que a Bíblia seja compartilhada oralmente, e uma Bíblia oral terá de ser absorvida. No geral, um ocidental precisa ouvir uma história, uma informação, sete vezes para se "apropriar" dela. Comunicadores orais só precisam ouvir a informação uma vez para absorvê-la! Nosso modelo aqui é Jesus ao ter lido um texto, como registrado no Evangelho, uma vez. No resto de seu pastoreio, Ele foi capaz de recriar o Velho Testamento de Deus pela memória.

Segundo, esses primeiros cristãos precisarão entender quem é Jesus. Para reforçar, histórias da Bíblia serão cruciais para suprir essa necessidade. Ao responder uma pergunta, o crente contará ao ouvinte uma história. Quando questionado sobre a primeira história, ele contará ao ouvinte uma segunda história! É importante "mapear" a compreensão bíblica ou espiritual de um descrente. Eles sabem a origem do mundo? Há o suficiente dos Dez Mandamentos registrado nos corações deles para terem uma noção do que é pecado? É possível para eles, em seu contexto histórico-espiritual, entenderem as histórias de Jesus?

Terceiro, esses primeiros crentes precisarão ver um modelo de uma vida fiel. Eles provavelmente se basearão naquele que lhes falou sobre Jesus para encontrar um exemplo encarnado da vida cristã. Também será necessário que aquele que compartilha a fé diga aos novos crentes: "Olhe para mim! *É assim que é um seguidor de Jesus! Se olhar minha vida, verá o que é seguir Jesus. Modelarei para você como um seguidor de Jesus vive e como um seguidor de Jesus morre*".

Não é coincidência que essa foi a exata abordagem do apóstolo Paulo. Ao instruir os novos cristãos, Paulo antes recitou relatos da atividade de Deus. Em seguida, ele manteve o foco na pessoa e no trabalho de Jesus. Por último, ele se utilizou de sua própria vida como exemplo da vida cristã. Seu método era consistente: Paulo contava histórias sobre Jesus, explicava exatamente quem era Jesus e colocava sua própria vida como exemplo. No cumprimento da última necessidade, Paulo essencialmente dizia: "Imite-me. Faça o que me vê fazendo. Se me imitar, estará imitando a Cristo".

A ênfase teológica nesse ambiente pré-Pentecostes focará invariavelmente na primeira vinda de Jesus. Em especial nesse ponto, é essencial que novos crentes entendam por que Jesus veio e o que veio realizar. Outras coisas são importantes, é claro, mas nada será mais importante do que se apegar a esse aspecto central da história cristã.

Esse cenário pré-Pentecostes descreve com precisão a situação antes de Atos 2. É notório como também descreve o mundo dos não alcançados hoje. Dentro de particulares grupos de pessoas, talvez não haja nenhum crente ou talvez apenas um punhado. Não há ainda uma comunidade de fé reunida. Esse é um momento inicial. Essa situação nos lembra daquele pequeno grupo de seguidores de Jesus na temporada de espera antes do dia de Pentecostes.

Em termos reais, o que pedimos para que os trabalhadores tentem hoje é semear o Evangelho de alguma maneira que grupos de pessoas inteiros possam sair de seus ambientes pré-Pentecostes, do Velho Testamento, viver uma experiência como o Pentecostes e criar um movimento de igreja doméstica para eles mesmos, parecido com o primeiro registrado em Atos 2.[10]

O mundo do Pentecostes

Segundo o relato bíblico, o Espírito Santo agrupou os crentes espalhados em uma comunidade sustentável e fértil. Cristãos que estavam sozinhos e com medo quase que de imediato se tornaram um grupo de corajosos milhões. E esse crescimento inicial não terminou em si; o crescimento, na verdade, continuou e se tornou exponencial. Os focos principais do grupo eram contar a história do Evangelho e expandir a comunidade de fé conforme eles cuidavam uns dos outros. Hoje, chamaríamos isso de evangelismo, se entendermos o termo como esse ato de contar a história de Jesus conforme a comunidade alimenta os famintos, cuida das viúvas e dos órfãos e cura os doentes, em essência modelando tudo que Jesus dizia e fazia. Na história de Atos 2, esse grupo crescente era multiétnico e baseado em igrejas domésticas. A mensagem do Evangelho normalmente era passada de

---

10 Uma boa fonte de informação a respeito do mundo pré-Pentecostes de hoje é http://www.joshuaproject.net/great-commission-statistics.php. As estatísticas são tão impressionantes que podem facilmente perder seu significado, mas esses números representam pessoas de verdade. Hoje, entre 1,5 e 3 bilhões de pessoas não têm conhecimento suficiente para se tornarem seguidoras de Jesus. Como chamaríamos esse tipo de mundo? É claro que esse mundo pode ser chamado de mundo do Velho Testamento. Em todo caso, esses números representam bilhões de almas com pouco ou nenhum acesso a Jesus.

forma oral, e a liderança do grupo surgia de igrejas domésticas locais, que eram fluidas e adaptáveis.

Quando movimentos de implantações emergem hoje, dentro do contexto dos não alcançados, essas mesmas realidades Pentecostais de Atos 2 estão presentes. Passando com rapidez de alguns crentes para milhões, esses movimentos de implantações de igrejas focam muito no Evangelho e em Atos; o que mais importa é contar a história do Evangelho. O crescimento inicial continua e se torna exponencial. O movimento é tipicamente multiétnico. A mensagem é disseminada de forma oral, pois é impossível ensinar a ler rápido o suficiente para que as pessoas acompanhem a colheita do Espírito Santo. A liderança dentro do grupo é fluida e aceitável. Ela é caseira, e uma grande confiança é colocada sobre esses líderes leigos que demonstram o Fruto do Espírito. Muitos dos crentes batizados nessa experiência similar à de Pentecostes também serão a primeira geração de cristãos. É muito comum em cenários como o de Pentecostes que uma família inteira seja batizada junta, e então imediata e naturalmente ela hospede uma igreja doméstica. Com frequência sugerimos que evangelismo e disciplina são termos intercambiáveis. Uma fé saudável sempre realiza os dois juntos, inseparáveis, ao mesmo tempo. Será que a ênfase na disciplina em igrejas ocidentais é um disfarce para a recusa de evangelizar?

Algumas observações aprofundadas são instrutivas. Enquanto crentes por todo o mundo desejam a palavra escrita de Deus, em um movimento de implantações de igrejas, há pouco tempo para a alfabetização ou tradução das Escrituras. A Palavra escrita e a habilidade de lê-la são de absoluta importância, mas, enquanto essas metas estão sendo buscadas (pela tradução da Bíblia e alfabetização), as histórias da Bíblia são comunicadas oralmente. Tirar um tempo para traduzir as Escrituras ou tomar um tempo para prover a alfabetização são luxos que esses movimentos de crescimento rápido não têm. Aqueles sem

Jesus não devem ser forçados ao letramento para que sejam bem-vindos no Reino de Deus. A necessidade de compartilhar o Evangelho é imediata, logo ele é compartilhado da única maneira possível: oralmente. O apontamento deve ser repetido: uma Bíblia escrita é indispensável. Ainda assim, aqueles que levam o Evangelho às nações não devem esperar de dez a vinte anos pela primeira Bíblia em um ambiente de não engajados e não alcançados antes de semear amplamente as boas-novas e ver emergir um movimento como o de Pentecostes.

Achamos a igreja na China particularmente sedenta pela Palavra escrita de Deus; ao mesmo tempo, ela não foi paralisada pela ausência do escrito. Logo no começo dos movimentos na China, cópias da Bíblia eram muito raras, mas as histórias dela eram conhecidas, repetidas e memorizadas. Nesse começo, há uma sensação de urgência. Esperar dez anos (ou mais) por uma tradução inicial da Bíblia apenas não é uma opção. Por sua natureza e necessidade, o movimento incipiente é oral.

Da mesma maneira, não há tempo suficiente, nem necessidade de esperar que os líderes estejam formalmente treinados, usando metodologias ocidentais de alfabetização. Talvez seja instrutivo que Jesus não tenha empregado um modelo de treinamento institucional. Na nossa cultura, pode levar de sete a dez anos para preparar um evangelista, implantador de igrejas e pastor pronto para o serviço. No entanto, o que aconteceria nesses sete anos intermediários sem líderes treinados? Dentro dos movimentos de implantações de igrejas, é impossível esperar para que a alfabetização aconteça; líderes simplesmente ascendem de dentro das comunidades. Esses líderes recebem seu treinamento *conforme servem* ou quando são presos e encarcerados por compartilhar sua fé. Eles são treinados! Ainda assim, são treinados dentro de igrejas locais e pelos movimentos de Deus.

Além disso, edifícios não são necessários; na verdade, eles costumam ser vistos como impedimentos. Construir prédios gasta muito tempo e dinheiro. Prédios são perigosos, pois permitem que os perseguidores localizem a maioria dos crentes em um lugar e horário específicos. De alguma maneira, edifícios se tornam um tipo de banquete para aqueles que se opõem a Jesus, seu Evangelho e seus seguidores. Uma questão que demanda consideração: a construção de templos, separados das igrejas domésticas, era normal no Novo Testamento? No Novo Testamento nem se menciona a construção de prédios.

Por essa razão, esses movimentos de implantações de igrejas são normalmente "movimentos domésticos". Em muitos lugares, o tamanho da casa determina o tamanho da igreja. Ou o nível de perseguição determina o tamanho da igreja doméstica. Conforme um grupo cresce, ele é dividido em novos grupos menores. Durante nosso tempo de entrevistas na China, líderes de igrejas domésticas explicaram que grupos de mais de trinta pessoas, ou grupos que se reúnem por mais do que três dias por semana, atraem muita atenção das autoridades. Esse tipo de consciência modela a composição típica de igrejas domésticas. Em especial em lugares nos quais a perseguição é intensa, igrejas domésticas envolvem menos de trinta crentes e encontros são invariavelmente mais curtos do que três dias. Sobretudo nos estágios iniciais, esses "movimentos domésticos" são adaptáveis e flexíveis a respeito do dia da semana em que ocorrerá o encontro, onde e a que horas ele ocorrerá.

O que nós ainda não falamos é sobre a dimensão espiritual desse evento similar ao de Pentecostes. Ainda que queiramos ser parceiros excelentes de Deus, é a atuação do Espírito Santo que dá poder a esse crescimento dramático. Em pouco tempo, crentes espalhados são reunidos. Essa reunião é algo que o próprio Deus faz. Respondendo à atuação Dele, esses recém-agrupados crentes se tornam uma comunidade sustentável comprometida com o crescimento e a propagação. Esse é precisamente o processo que vemos acontecer em Atos 2. E esse mesmo processo acontece dentro do mundo dos não alcançados hoje quando movimentos semelhantes ao de Pentecostes irrompem. Deus deseja esse tipo de movimento para todos os grupos de não engajados e não alcançados ao redor do mundo. Ele também não deseja esse tipo de movimento no Ocidente?

O mundo pós-Pentecostes

Esse último movimento na história não pode ser visto com facilidade no mundo dos inalcançados; talvez apenas ainda não tenha acontecido. No entanto, essa parte da história pode facilmente ser vista em nossa própria história. Digamos assim, o Pentecostes se deu há muito tempo. Nós entendemos o que aconteceu naqueles primeiros dias quando crentes espalhados e amedrontados foram transformados pelo poder do Espírito Santo. Mas o que aconteceu conforme o tempo passou?

Hoje em dia, pelo menos no Ocidente, nosso mundo poderia ser descrito como um mundo pós-Pentecostes. Como é a igreja após mais de 2 mil anos do evento do Pentecostes descrito em Atos 2? Talvez a descrição a seguir seja exagerada, mas talvez o exagero seja necessário para ganhar nossa atenção.

Enquanto o grupo reunido no dia do Pentecostes enfatizava o contar da história, a igreja em nosso mundo pós-Pentecostes foca em manter a organização. Muitos líderes de igreja hoje se preocupam mais em gerenciar o que já está no lugar do que em alcançar novas pessoas. Novos crentes normalmente vêm de dentro da população da igreja; esse tipo de crescimento é às vezes chamado de crescimento biológico.

Edifícios, equipe e identidade denominacional são de extrema importância na maior parte do mundo pós-Pentecostes, e recursos significativos são dedicados à construção de novas edificações, à mão de obra inicial e depois sua manutenção. A maioria dos fundos é gasta com as 99 ovelhas já encontradas, enquanto muito pouco é usado nos esforços de alcançar a última delas. O treinamento costuma ser baseado em transmissão de informação e pode ter pouco a ver com a formação do caráter.

Muitas dessas igrejas nesse cenário pós-Pentecostes são monoétnicas. Se há uma mescla de raças dentro de um edifício, é comum que tenham o mesmo contexto socioeconômico.

Os ministérios e os programas, em quase todos os casos, são dependentes da leitura. A maioria dos crentes no mundo pós-Pentecostes, claro, vive em cenários letrados. Ao mesmo tempo, é crucial manter em mente que mais de 83% das pessoas não alcançadas do mundo são analfabetas funcionais.

Enquanto a comunidade reunida que se dirige a um momento de Pentecostes está consumida pela compreensão e proclamação da primeira vinda de Jesus, a igreja no mundo pós-Pentecostes foca mais na segunda vinda dele. Talvez faça sentido dentro do contexto, mas ensinar e pregar costumam ser confundidos na parte das Escrituras de Romanos dedicada à Revelação. Já que esse é um "contexto de igreja", o foco é na "vida na igreja".

Uma porcentagem alta daqueles batizados na igreja pós-Pentecostes nasceu de pessoas internas da igreja. Há poucos da primeira geração de crentes.

Não há intenções de julgamento ou crítica aqui! Queremos ser carinhosos e cuidadosos, já que estamos falando da Noiva de Cristo. Esses desenvolvimentos históricos não são todos necessariamente negativos. No entanto, eles representam, sim, uma perspectiva radicalmente diferente das do pré-Pentecostes e do Pentecostes. Se prestarmos atenção, esses desenvolvimentos e diferenças podem oferecer profundas percepções evangelistas e missionárias.

Por exemplo, como um cristão vindo de um cenário pós-Pentecostes se muda para um mundo pré-Pentecostes e comunica a graça de Jesus? Grande parte da equipe além-mar foi criada e treinada em uma realidade pós-Pentecostes; como essas pessoas podem adentrar um contexto tão diferente e compartilhar o Evangelho? Nesse mundo pré-Pentecostes, as formas e tradições conhecidas não estão presentes. Tradicionalmente, e às vezes tragicamente, os crentes apenas tentaram levar as formas de uma igreja pós-Pentecostes e implementá-las (ou até traduzi-las) no cenário pré-Pentecostes. Essa não é uma maneira efetiva e apropriada de se proceder.

Em nossa experiência, mudar de um mundo pós-Pentecostes para um pré-Pentecostes foi como entrar em um avião no cenário do Novo Testamento e aterrissar em um cenário do Antigo Testamento! Poucas coisas no mundo pós-Pentecostes nos preparam para ir para o pré-Pentecostes. O pós-Pentecostes e suas igrejas focam no papel e treinamento de pastores. O pré-Pentecostes implora, suplica por evangelistas e implantadores de igrejas. A maioria dos seminários no mundo pós-Pentecostes treina seus alunos para o pastoreio ou para a docência do ministério. Poucas são as instituições teológicas que focam nos não engajados, não alcançados e no pré-Pentecostes.

Esse construto do Pentecostes dialoga vigorosamente com muitas preocupações que estão no âmago deste livro. Primeiro, o que esse modelo Pentecostal diz sobre o papel do trabalhador além-mar? Segundo, como esse modelo nos ajuda a entender a perseguição e o martírio?

A respeito do papel do trabalhador além-mar, as habilidades necessárias mudarão, assim como as relações também mudarão em diferentes estágios do movimento. Em um mundo pré-Pentecostes, o trabalhador é responsável por semear amplamente a semente do Evangelho. Nesse cenário, há poucos crentes ou talvez apenas alguns. Aqueles que se encontram presentes estão espalhados, sozinhos e amedrontados. Eles só saíram recentemente da perdição. Necessitam de companhia e encorajamento. Eles são a primeira geração de crentes. Precisam que suas famílias se tornem seguidoras de Jesus.

A maior necessidade em um mundo pré-Pentecostes é um testemunho encarnado. O que esses novos crentes precisam saber é o que diz a Bíblia e quem é Jesus. Eles precisam de um modelo que está disposto a falar: "Observem minha vida e lhes mostrarei como vive e morre um seguidor de Jesus". Essas necessidades básicas ditam o papel do trabalhador. É simples assim. Um trabalhador no pré-Pentecostes talvez seja melhor definido pelas coisas que deixa para trás no pós-Pentecostes do que pelo que leva consigo. No pré-Pentecostes, estratégias de entrada são de grande importância ao decidirmos para onde vamos.

Conforme um evento como o Pentecostes acontece e as igrejas domésticas começam a se multiplicar, o papel do trabalhador é o de discernir o momento certo de partir. Aqui as estratégias de saída devem ganhar mais predominância. Quando vier o Pentecostes, nada será mais importante do que estratégias apropriadas de saída. Nessa altura, é ideal que o trabalhador já esteja planejando servir em outro cenário pré-Pentecostes. *Geralmente, se um trabalhador permanecer em um movimento como o Pentecostes tempo o suficiente para que identidades denominacionais surjam, milhares de pessoas continuarão sem acesso a Jesus.*

Por fim, conforme o trabalhador se encontrar em cenários pós--Pentecostes, ele deve exercer o papel de ajudar sua igreja histórica a abranger o mundo dos não engajados e não alcançados, especialmente aqueles mais próximos, dentro da realidade ocidental. Esse não tem sido um trabalho tradicional desses trabalhadores, mas é essencial, já que a igreja tem dificuldades de transcender o cativeiro da instituição, tradição e cultura.

O trabalho dos enviados muda significantemente durante os diferentes movimentos dessa analogia do Pentecostes. Um dos erros missionários mais comuns cometidos pelos trabalhadores além-mar é levar o que foi reunido em uma igreja do mundo pós-Pentecostes por milhões de anos e, então, impor isso tudo em um ambiente pré-Pentecostes. *Tragicamente, isso com frequência resulta em novos crentes experienciando todas as divisões do Corpo de Cristo antes de terem a experiência de serem um com Jesus.*

É normal que seja exigido que os bem treinados e focados trabalhadores além-mar interajam dentro desses três estágios de salvação histórica, desde o pré-Pentecostes até o pós-Pentecostes. Eles sabem que cada estágio de salvação histórica requer diferentes ferramentas espirituais. Com o crescimento da linguagem e a aquisição da cultura, eles ficam confortáveis pastoreando dentro de cada estágio diverso e diferente da história do Pentecostes.

No contexto dessas discussões, é crucial que entendamos "os enviados". A tarefa que nos é imposta é a de permitir que bilhões de pessoas tenham acesso a Jesus. Para isso, é preciso que deixemos nosso ninho pós-Pentecostes, viajemos para um mundo pré-Pentecostes e saiamos rápido de qualquer derramamento do Espírito Santo semelhante ao Pentecostes. Nessa tarefa também é necessário que muitos trabalhadores além-mar deixem campos de missões históricos e tradicionais pelo bem daqueles no pré-Pentecostes. Esse talvez ainda seja o maior desafio missionário que se enfrenta. Também devemos lembrar que o Pentecostes é o trabalho do Espírito Santo e exige uma estratégia de saída clara. Os trabalhadores além-mar podem com sabedoria se associar a Deus para ajudar novos crentes emergentes a experienciarem um crescimento exponencial similar ao que aconteceu dentro do Pentecostes. Ao mesmo tempo, movimentos semelhantes ao do Pentecostes continuam sendo de competência do Espírito Santo. Além disso, a renovação pode acontecer mesmo na igreja pós-Pentecostes conforme os crentes acolhem com obediência aqueles sem Jesus nos cenários pré-Pentecostes, seja ao redor do mundo ou atravessando a rua.

Agora considere o impacto da perseguição e do martírio nesses diferentes movimentos da história. No mundo pré-Pentecostes, perseguições podem ser fatais, não apenas para indivíduos, mas para qualquer movimento emergente. A história da igreja nos diz que "o sangue dos mártires é a semente da igreja". Mas isso não é verdade em um cenário pré-Pentecostes. *Em um cenário pré-Pentecostes, na verdade, o sangue dos mártires pode ser... a morte da igreja!* É importante lembrar que, nesse contexto, há pouquíssimos cristãos; e estes estão espalhados e sozinhos. O que eles mais precisam é de uma janela de segurança. A perseguição pode vir. De fato, Jesus nos garante que virá! Mas se ela vier rápido demais, não haverá tempo para um crescimento espiritual ou para a reprodução da fé.

Considere os discípulos e seguidores de Jesus como um paralelo instrutivo. Antes da morte de Jesus na cruz, seus seguidores não eram aprisionados. Sem contar João Batista, seguidores de Jesus (antes da morte deste na cruz) não morreram por causa de suas relações com Ele. Todos os seguidores de Jesus que morreram antes da ressurreição pereceram de causas naturais! É certo, a mensagem deles não foi calorosamente recebida em todos os casos e, sim, eles foram algumas vezes rejeitados quando a compartilhavam, mas seu tempo com Jesus foi uma temporada de formação e segurança. Houve a oportunidade de crescimento e aprendizado. *Pondere cuidadosamente o que Jesus fez! Com habilidade divina, Ele criou um lugar seguro, uma bolha na história. Ele providenciou três anos nos quais milhões ao seu redor puderam ouvir, entender, acreditar, ser batizados e reunidos em igrejas domésticas antes da perseguição séria chegar.*

Isso, de fato, é o papel do trabalhador além-mar no pré-Pentecostes. Ele precisa criar uma bolha na história, um lugar seguro para que as pessoas possam acreditar em Jesus e se tornar parte do Corpo de Cristo. Quando a perseguição séria surgir no pré-Pentecostes (com frequência por causa de trabalhadores além-mar externos e não treinados), ela será efetiva em matar tudo que tenha sido começado pelo Espírito Santo. O resultado pode ser devastador.

Após o Pentecostes, isso mudou dramaticamente. De repente, os seguidores de Jesus começaram a vivenciar tudo que Ele prometeu em Mateus 10. Ainda mais, começaram a vivenciar tudo aquilo que Jesus vivenciou. Eles foram presos e ameaçados; alguns deles chegaram a perder a própria vida. Na realidade, o sangue *desses* mártires (nesse cenário de Pentecostes) se tornou a semente da igreja – em lugares nos quais a igreja existia e era fértil. Muitas vezes, o resultado da perseguição no contexto do Pentecostes original foi um crescimento explosivo. A perseguição autenticava a fé dos seguidores de Jesus e lhes permitia compartilhar do sofrimento dele.

Isso será uma verdade em cenários semelhantes ao do Pentecostes hoje. Nós já reforçamos mais de uma vez que a perseguição é normal e deve ser esperada. Uma verdade dentro de um contexto de Pentecostes. Em um cenário de pré-Pentecostes, no entanto, a morte dos crentes locais provavelmente dizimaria o movimento incipiente. Por outro lado, em um cenário de Pentecostes, a morte de cristãos pode servir de combustível para um movimento irrefreável.

Com isso, não digo que Deus não possa usar o sofrimento de crentes em contextos pré-Pentecostes; Ele com certeza pode, para os Seus propósitos. Ainda assim, as evidências de uma década de estudos parecem sugerir que a perseguição dentro de cenários pré-Pentecostes é fatal, em especial se for resultado de problemas secundários. Mas, no contexto de Pentecostes, a perseguição costuma gerar um crescimento ainda maior. Isso é o que vemos acontecer no Livro de Atos e também o que vemos acontecer ao redor do mundo hoje.

Em cenários de pós-Pentecostes, a perseguição parece rara. Talvez a igreja não sofra perseguições significativas porque se torna cada vez menos uma ameaça aos perdidos. Por outro lado, quando a perseguição chega para uma igreja que está dentro do cenário do pós-Pentecostes, ela quase sempre a divide. Não surpreende que se torne cada vez mais fácil de comprometer a fé quando prédios e propriedades estão em risco. Esses problemas nunca seriam enfrentados em cenários de pré-Pentecostes ou de Pentecostes. Com frequência os pastores nos dizem: "A perseguição está chegando para a igreja nos Estados Unidos". Quando é pedido para que expliquem as origens dessa perseguição vindoura, a resposta normalmente gira em torno de posições evangélicas conservadoras sobre o aborto e a homossexualidade. Façam o favor de me ouvir com atenção; essas são questões importantes. Mas a postura das igrejas nos EUA de se opor a essas atividades e estilos de vida é a mesma que a do islamismo conservador, a mesma que a da Arábia Saudita! É assim que seremos definidos por toda a nossa vida? Questões sociais são importantes. Ainda assim, o que estamos "medindo" com nossas entrevistas é a perseguição que está diretamente relacionada com a apresentação de Jesus àqueles que têm pouca ou nenhuma oportunidade de algo diferente. É uma perseguição que paira quando o Evangelho é encarnado no quintal de Satanás.

Em todos os movimentos da história e em todas as partes dessa analogia, independentemente de nos encontrarmos em um cenário pré-Pentecostes, de Pentecostes ou pós-Pentecostes, *as necessidades dos perdidos pesam mais do que as da testemunha*. Essa abordagem sem ego ao ministério não é nosso modo normal de viver e servir. Tendemos a pensar mais em nós mesmos. As instituições tendem a cuidar mais de sua sobrevivência. Se, no entanto, as necessidades dos não engajados e não alcançados forem mais importantes, a igreja e seus frequentadores serão compelidos a repensar o que importa mais e quais os sacrifícios requeridos! Isso redefinirá nosso treinamento, os locais a que vamos e por quanto tempo permanecemos.

Usar o Pentecostes como um modelo é mais do que um exercício teórico. Durante nosso tempo na Somália, ouvimos falar sobre um número considerável de somalianos que estavam prontos para declarar sua fé em Jesus. Por mais animador que fosse, escutamos trabalhadores ocidentais falarem: "Ah, não! O que faremos agora?". Eles não conseguiam imaginar como cuidariam de um grande número de novos crentes em um ambiente pré-Pentecostes, usando modelos ocidentais e pós-Pentecostes de "fazer igrejas".

Essa resposta de preocupação era baseada na realidade. Onde achariam apoio para esses novos crentes? Nessa altura, não havia nem igreja nem uma comunidade de fé coesa. Onde esses cristãos somalianos encontrariam abrigo, comida, emprego e educação? O que seria de suas famílias e filhos? Onde esses novos crentes encontrariam uma comunidade? O que aconteceria se um deles tentasse construir um templo, começar um seminário ou promover agendas denominacionais?

É claro, esses crentes somalianos não foram os primeiros cristãos a enfrentar essas difíceis questões. Novos crentes no Livro de Atos encararam situações similares. Conforme seguiram Cristo, eles foram excluídos de sinagogas e cortados da comunidade. Viúvas e órfãos cristãos eram marginalizados. *Mas a diferença é: no Livro de Atos, havia uma comunidade de fé.* Por causa do Pentecostes, a igreja surgiu com uma explosão. Sim, houve perseguições intensas, mas elas aconteceram em um ambiente de Pentecostes. Em Atos, quando os crentes perderam suas casas, oportunidades e trabalhos, eles o fizeram dentro de uma comunidade que tinha a capacidade de prover as necessidades básicas ao promover o compartilhamento de tudo. Na Somália, encontramos

A Insanidade da Obediência

necessidades semelhantes *sem a presença da igreja*. Depois de Atos 2 havia milhões de crentes em centenas de igrejas domésticas.

Curiosamente, no Livro de Atos, um evento semelhante ao de Pentecostes é repetido dentro de diferentes grupos de pessoas. O que aconteceu com os judeus em Atos 2 se repetiu para os samaritanos em Atos 8. Um evento similar ocorreu com os gentios em Atos 10. Isso faz parecer que o Pentecostes é um movimento de crescimento da igreja que é sempre possível pelo próprio Espírito Santo.

É essencial discernir se um cenário particular é pré-Pentecostes ou se ele já aconteceu. Em um mundo pré-Pentecostes, os crentes devem ser protegidos e ter espaço para crescer. No entanto, após o Pentecostes, a comunidade de fé empoderada pelo Espírito deve estar bem equipada para cuidar de si mesma. Esse modelo do Pentecostes é instrutivo, conforme tentamos sentir o que Deus está fazendo em diferentes partes de Seu mundo, e especialmente útil ao tentarmos discernir nosso papel ao nos juntarmos ao trabalho Dele.

Nós não queremos trapacear, levar os novos crentes para fora do Pentecostes, guiá-los direto do pré-Pentecostes para o pós-Pentecostes, para a parte da história religiosa na qual os ocidentais estão mais familiarizados e confortáveis.

Realmente isso seria uma tragédia.

Conforme tentamos entender como Deus traz novos crentes para Sua família, é impressionante descobrir que Ele continua fazendo isso como sempre fez! Em cenários nos quais o nascimento da igreja nos parece impossível, Deus, até hoje, tem achado maneiras de alcançar pessoas e reuni-las em comunhão. Deus nunca fica sem testemunhas. Satanás nunca fica sem algozes. É hora de falarmos sobre como exatamente isso está acontecendo, como está sendo articulada a batalha espiritual.

"SE EU OUVIR A PALAVRA 'FLEXÍVEL' MAIS UMA VEZ..."

- Onde sua fé está sendo vivida neste momento, levando em consideração o modelo do Pentecostes compartilhado anteriormente?
- Como se prepara alguém para ir do pós-Pentecostes para o pré-Pentecostes usando a analogia do Velho e do Novo Testamento?
- O que devemos levar conosco para o pré-Pentecostes?
- O que devemos deixar para trás?

Capítulo 11

Conversões sobrenaturais através de olhos ocidentais

Nossas entrevistas com crentes em situação de persegui-ção revelaram uma série de pressupostos errados de nossa parte. Por exemplo, antes delas, acreditávamos que entendíamos bem o processo de conversão da maioria dos grupos de pessoas. Sabíamos que aquelas em cenários não alcançados estavam chegando à fé em Cristo. Nossa suposição era a de que, na maior parte dos casos, o papel do trabalhador além-mar era indispensável na experiência de conversão. Nós nos tínhamos em alta estima. No entanto, nossas entrevistas nos revelaram uma imagem diferente.

Permita-nos compartilhar com você um recorte da história. Este em particular foca na conversão. Em razão de as coisas no mundo mudarem tão rápido, não estamos sugerindo que esse recorte seja preciso para todos os grupos de pessoas e para todo momento. O que talvez seja mais importante é discernir as verdades que aparecem nele e então pensar numa forma mais abrangente de aplicá-las de uma cultura para outra.

Ao falar com mais de 250 COMs, descobrimos que menos de 10% deles conheceram um trabalhador ocidental ou um crente "de fora", antes de chegar à fé em Jesus. Para colocar de outra maneira, *mais de 90%*

desses seguidores de Jesus chegaram à fé sem a ajuda de um estrangeiro ou de um crente de outra cultura. Nossos pressupostos elevavam o papel do trabalhador ocidental; nossas entrevistas nos tornaram mais humildes ao sugerirem quão pequeno ele realmente é.

Por encontrar o mesmo padrão com frequência, fomos impulsionados a encontrar explicações significativas. Diversas percepções-chave vieram logo à tona.

Primeiro, nos demos conta (e estávamos dispostos a admitir) de que os crentes ocidentais geralmente temem a perseguição; ainda mais, tendem a evitá-la a qualquer custo. Ocorreu-nos que talvez Deus pudesse estar hesitante em colocar cristãos ocidentais na vida de novos crentes que sofreriam, provavelmente, severas perseguições em seu dia a dia. Talvez crentes ocidentais não estejam bem preparados para ajudar cristãos que lidam com uma vida em cenários nos quais a perseguição é comum. Seria provável que crentes ocidentais instilariam medo em novos cristãos em contextos de pré-Pentecostes.

Segundo, nos demos conta de uma verdade bem óbvia: a de que Deus não está esperando os trabalhadores ocidentais para alcançar as pessoas do mundo! Ele sempre toma a iniciativa. Deus está sempre procurando maneiras de se revelar nos cantos mais sombrios da Terra. Quando começamos a trabalhar com muçulmanos em 1991, havia um trabalhador ocidental para aproximadamente 1,2 milhões de muçulmanos. Hoje, essa estatística mudou. Dando maior ênfase no compartilhamento do Evangelho em contextos muçulmanos, há um trabalhador ocidental para cerca de 750 mil muçulmanos. Mesmo com essa relação "melhorada", é claro que não há trabalhadores além-mar o suficiente para alcançar a população de muçulmanos do mundo todo. Francamente, se fosse preciso que Deus esperasse até que os trabalhadores ocidentais "aparecessem" para ajudar os muçulmanos a encontrar Jesus, Ele esperaria por muito tempo para que nos tornássemos obedientes. Muito pelo contrário, nossas entrevistas sugerem que Deus tem maneiras de alcançar os muçulmanos, maneiras estas que não dependem dos trabalhadores ocidentais!

Essas observações um tanto básicas nos conduzem a uma fascinante e importante questão: se os muçulmanos estão encontrando Jesus (e eles estão) e se atualmente essas conversões não estão sendo aprimoradas pela presença do trabalhador ocidental (e elas não estão), então como elas estão ocorrendo?

Como, dentro desse recorte da história, os muçulmanos estão chegando a Cristo?

A questão é crucial e foi abordada em cada uma de nossas entrevistas. Normalmente, os trabalhadores ocidentais imaginam que seu trabalho seja levar Deus a um lugar no qual Ele ainda não se encontra ativo. Mesmo que pareça ridículo dizer, tendemos a acreditar que viajamos para outra terra e "levamos Deus conosco". Mas o conhecimento recebido das entrevistas inverteu essa premissa. Acontece que não há lugar no qual Deus não esteja trabalhando. Em toda situação, Deus já está chamando pessoas para Si. De fato, pode até ser sugerido que nós viajemos e testemunhemos *para que possamos descobrir* onde o trabalho de Deus já está sendo feito!

Quando discernimos a atividade de Deus e nos juntamos ao Seu trabalho, temos o grande privilégio de nos associarmos a Ele. Mas, evidentemente, Deus tem maneiras de realizar Seu trabalho com ou sem nossa participação. De nossas entrevistas, ganhamos perspectivas de como muçulmanos estavam chegando a Jesus. Obviamente, Deus não é obrigado a trabalhar *apenas* desses modos; essas são apenas as percepções que obtivemos. Essas entrevistas retratam como Deus está trazendo muçulmanos para Si, em particular em lugares nos quais não há trabalhadores ocidentais.

A conversão de COMs

Para os crentes de origem muçulmana, existem três componentes importantes na jornada à fé em Jesus.

Sonhos e visões

Primeiro, há sonhos e visões que conduzem à peregrinação espiritual. Ao falar com centenas de COMs, ouvimos repetidamente sobre um período de tempo que durava de três a cinco anos, nos quais sonhos e visões eram presentes e transformadores em suas peregrinações até Jesus. Esses sonhos e visões costumavam enviar o muçulmano a uma jornada espiritual. Era muito comum que ouvissem uma voz sem corpo falando com eles. Era muito comum que vissem uma luz brilhante, sonhassem com a Bíblia ou ouvissem a voz do anjo Gabriel. Não era incomum que sonhassem com Jesus. Esses sonhos e visões eram sinais e atrativos.

Na maioria dos casos, sonhos e visões não são considerados eventos miraculosos para os muçulmanos; eles são, na verdade, um tanto comuns. Miraculosa é a maneira como Deus invade esses sonhos e visões, mudando seus conteúdos. Com o tempo, o Espírito Santo molda essas visitações e conduz ao começo de uma peregrinação espiritual aquele que a busca.

Sonhos e visões não são salvíficos. Os primeiros permitem que Deus ganhe a atenção do receptor e guie até Jesus aqueles que O buscam. Apenas Jesus tem o poder para transformar almas. Durante esse longo período de tempo, o buscador pode estar experienciando outros tipos de encontros espirituais. Por exemplo, pode haver conversas com crentes, uma visita clandestina a uma igreja histórica, conversas com um pastor, a escuta de uma rádio cristã ou a exposição ao "Filme de Jesus". De fato, a maioria dos COMs relata pelo menos de vinte a trinta encontros espirituais antes da decisão de seguir Jesus. Mas, na maioria dos casos, sonhos e visões alimentaram e informaram suas buscas.

Como mencionado, o anjo Gabriel está presente nesses sonhos e visões com frequência. Para os COMs, a presença de Gabriel é significativa, pois se acredita que foi ele quem entregou o Alcorão para Maomé. Mais do que isso, o Alcorão também se refere a Jesus como "a Palavra de Deus". Quando um muçulmano, talvez por meio de um sonho ou uma visão, é convidado (ou instruído) a "encontrar Jesus" ou "encontrar as boas-novas", ele está sendo libertado para iniciar uma jornada espiritual. E mais tarde, quando esse muçulmano encontrar Jesus, que no Evangelho de João é chamado de "a Palavra de Deus", conexões importantes serão feitas.

É curioso que, quando esses sonhos e visões começam, os muçulmanos costumam buscar as respostas e explicações na mesquita. Para um muçulmano, esse é um local natural para se procurar respostas espirituais. Seus líderes espirituais são normalmente procurados para aconselhamento. "Qual o significado desses sonhos?" seria uma primeira pergunta previsível. Os líderes espirituais da mesquita em geral afirmam que os sonhos e as visões vêm de Deus e dizem para aqueles que os procuram que as instruções dadas nesses sonhos e visões devem ser seguidas. Peculiarmente, assim que Deus começa a atingir a consciência deles através desses meios, os muçulmanos começam a visitar e orar na mesquita como nunca antes o fizeram. Eles podem deixar uma longa barba crescer, mudar o jeito de se vestir e se tornar um praticante conservador do Islã.

No entanto, a presença dos sonhos e das visões também fará com que outras questões surjam, questões estas que não serão respondidas com facilidade na mesquita. Por exemplo, aquele que procura pode ser conduzido a perguntar: "Como posso saber que Deus me ama?". A resposta da mesquita talvez seja: "Bom, você não tem como".

Outra dúvida talvez seja: "Como posso ter certeza de que irei para o paraíso quando eu morrer?". Novamente, a resposta da mesquita pode muito bem ser: "Você também não tem como ter certeza disso". Mais uma pergunta poderia ser: "Como posso saber se meus pecados estão perdoados?". Outra vez, essa questão seria acolhida com incerteza. "Você não tem como ter certeza disso", poderia o líder dizer.

Aquele que procura, assim, será comandado de forma severa a parar de fazer esses tipos de pergunta e simplesmente se submeter ao Islã e obedecer ao Alcorão. Em algum momento, perguntas não respondidas como essas levarão à frustração. E é comum que, passados de três a seis meses, aquele que procura deixará a mesquita e buscará respostas em outro lugar. *Na maioria dos casos, aquele que procura nunca mais retornará à mesquita.*

No começo deste capítulo, ponderamos sobre o papel do trabalhador ocidental nesse misterioso processo de conversão. Presumíamos (ou talvez quiséssemos acreditar) que o trabalhador ocidental era indispensável. Nas nossas entrevistas, no entanto, descobrimos que foram esses sonhos e visões concedidos por Deus que conduziram a maioria desses muçulmanos a começar suas jornadas espirituais. Era comum que trabalhadores ocidentais só entrassem nessas histórias depois que os que procuravam já tinham encontrado Jesus. Em termos simples, esses COMs chegaram até Jesus primeiro e então procuraram trabalhadores ocidentais que pudessem providenciar perspectivas adicionais, compreensão, batismo, recursos e comunidade.

A separação da mesquita foi outro ponto de vista surpreendente que recebemos de nossas entrevistas. Às vezes, durante esse período de sonhos e visões (que no geral duram cerca de três a cinco anos), aqueles que procuravam reportam que se separavam da mesquita e perseguiam sua jornada espiritual de outros modos. Chegando à fé em Jesus, eles normalmente não retornavam à mesquita. No começo, suspeitávamos que esses novos crentes retornariam à mesquita por segurança ou até com propósitos evangelistas, mas descobrimos que esses retornos eram raros.

Encontros com a Bíblia

Em segundo lugar, como parte dessa jornada espiritual, houve encontros emocionantes com a Bíblia. Muitos desses encontros eram de natureza miraculosa. Honestamente, para sequer encontrar uma Bíblia em muitos desses cenários é necessário um milagre. Bíblias não estão disponíveis. Mesmo assim, nossas entrevistas estavam repletas de histórias de encontros emocionantes com as Escrituras. Isso é ao mesmo tempo uma boa e má notícia.

Primeiro, vamos ver o lado bom. Em alguns casos, um muçulmano pode começar a sonhar com a Bíblia, mas ele não terá ideia de onde encontrar esse livro. Na Ásia Central, um buscador que estava tentando achar a Bíblia fazia meses, um dia foi ao mercado no qual só eram permitidos homens. Lá, nesse lugar abarrotado de gente, um estranho apareceu e entregou uma cópia da Bíblia para esse homem que a procurava. O estranho disse: "O Espírito Santo me disse para lhe dar isso". Em seguida, o desconhecido desapareceu na multidão. Aquele que procurava ficou atordoado. De repente estava sozinho, segurando uma Bíblia.

Em outro caso, um buscador, tendo sido guiado em seus sonhos para que encontrasse a Bíblia, vagava por uma livraria cheia de Alcorões verdes. Ele notou um único volume azul nos fundos da loja. Era uma cópia da Bíblia e ele a comprou... em uma livraria dedicada a vender apenas Alcorões.

Uma jovem moça dentro do Islã começou a sonhar com a Bíblia. Com sabedoria, ela compartilhou seus sonhos com sua família na mesa do café da manhã, pedindo conselhos sobre o significado de seus sonhos. Depois de semanas, seu pai a chamou ao escritório dele. Do fundo de uma gaveta, ele tirou um livro azul, a Bíblia, e deu a ela. Ninguém na família sequer sonharia que seu pai possuía uma cópia da Palavra de Deus.

Ouvimos histórias como essas repetidamente. Motivados por sonhos e visões, os buscadores muçulmanos encontram a Bíblia e costumam lê-la com voracidade. Descobrimos que mais de 90% de todos os COMs tiveram encontros importantes com a Bíblia, e a maioria deles leu a Bíblia completa entre três a cinco vezes antes de chegar à fé em Jesus. (Conhecemos um COM que leu a Bíblia por volta de 22 vezes em menos de um ano.) O que isso significa, entre outras coisas, é que a maior parte dos COMs tem um conhecimento profundo das Escrituras *antes* de tomar sua decisão de fé. Essa descoberta foi tão predominante que nos sentimos confortáveis em chegar à seguinte conclusão: *"Onde não há Bíblia, não há salvação"*.

A centralidade das Escrituras nesse processo de salvação é importante e interessante. Em algumas denominações evangélicas ocidentais, a idade média na qual uma pessoa se batiza é entre os 8 ou 9 anos de idade. É justo questionar o quanto uma criança tão nova pode saber sobre a Bíblia. Em contraste, um típico COM teve uma exposição muito maior às Escrituras antes de se converter. Quando esses que procuram enfim chegam à fé em Jesus, eles já passaram um tempo importante com a Palavra de Deus. Os sonhos e as visões encorajavam e até requeriam esse tipo de encontro com a Bíblia. E esse tipo de encontro parece indispensável no processo de conversão. Por terem seu livro sagrado em grande estima, os muçulmanos procuram com afinco por uma cópia da Bíblia na língua deles.

Também há a má notícia. Por mais importante que seja essa parte do processo, ela é problemática em um mundo de maioria oral. Se esse encontro com as Escrituras é indispensável na conversão, o que acontece com um buscador que não sabe ler? Com certeza, somos compelidos a ver a importância de fazer com que a Bíblia esteja disponível de forma oral para aqueles que não podem ler ou escrever. Se aqueles que procuram são instruídos por Deus a buscar a Bíblia, será necessário que ela esteja em um formato acessível e compreensível.

A maioria dos homens muçulmanos que chegam à fé em Jesus percorre um caminho mais letrado. No entanto, muitas mulheres muçulmanas não conseguem ler; logo, outros tipos de encontros com a Bíblia serão necessários. É surpreendente que estudos modernos de linguística indiquem que palavras escritas, em qualquer formato, constituem apenas 7% ou 8% da comunicação. Mais de 90% da comunicação são não verbais (reveladas por meio de linguagem corporal, tom de voz, contato visual e outros meios orais).

Jesus era um mestre da comunicação não escrita. Apesar de suas palavras e histórias serem poderosas, a alfabetização nunca foi uma condição para entender sua mensagem. Alfabetização não era uma condição para o treinamento de liderança. Seria sábio de nossa parte seguir o exemplo de Jesus em comunicação e compartilhamento.

As entrevistas com clareza demonstraram que mulheres muçulmanas estão tendo sonhos e visões aos milhões. Ainda assim, a taxa de analfabetismo para elas é quase o dobro do que é para os homens. *Nós falhamos por completo com essas mulheres muçulmanas que estão tendo sonhos e visões e procurando por Jesus ao não providenciar a elas acesso à Palavra de Deus na forma oral.* Falhamos por completo com as mulheres muçulmanas ao negar-lhes a oportunidade de receberem o testemunho de mulheres do mundo ocidental que acreditam em Jesus. Quando homens ocidentais letrados compartilham Jesus apenas com homens muçulmanos letrados – deixando as mulheres muçulmanas sem nenhum testemunho de mulheres ocidentais cristãs –, o resultado é desolador. A óbvia implicação disso para as mulheres muçulmanas é que o Cristianismo é como o Islã – apenas para homens alfabetizados. Essa é uma trágica falha de nossa parte.

Encontros com crentes inseridos na cultura ou próximo dela

No processo da conversão, sonhos e visões estão tipicamente presentes. Encontros importantes (e muitas vezes miraculosos) com a Bíblia também são cruciais. Então há o terceiro ponto: os encontros com crentes inseridos na cultura ou próximo dela. Esses encontros costumam tomar a forma de "compromissos divinos" nos quais alguém, de repente, aparece em cena para providenciar orientação, conselho e instrução.

Nas Escrituras, esses tipos de encontros acontecem sempre. Deus possibilitou que José levasse o testemunho ao faraó. Deus trouxe Ananias até a vida de Saulo em um ponto crucial que requeria instrução e orientação. O eunuco da Etiópia era um buscador com questões espirituais e Deus providenciou um encontro com Felipe. De maneira um tanto semelhante, Deus com graciosidade traz crentes de dentro da cultura ou próximo dela para a vida de buscadores muçulmanos, a fim de responder perguntas e providenciar orientação. É normal que esses encontros tenham um sentimento miraculoso que só pode ser apreciado em retrospecto.

Imagine por um momento a história do eunuco da Etiópia. Não nos é dito como ele começa sua jornada espiritual desde a corte da rainha Candace. Quando sua história se iniciou, ele estava voltando para casa. Estava sendo conduzido em sua carruagem, cercado por uma caravana de pessoas. Ele havia gastado tempo no âmago da prática religiosa e retornava dela sem ter encontrado a salvação.

Conforme viajava, ele lia o pergaminho de Isaías. Esse papiro teria sido copiado à mão e custado muito caro. Normalmente, pergaminhos das Escrituras permaneciam nos templos ou nas sinagogas. No geral, apenas homens de Israel podiam manuseá-los. Ainda assim, ali estava o etíope – um estrangeiro, homem de cor e castrado – com o pergaminho de Deus!

Antes de entrevistar COMs que interagiram miraculosamente com a Palavra de Deus, nunca antes havia considerado a seguinte questão: "Como aquele eunuco etíope conseguira a posse de um pergaminho de Isaías?". Quando enfim fiz essa pergunta, senti o próprio Deus me respondendo: "Nik, se você levará minha Palavra a lugares nos quais ela possa ser acessível a quem procura, então Eu a levarei às mãos daqueles que mais precisam. Nik, eu tenho feito esse tipo de coisa por muito tempo!".

É evidente que Deus é capaz de juntar Seu povo e Sua Palavra da maneira que achar melhor.

Começamos este capítulo considerando o papel do trabalhador ocidental no processo de conversão. Nossas entrevistas sugeriram, no caso dos muçulmanos, uma participação mínima no processo em si. Ainda mais, descobrimos que quando trabalhadores ocidentais estão presentes e ativamente envolvidos no processo de conversão de COMs, esse envolvimento muda a dinâmica típica da conversão. Quando trabalhadores ocidentais estão envolvidos em conduzir os muçulmanos a Jesus, por exemplo, os sonhos e as visões desaparecem quase por completo do processo. Com certeza, isso é um indicativo de que muitos desses trabalhadores não sentem que esses sonhos e visões são necessários (ou talvez eles até imaginem se isso é mesmo possível!). Já que trabalhadores ocidentais "sabem como levar pessoas a Cristo", eles não precisariam depender de realidades espirituais como sonhos e visões. Em uma reviravolta perturbadora, a atividade do Espírito Santo pode ser "substituída" pela sabedoria, experiência, estratégia e presença do trabalhador ocidental. É compreensível que a maior parte desses trabalhadores seja muito generosa. Eles proporcionam, para aquele que procura, um testemunho que rapidamente leva à salvação. Prosseguem providenciando a Bíblia, o batismo, um local para adorar e a oportunidade de serem discípulos. Eles podem lhes oferecer um trabalho, educação e talvez a oportunidade de encontrar uma esposa. Esses novos crentes podem até ser convidados a se mudar para o Ocidente!

Se o estrangeiro providenciar tudo para o buscador, o que sobra para que o Espírito Santo providencie?

Nossas entrevistas sugerem que Deus é perfeitamente capaz de trazer as pessoas para Si, e nossa tarefa não é nos associar a esse processo. Em vez disso, devemos com cuidado e devoção discernir o que Deus está fazendo e nos juntar a Ele. De forma construtiva, em Atos 8, Deus introduz Felipe na história bem no momento certo e, depois, o retira da mesma maneira. É provável que o etíope já viesse tendo sonhos e visões por anos. Ele está no meio de seu encontro dramático com as Escrituras. E, justo nesse momento, Deus organiza um encontro desse homem com um crente próximo da cultura, para que este providencie orientação, instrução e conselho.

Como exatamente os muçulmanos estão chegando à fé em Cristo? Primeiro, sonhos e visões abrem a porta para uma peregrinação espiritual. Segundo, há um dramático e extenso (e muitas vezes miraculoso) encontro com a Bíblia. Terceiro, ocorre um encontro com um crente dentro ou próximo à cultura que pode explicar os sonhos e as Escrituras que esses novos crentes estão lendo.

Antes de nossas entrevistas, acreditávamos que os muçulmanos não chegariam à fé sem a ajuda de um trabalhador ocidental. Deus não está nos esperando, mas ama nos usar em Seu trabalho. No entanto, nossa presença não é tão importante em Sua estratégia quanto achávamos.

Talvez, se fôssemos mais obedientes em nossas idas e se fôssemos com menos medo, Deus nos usaria de uma forma melhor no processo de conversão de milhares de muçulmanos.

Para reforçar, nossas entrevistas são apenas um recorte de um lugar em um período de tempo específico. Pode ser que Deus esteja fazendo coisas diferentes em outros lugares, entre outras pessoas. Em qualquer caso, esses recortes nos ajudam a entender o que Deus está fazendo e como talvez possamos nos juntar a Ele de forma mais efetiva nesse trabalho. Essas entrevistas com certeza não devem ser vistas como a única verdade para todo o tempo; mesmo entrevistas exaustivas podem nunca capturar a metodologia de Deus. Conforme o número de trabalhadores cresce, à medida que a Bíblia se torna mais disponível em formatos orais e escritos, e ao passo que mais crentes locais começam a emergir, a maneira exata de como as pessoas chegam a conhecer Jesus provavelmente muda. Essa imagem apresentada aqui é mais descritiva do que prescritiva. Estamos simplesmente falando sobre o que Deus estava fazendo em um fragmento da história. Não estamos limitando o que Deus pode estar fazendo em outros contextos ou o que pode escolher fazer a seguir.

Nosso objetivo aqui é estar tão em sintonia com o Espírito Santo que nos unimos a Deus no que Ele já planeja e procuramos multiplicar Seus esforços ao máximo.

Uma última perspectiva é necessária. Ao passo que é verdade que Deus não espera ninguém para se fazer conhecido, Ele faz parceria com Seu povo cristão correndo um grande risco. À medida que achamos seguidores de Jesus em qualquer lugar, mesmo nos cantos espirituais mais sombrios do globo, é raro encontrarmos igrejas domésticas (ou qualquer tipo de igrejas) fundadas sem que os humanos tenham feito parceria com Deus na gênese de um novo corpo. Que responsabilidade! É verdade que Deus chama os perdidos para Ele. Parece igualmente verídico que Ele depende da parceria dos humanos para começar uma igreja!

A conversão de COHs

Para a nossa surpresa, a experiência de conversão de crentes de origem hindu foi um tanto diferente dos COMs. A maior lição aqui é que precisamos descobrir o que Deus já está fazendo com diferentes grupos. E acontece que pessoas em diferentes grupos estão chegando à fé em Jesus de maneiras muito variadas.

Elementos comuns na conversão de um COM incluem sonhos e visões, um encontro com a Bíblia e um outro com um crente dentro da cultura ou próximo a ela. O típico processo de conversão observado para pessoas na cultura hindu foi um tanto diferente.

O mundo hindu é baseado em castas ou níveis sociais. Por décadas, a abordagem ocidental tradicional do evangelismo no mundo hindu focou nas castas menores, em particular os intocáveis. A teoria era a de que elas estariam mais abertas ao Evangelho e que, quando alcançadas, essas pessoas iriam de alguma maneira chegar às castas maiores na sociedade. Triste dizer que essa teoria não funcionou na realidade. Hoje há uma ênfase em alcançar famílias dentro das castas maiores, baseando-se na esperança de que, quando alcançadas, elas possam estar dispostas a atingir as castas menores com o Evangelho.

Apesar do grupo de foco, o processo que surgiu em nossas entrevistas de hindus chegando a Jesus foi miraculosa e amplamente reforçado. Por favor, lembre-se de que este é um recorte da história e não tem a intenção de ser prescritivo.

Em nossas entrevistas, encontramos alguns passos em comum. O primeiro envolve um grupo de COHs. Esses crentes saem em pequenos grupos como evangelistas. Viajam para uma área na qual há afinidade cultural. Isso constitui um encontro dentro ou próximo da cultura. Chegando no local, os evangelistas normalmente descobrem profundas necessidades físicas e oferecem a dádiva da cura. Em nome de Jesus, eles oram pela cura, e centenas de pessoas são curadas de imediato de várias doenças e enfermidades. Parece ser uma cena retirada do Novo Testamento.

Tendo sido curadas, essas pessoas então são convidadas a fazer uma oração pedindo a Deus pela salvação. Elas são questionadas se querem receber o Jesus que acabou de curá-las. No geral, após essa oração, elas também são batizadas quase que de imediato. E porque esse processo costuma envolver centenas (e até milhões) de pessoas, no fim do dia a igreja "surge". A cura física aconteceu, uma relação espiritual com Deus foi firmada, e novos crentes se reuniram como povo de Deus.

Os COHs evangelistas então viajam para outra área e repetem o processo. Esse é um modelo de conversão muito diferente do que o que encontramos entre os COMs. Em contraste com a nossa compreensão do processo de conversão para COMs, note como a Palavra de Deus tem um papel pequeno nesse processo de "conversão". Duas perguntas logo surgiram conforme ouvíamos mais de setenta histórias com essas características em comum. Sem uma fundação bíblica (74 "convertidos" não conseguiam nem recontar uma história da Bíblia), o que farão esses novos crentes quando a perseguição vier ou quando adoecerem outra vez e não forem curados? Tendo milhares de deuses no panteão de sua religião, eles estão apenas colocando Jesus em um lugar de honra dentre todos os outros?

Uma das dinâmicas mais interessantes, na verdade, aparece em áreas nas quais tanto muçulmanos quanto hindus estão presentes. É comum que muçulmanos em áreas tradicionalmente hindus sejam encontrados nos maiores níveis da sociedade. E COHs às vezes estão dispostos a compartilhar sua fé com eles também. Utilizando-se do processo habitual, os evangelistas de origem hindu reúnem um grupo em uma nova área. (Se calhar de ser uma área muçulmana, primeiro eles ficarão surpresos por quão poucas pessoas parecem estar interessadas; em áreas hindus, um agrupamento massivo é mais que certo.) Ainda assim, outra surpresa chegará com rapidez. Os COHs começam a falar sobre a doença física e a necessidade da cura. Num todo, os muçulmanos não estão muito interessados na cura. Comparados aos hindus da casta baixa, eles já possuem casas, carros, acesso à educação e também cuidados médicos. Logo, a necessidade deles de uma experiência de cura por Jesus é atenuada.

Em vez disso, eles querem ajuda para entender os sonhos e visões que estão tendo! Estão sedentos para que alguém lhes explique as passagens bíblicas que eles têm lido em segredo. Os crentes hindus, no entanto, têm pouco a oferecer a respeito disso. Eles sabem como curar pessoas doentes, mas parecem não ter muito a dizer sobre sonhos e visões. Eles sabem como levar hindus a uma experiência salvífica com Jesus. Sabem conduzir pessoas a Cristo dentro de sua própria cultura (hindu), mas não têm ideia de como Deus pode estar trabalhando entre pessoas de culturas próximas (como a muçulmana) que tiveram pouco acesso ao Evangelho. É óbvio que há uma surpreendente desconexão. Normalmente esses COHs deixam os muçulmanos e retornam aos seus, sacudindo a poeira de seus pés, desapontados com quão "não espirituais" os muçulmanos podem ser.

Uma dinâmica similar também pode acontecer na direção contrária. COMs podem reunir um grupo de hindus com o propósito de compartilhar a fé em Jesus. Esses COMs primeiro ficarão surpresos pelo grande grupo que se reunirá quando eles chegarem. Eles logo começarão a falar de sonhos e visões e sobre uma interação profunda com a Bíblia. Enquanto isso, o grupo reunido ficará confuso. Eles não tiveram sonhos e visões! Eles não ligam muito para um livro sagrado chamado Bíblia! Eles estão ansiosos para que sua dor física seja abordada. Estão cheios de parasitas, possessões demoníacas, doenças de pele – todas as enfermidades esperadas onde o cuidado médico é esparso. Novamente, há uma surpreendente desconexão. Esses COMs podem rapidamente voltar a compartilhar sua fé apenas com muçulmanos, sacudindo a poeira de seus pés, desapontados com a "falta de resposta" dos hindus de casta baixa.

É claro que esses cenários são amplas generalizações, mas eles se encaixam com padrões que apareceram em nossas entrevistas. A lição básica e óbvia é que *Deus, para se fazer conhecido, usa métodos diferentes em lugares diferentes*. Em um nível mais profundo, no entanto, a lição é que devemos tomar um tempo para discernir o que Deus está fazendo, para que possamos talvez nos juntar a Ele em Seu trabalho. Deus sempre usa avenidas espirituais abertas ao sobrenatural dentro de uma cultura. Ele as pega e transforma segundo Seus propósitos. Nossa tarefa é aprender com Ele e então ensinar a Bíblia de formas que, esperançosamente, se abram muitas avenidas espirituais para a salvação através de Jesus.

Próximo de nossa própria experiência, podemos observar como trabalhadores ocidentais normalmente pegam uma mentalidade pós--Pentecostes e a impõe sobre um mundo pré-Pentecostes. Trabalhadores ocidentais podem querer falar sobre a estrutura da igreja, enquanto um buscador quer saber quem é Jesus. Os primeiros podem enfatizar a segunda vinda de Cristo, enquanto o segundo anseia por entender o porquê de Jesus ter vindo a primeira vez. Trabalhadores ocidentais podem permanecer nas palavras do apóstolo Paulo, quando o Antigo Testamento e os Evangelhos podem, na verdade, ser um lugar frutífero para se dedicar um tempo. Eles podem insistir em um clero alfabetizado e educado, quando a maioria dos que procuram e potenciais líderes são comunicadores orais. Geralmente, os trabalhadores ocidentais focam no que sabem e no que experienciaram dentro de sua própria cultura. Nada pode ser mais natural que isso.

Inconscientemente, e talvez sem a intenção, transmitimos tudo o que sabemos, o que experienciamos e o que construímos em um mundo pós-Pentecostes (edifícios de igrejas, escolas dominicais, corais, letramento, seminários e acampamento de jovens) e presumimos que essas são as únicas avenidas para o testemunho em qualquer cultura por todo o tempo. Fazemos isso porque é através desses eventos, canais e estruturas que achamos Jesus e crescemos em nossa fé. Temos dificuldades em imaginar um cenário no qual pessoas possam chegar à crença em Jesus por meio de outras abordagens.

É fascinante, mas os COMs e os COHs fazem a mesma coisa. COMs podem presumir que todos os que procuram tenham sonhos e visões. COHs podem presumir que todos os que procuram estejam ansiosos por uma cura física. Os trabalhadores ocidentais podem presumir que as questões importantes vão ser as mesmas em qualquer período e lugar. O que mais importa, no entanto, é discernir os jeitos únicos que Deus pode estar usando em determinado período e lugar. Esse tipo de ponderação leva tempo e necessita de grande humildade. Também é requerida a disposição de ouvir os outros cuidadosamente conforme eles perseguem o chamado de Deus. Até que tomemos o tempo para discernir o que Deus está fazendo em outra cultura, corremos o risco de confundir nossas próprias certezas e estratégias com a atividade de Deus.

Isso é especialmente uma verdade da cultura da igreja nos Estados Unidos. A maioria dos pastores pode explicar com facilidade como pessoas que nasceram dentro da família da igreja chegaram à fé em Jesus. Esses padrões são fortes, previsíveis e mensuráveis sem transtornos. Contudo, quando esses mesmos pastores são questionados: "Como pessoas nos Estados Unidos que nunca antes estiveram na igreja chegam à fé em Jesus?", explicações são mais difíceis de se encontrar.

Nossa surpreendente sugestão aqui é que o processo de conversão para os radicalmente sem contato com a igreja nos Estados Unidos será muito semelhante ao processo de conversão experienciado pelos muçulmanos, hindus e budistas. De fato, o processo de conversão para esses radicalmente sem contato com a igreja será muito mais parecido com o processo de conversão de outras tradições religiosas. Os processos de conversão para aqueles sem contato com a igreja nos EUA e para aqueles que são criados em uma podem, na verdade, ter muito pouco em comum. Compreender bem esses processos de conversão talvez seja a questão mais importante colocada diante da igreja norte-americana hoje.

DEVEMOS CONSIDERAR ESTAS QUESTÕES:

- No meu país, como as pessoas que não têm histórico com a igreja estão encontrando Jesus Cristo como seu Senhor e Salvador?
- Como podemos saber o que Deus está fazendo dentro da nossa própria cultura e país e como podemos nos juntar a Ele em Seu trabalho?

Parte III
Alcançando a avó e o resto da família

Capítulo 12

Trabalhando com inteligência, não arduamente

Compreender o processo de conversão é um desafio difícil. Por um lado, estamos lidando com o que podemos chamar apenas de miraculoso; é claro, toda história de salvação é impregnada de milagres. As maneiras de Deus nos encontrar estão muito além do nosso entendimento e, na conversão, estamos considerando os encontros espirituais mais íntimos. Como Deus faz o que faz é algo que nós certamente não podemos compreender ou descrever.

Por outro lado, pela escolha e determinação de Deus, as dinâmicas humanas se envolvem até no misterioso processo de conversão. Em sua graça, Deus escolheu utilizar como instrumentos as pessoas, testemunhos e relações, em Seu trabalho salvífico. Deus faz o que apenas Deus pode fazer, mas graciosamente escolhe usar pessoas em Seu trabalho. Esse elemento humano é mais fácil de ser compreendido e descrito.

Entender o mistério da conversão é ainda mais complicado quando consideramos contextos culturais diferentes. O que parecemos saber sobre a conversão no contexto norte-americano moderno, por exemplo, com frequência não será aplicável em um contexto muçulmano, hindu ou budista. Além do mais, encontramos uma infinidade de situações presentes dentro de cada cenário em particular.

À luz de nossa conversa anterior acerca de como o mundo pós-Pentecostes define a maior parte do Cristianismo norte-americano, podemos identificar de forma ampla como as pessoas nos Estados Unidos podem chegar a Jesus. Por exemplo, alguém que tenha crescido dentro do cenário da igreja norte-americana pós-Pentecostes deve estar familiarizado com a linguagem da fé e poderia ser capaz de dar os passos necessários em direção à experiência da conversão. Ao mesmo tempo, é claro que um norte-americano que não cresceu dentro desse contexto terá mais dificuldade ou, pelo menos, uma experiência diferente ao navegar pelo caminho da conversão. Pesquisas recentes sugerem que, para norte-americanos que estão fora de um ambiente tradicional da igreja, momentos típicos de ingressão na fé são ou uma crise pessoal significativa (como divórcio, a perda de um filho ou filha, um acidente trágico), ou uma relação próxima com um crente. Esses parecem ser pontos de vista óbvios, mas é instrutivo pensar nesses termos.

É interessante notar que muçulmanos e hindus que estão chegando a Cristo no Ocidente o estão fazendo do mesmo jeito que fariam em suas terras natais. Também é interessante especular sobre os indicadores que podem sugerir quando a resposta à fé será séria e duradoura. Para um crente norte-americano, o que pode indicar uma fé autêntica? Mesmo talvez havendo muitas maneiras de medir a fé verdadeira, comportamentos como compartilhar a fé com outros e ter um apetite espiritual crescente podem ser bons indicadores. Algumas comunidades de fé podem identificar outros indicadores de uma fé séria, mas o mais importante talvez seja que há um consenso geral de que existem esses tipos de indicadores. No Ocidente, qual a diferença entre um "membro" e um "seguidor real" de Jesus?

Dentro do contexto deste livro, questões semelhantes podem ser levantadas sobre COMs e COHs. Para um crente de origem muçulmana, por exemplo, quais são os indicadores de uma fé séria e autêntica em Jesus? Nossas pesquisas fizeram emergir duas perspectivas.

Primeiro, sabemos que há uma fé genuína em Jesus quando um crente muçulmano (normalmente um homem cristão) dá o passo de compartilhar de forma apropriada com sua própria família – em especial com seu pai – sobre sua fé em Jesus. Como veremos mais à frente neste capítulo, a dinâmica familiar tem um papel importante na experiência de fé dos COMs, e um crente compartilhar sua fé pessoal com sua família indica um profundo nível de seriedade.

O segundo indicador é o batismo nas mãos de outro COM dentro de um contexto de uma igreja doméstica de COMs. Essa pode nem ser a primeira experiência de batismo. COMs com frequência são batizados em segredo por trabalhadores ocidentais, por exemplo. Mas o COM que procura o batismo por outro COM demonstra um sério sinal de comprometimento.

Para COHs, os indicadores são um tanto diferentes. O primeiro indicador de comprometimento sério na vida de um COH é quando ele está disposto a rejeitar e remover o altar e os deuses de sua casa. Um COH vem de um ambiente que honra uma multidão de deuses, e estes são adorados em um altar familiar. A maioria dos hindus está mais do que feliz em incluir Jesus no seu panteão de deuses. Claramente, a fé em Jesus se torna real e substancial quando esse altar é removido da casa e destruído, fazendo com que Jesus seja o único Deus daquele lar.

O segundo indicador é a disposição de lidar com as difíceis questões relacionadas ao eterno destino dos antepassados do crente. Enquanto isso, em particular, é um assunto muito sensível, em algum momento um COH reconhece as implicações das exclusivas alegações de Cristo e como elas se relacionam com o assunto da eternidade.

Conforme essas alegações são consideradas, o foco costuma mudar da preocupação com o eterno destino dos ancestrais para o impacto dessa nova fé nas gerações futuras.

A maioria dos norte-americanos não sabe o que significa de fato pertencer a uma comunidade. Nossa visão de mundo é tipicamente individualista. Para enfatizar esse ponto, deixe-me oferecer uma observação: *pessoas comunitárias, definição que inclui a maior parte das pessoas na Terra, prefeririam ir para o inferno com suas famílias do que ir para o paraíso sozinhas!* Essa perspectiva pode ser o resultado de uma compreensão falha do horror de uma eternidade sem Jesus ou um equívoco sobre a felicidade de estar com Jesus por toda a eternidade; no entanto, é uma perspectiva comum.

Esse foco no futuro é importante. Por mais animador que seja ver novos crentes, o que é ainda mais desejado é uma fé que esteja sendo passada para os outros. A esperança última é a de que a fé em Jesus seja espalhada para as mais antigas e futuras gerações. Um crente da primeira geração de fé é talvez o primeiro cristão em sua família ou entre um certo grupo de pessoas. Crentes da segunda geração existem quando a fé daquele primeiro crente é passada adiante. Neste capítulo, examinaremos algumas das barreiras que podem impedir que isso aconteça.

Contudo, primeiro é importante reconhecer que há muitas maneiras diferentes de se definir "segunda geração". A definição mais óbvia sugere que segunda geração significa apenas alguém que recebeu a fé de outra pessoa. Nessa definição, não há distinção relacionada à idade. Por exemplo, se sou um crente da primeira geração e compartilho Jesus com um amigo e ele aceita Jesus, então eu represento a primeira geração e ele, a segunda. (Se meu amigo, então, compartilha Jesus com um terceiro amigo e se este aceita Jesus, então esse terceiro convertido representa a terceira geração de fé.) Conforme a fé é transmitida, mais gerações vão sendo adicionadas.

A Insanidade da Obediência

Há outra maneira, no entanto, de definir segunda (e subsequentes) geração – uma definição que faz distinção relacionada a famílias biológicas. Essa segunda definição se relaciona às gerações encontradas em uma família. De acordo com ela, quando um crente da primeira geração compartilha Jesus com *seus filhos ou filhas* (ou com pessoas mais jovens que tecnicamente estariam na geração seguinte), essa fé acolhida seria chamada de segunda geração de fé. Conforme essas crianças amadurecem como crentes e compartilham sua fé com a próxima geração cronológica, isso seria chamado de terceira geração de fé (e assim por diante). Biologicamente, a fé pode ir em ambas as direções. Ela pode ser vista passando dos filhos para os pais e avós, assim como dos pais para seus filhos. Logo, em um curto período de tempo, a fé realmente se espalha em diversas gerações de forma biológica.

Ambas as definições descrevem a transmissão da fé, mas elas retratam essencialmente duas dinâmicas diferentes. Por causa de nossas entrevistas, estamos sugestionados a focar na definição que enfatiza a geração biológica das famílias. Repetidamente, nos encontrávamos em salas nas quais três ou até quatro gerações de famílias se viam representadas. Conforme uma matriarca contou sua história, conseguimos ver como sua fé fora transmitida para seu filho, que então a transmitira para sua esposa e filhos (e assim por diante). O que ouvimos descreverem nesses cenários só poderia ser chamado de genealogia da fé.

Essa transmissão da fé é, obviamente, pelo que tanto lutamos. Desejamos ver a fé se espalhando em nossa própria unidade familiar e ansiamos poder ver isso acontecer em outras culturas nas quais a fé está sendo acolhida. Essa é uma parte central na estratégia de Deus.

Infelizmente, isso nem sempre acontece, e é por isso que o foco neste capítulo são algumas barreiras que trabalham contra o movimento da fé para a segunda e subsequentes gerações. Nossa pesquisa sugere com clareza que Deus pode se fazer conhecido e chamar pessoas para Si até mesmo nos cantos mais sombrios da Terra. Deus não está nos esperando aparecer antes de levar pessoas à salvação. Ainda assim, nossas descobertas também indicam uma responsabilidade pesada de nossa parte e um risco da parte Dele. Deus nos chamou, Sua criação, para uma parceria na implantação de igrejas.

Afirmamos de forma ousada que não encontramos evidência de igrejas sendo implantadas sem que crentes humanos estivessem em parceria direta com Deus. Como cristãos, devemos ser parceiros de Deus na implantação de igrejas. Essa é a escolha Dele. A nossa, como crentes, está em determinar se nos associaremos com Deus de forma sábia ou não.

Ao pensar nessa parceria humano-divina, identificamos algumas barreiras e desafios significativos. Em nossas entrevistas, quatro barreiras principais emergiram.

A primeira barreira: o vício letrado

De acordo com nossas entrevistas, aproximadamente 90% dos COMs chegaram à fé através de meios literários. Na maioria dos casos, são homens muçulmanos capazes de ler e escrever. Enquanto esses homens foram capazes de acessar caminhos literários para chegar à fé, foram incapazes de compartilhá-la com outras pessoas de qualquer outra forma. Em outras palavras, para eles, a recepção e o compartilhamento do Evangelho dependem da alfabetização. Contanto que eles procurem compartilhar sua fé com outras pessoas letradas, isso não deve causar problema. O problema, no entanto, vem do fato de que muitas pessoas dependem por completo de meios comunicativos orais. Como a fé pode ser passada através de formas letradas quando a maior parte das pessoas que precisam ouvir o Evangelho não tem acesso a essas formas?

A Insanidade da Obediência

Em algumas de nossas primeiras entrevistas, Ruth e eu estávamos falando com um COM que tinha planos grandiosos para sua fé e testemunho. Ele falou sobre usar o teatro e a música para levar as boas-novas para milhares. Após falar com o homem por aproximadamente três horas, me preparei para fazer a ele minha próxima pergunta. Elogiei esse irmão por sua fé e seu desejo de compartilhá-la em um palco global. Então, com calma, perguntei a ele: "Você nos disse que é casado. Como sua mulher encontrou a fé em Jesus? Como ela compartilha do seu ministério?". Esse irmão olhou para mim como se eu tivesse perguntado o impensável. Ele praticamente gritou: "Por que eu compartilharia minha fé com minha esposa? Ela é apenas uma velha camponesa ignorante!".

Na maioria dos grupos de pessoas que estão sem Jesus, o analfabetismo pode chegar até 45% para os homens e 90% para as mulheres! Os homens em geral não estão interessados em compartilhar sua fé com pessoas que não leem, mesmo aquelas em suas próprias casas. Em termos mais simples, se esses COMs não tiverem ferramentas orais para comunicar o Evangelho, a fé não será transmitida para a próxima geração. Eles precisam tanto das ferramentas para o compartilhamento, quanto do desejo de compartilhar sua fé com esposas, filhas e qualquer outra mulher na família que seja analfabeta.

Estávamos entrevistando cerca de quinze homens, a maioria com mais de 50 anos de idade, que se declaravam líderes de igrejas domésticas locais. Fazendo um recorte oral da sala, descobrimos que apenas cinco desses homens disseram às suas esposas que acreditavam em Jesus, só três destas acreditaram e uma única foi batizada. Esses eram os líderes! Quando os questionamos a respeito de sua falta de iniciativa e desinteresse em compartilhar a fé com suas esposas, eles não ficaram tristes nem preocupados. À beira do desinteresse (talvez tédio?), nos disseram: "Nossas esposas não podem chegar a Jesus, pois são analfabetas".

A falta de formas orais para comunicar o Evangelho é uma barreira alarmante e que pode evitar que a fé seja passada à segunda geração. Quando um crente da primeira geração de fé (letrado) é incapaz ou está indisposto a compartilhar o Evangelho oralmente com as próximas gerações (analfabetas), a multiplicação da fé cessa na primeira geração. Lembrando o capítulo anterior, costumamos esperar que os outros cheguem à fé da mesma maneira que nós encontramos Jesus. Se chegamos a Ele por formas literárias, então é comum que esperemos que os outros cheguem a Jesus por meio de formas literárias. Mas se 90% das mulheres em uma cultura são analfabetas, isso claramente implica que a difusão do Evangelho parará na primeira geração.

De uma perspectiva ocidental, é comum o foco nas formas letradas de comunicação, mas grande parte do mundo não tem acesso a isso. Na verdade, notamos um padrão similar tanto no mundo do Novo Testamento como em movimentos de implantação de igrejas modernos. *Histórica e biblicamente, parece que Deus sempre mantém Sua Palavra na forma oral com o intuito de transmitir a verdade com rapidez. E Ele sempre mantém sua Palavra na forma letrada para que a verdade seja preservada.* Tanto a difusão rápida da Palavra de Deus quanto a preservação dela são igualmente cruciais, mas aspectos diferentes desse processo parecem ganhar mais importância em diferentes momentos da história. Deus, em Sua sabedoria, nos deu o melhor dos instrumentos – Sua palavra. E Ele a deu a nós no formato oral e escrito. Usar a Bíblia de forma letrada e oral dobra a efetividade do pastoreio.

Isso é muito óbvio: pelo menos em culturas orais, desenvolver formas orais de comunicar a fé é indispensável para que ela seja passada às gerações seguintes.

A segunda barreira: problemas específicos relacionados aos homens

Durante o tempo que passamos no Chifre da África, notamos alguns padrões intrigantes que depois foram confirmados em pesquisas mais formais. De fato, ao entrevistar um número considerável de crentes que chegaram à fé nos últimos cinquenta anos, descobrimos que 83% deles declararam sua fé em Jesus *apenas após a morte de seus pais*. Quando compartilhávamos essa estatística com os trabalhadores ocidentais em outras culturas religiosas semelhantes, eles frequentemente nos garantiam que o cenário no qual estavam era diferente e que o padrão do Chifre da África não seria consistente dentro dos lugares nos quais pastoreavam. No entanto, quando fomos capazes de entrevistar crentes em outros cenários de perseguição (particularmente nas perseguições de cima para baixo), descobrimos o mesmo padrão em cada uma das regiões. Na verdade, em alguns locais, a porcentagem era ainda maior e, em muitos deles, a estatística chegava a 100%. Dentre os crentes de uma religião, um número exorbitante deles só declarou sua fé em Jesus após a morte do pai.

Na maioria desses contextos, a fé cristã é normalmente rotulada pela maior parte das religiões como "antifamília". E, de fato, encontramos na vida de muitos dos "crentes" em Jesus, que vieram de certo histórico religioso, uma amargura extrema para com os pais. Ainda mais, é justo dizer que esse ódio pelos pais foi uma motivação primordial que levou a maioria dessas pessoas a chegar à fé em Cristo. Por mais estranho que pareça, tornar-se cristão é uma forma de "se vingar" de pais que são ou odiados, ou temidos. Obviamente, essa dinâmica é uma barreira para que a fé seja passada à segunda geração.

Se o medo do pai é a emoção dominante, é fácil entender o porquê de um crente em potencial sentir a necessidade de esperar até a morte do pai antes de declarar a fé em Jesus. Se por um lado o ódio pelo pai é a emoção dominante, podemos perceber que a declaração de fé em Jesus pode ser motivada por um desejo de infligir dor no pai ou nos familiares. Em qualquer um dos casos, esses motivos são problemáticos e insalubres – e eles obviamente afetarão a passagem da fé para os outros.

Quando novos crentes, de uma dessas religiões de maior número, são encorajados a compartilhar sua fé com suas famílias e especialmente com seus pais, aproximadamente 50% deles declaram que estão indispostos a fazer algo tão difícil. Eles concluem, na verdade, que é mais do que difícil; eles dizem ser "impossível".

"Se amar o meu pai é o que Jesus exige de mim", eles podem dizer, "então não quero ter nada a ver com esse Jesus!". No nível mais básico, é fácil ver como as relações desgastadas entre homens jovens e seus pais inibem profundamente a disseminação da fé de uma geração para a próxima. Essas entrevistas sinceras nos ensinaram a não ser passivos no evangelismo. Não devemos esperar que, em especial, jovens que têm questões paternas enormes venham até nós procurando por fé e batismo. Estamos aprendendo a levar o Evangelho para a família inteira, nunca separando o indivíduo de sua família. Como fez Jesus, também devemos procurar por homens que tenham respeito, idade e status dentro da comunidade e que naturalmente compartilharão sua fé com os seus familiares. Quanto mais resistente e mais disfuncional for a cultura, mais velhos e respeitados devem ser aqueles com quem construímos relações, com o intuito de nos tornarmos ajudantes de uma rápida disseminação das boas-novas. Culturas cristãs históricas focarão cada vez mais em alcançar as crianças a fim de proteger e preservar sua base denominacional e teológica. Começar movimentos fazendo amizade com aqueles de 30 anos ou mais com um testemunho divino e inserido na cultura é a maneira mais saudável para ver o Reino de Deus se estabelecer forte e crescer profunda e amplamente.

A terceira barreira: problemas especificamente relacionados às mulheres

No capítulo onze, narramos a maneira na qual um típico COM chega à fé em Jesus. Falamos sobre sonhos e visões, sobre encontros dramáticos com a Palavra de Deus e sobre reuniões com crentes inseridos na cultura ou próximo dela. Também fizemos notar que os muçulmanos *estão* chegando à fé em Cristo. Agora, precisamos dar um passo para trás e refinar essas observações.

Muçulmanos estão chegando à fé em Cristo, mas estes são em sua maioria homens. Há poucas mulheres muçulmanas chegando à fé em Cristo, ainda que existam boas exceções. Por décadas, operamos na hipótese de que homens muçulmanos que aceitaram a Cristo iriam automaticamente compartilhá-lo com suas esposas. O resultado, presumíamos, seria que famílias inteiras chegariam a Cristo. Acontece que nossa suposição foi um erro.

No geral, quando homens COMs testemunham (e eles o fazem), eles testemunham para seus irmãos, tios e primos, mas não para suas esposas ou para outras mulheres em sua família. Em vez disso, esses COMs costumam declarar de forma específica que, por causa de sua fé (a do marido), todo o lar é automaticamente um "lar cristão". Não é incomum que o COM batize sua esposa e de imediato a leve para encontros secretos de igrejas domésticas. Mesmo tendo sido batizada, ela não compreende quem é Jesus e tem pouco entendimento dessa decisão que foi imposta a ela. Esse modelo de "testemunho" (se pode ser chamado disso) é fundamentado no poder e na autoridade, culturais e inquestionáveis, do homem na estrutura da família. Ele determina sobre a fé para toda a família e simplesmente declara que será assim.

A esposa tem escolhas. Ela pode traí-lo e levá-lo às autoridades, divorciar-se dele ou permanecer com ele. No entanto, um longo legado de servidão dentro de uma cultura patriarcal a programou para aceitar a autoridade do marido, mesmo quando tange os assuntos que afetem sua entidade espiritual. Ele tem o direito de declarar a fé em nome dela.

Por anos, na Somália, nos esforçamos para compreender algo que notamos nos tempos em que a perseguição crescia de forma mais drástica. Conforme mapeávamos o martírio dos crentes, encontramos um padrão. Após muitos meses de relativa calma, havia um curto período no qual inúmeros crentes morriam por sua fé. Esse período de martírio então era seguido por uma temporada de relativa calma. Mais uma vez, essa calmaria era interrompida por um tempo em que muitos outros crentes eram mortos. Notamos o padrão se repetindo por anos e fomos incapazes de dar sentido a ele.

Fomos incapazes, entretanto, até que olhamos para esse crescimento do martírio à luz da situação das mulheres conforme descrito anteriormente. O que estava acontecendo era que, quando um desses COMs era martirizado, sua mulher imediatamente retornava à mesquita e, quase na mesma velocidade, denunciava os nomes das pessoas que faziam parte da rede de crentes à qual ela pertencia junto com seu marido. Esse comportamento, por sua vez, levava à perseguição daqueles que estavam envolvidos com o grupo do qual o marido fazia parte. Ao examinar esse cenário, só conseguimos identificar uma mulher nessa situação que "permaneceu na fé" por mais de 48 horas após a morte de seu marido. Quando a fé é simplesmente declarada em nome de outra pessoa, obviamente não há, ou é mínimo, o poder da permanência.

Apesar de nossas suposições de que homens e mulheres muçulmanos estariam chegando à fé em Jesus, o que agora compreendemos é que, na maioria dos casos, os homens muçulmanos que encontram Jesus compartilham sua fé com outros homens muçulmanos, ao passo que as mulheres muçulmanas continuam em grande parte sem acesso a Jesus.

A Insanidade da Obediência

Muitas outras lições adicionais vieram à superfície. Primeiro, chegamos ao entendimento de que mulheres muçulmanas normalmente ouviriam o Evangelho apenas de mulheres crentes ou dentro do contexto familiar. De fato, parece que o contar de histórias bíblicas é um jeito profundamente poderoso de comunicar o Evangelho dentre as mulheres muçulmanas. Descobrimos que homens muçulmanos, tendo ouvido as histórias, normalmente as mantêm para si. Conhecimento é poder e não é sábio distribuir poder. Em contraste, uma mulher muçulmana que tenha ouvido uma história bíblica em um dia em particular, compartilhará de seis a oito vezes o relato antes do anoitecer! É especialmente poderoso o compartilhamento dessas histórias em grandes aglomerações de mulheres muçulmanas em casamentos ou festas.

Uma segunda lição nos levou a ver a sabedoria em um modelo bíblico e espiritual para homens COMs sobre como *compartilhar* sua fé com as esposas em vez de simplesmente *declarar* a fé em nome delas. Nesse contexto, a liminar bíblica para que os maridos amem suas esposas e estejam dispostos a morrer por elas (Efésios 5:25) é uma revelação poderosa. Na verdade, é transformadora! Nós presumimos ingenuamente que esse tipo de compartilhamento aconteceria naturalmente e sem um modelo específico. Agora percebemos que nossa hipótese era culturalmente infundada. Há uma diferença marcada entre compartilhar sua fé com alguém e declarar a fé em nome de alguém. Noutro exemplo de miopia cultural, eu me lembro distintamente do dia em Mogadíscio, quando um crente de longa data gritou para mim: "Por que vocês, cristãos dos Estados Unidos, não nos disseram que os crentes em Jesus não se divorciam?". A criação de suposições culturais não testadas é fatal.

Também presumimos que essas mulheres muçulmanas que chegavam à fé por meio do compartilhamento de seus maridos crentes, então, a passariam para seus filhos. Em vez disso, descobrimos que, mesmo tendo sido batizadas, essas mulheres tinham restrito conhecimento de quem exatamente é Jesus e, ainda mais, continuaram criando seus filhos como muçulmanos. Claramente, dentro desse cenário, a fé não está sendo passada para a segunda geração. Os problemas especificamente ligados às mulheres são barreiras significativas para o crescimento do Reino de Deus em lugares inóspitos.

A posição das mulheres na cultura islâmica é uma parte problemática e profundamente preocupante de sua história. Samuel Zwemer, em *Across the world of Islam* (Através do mundo do Islã), esboça uma imagem sombria: "Como bebê, ela não é bem-vinda; como criança, não é ensinada; como esposa, não é amada; como mãe, não é honrada; quando idosa, não é cuidada; e, quando sua opaca e triste vida se acaba, ela não é velada por aqueles a quem serviu".[11]

A respeito das mulheres dentro do Islã, vamos olhar para algumas evidências circunstanciais. Em um tribunal de justiça na cultura muçulmana, é preciso o testemunho de três mulheres para se igualar ao testemunho de um homem. A taxa de analfabetismo entre mulheres é o dobro comparada aos homens. São raras as mulheres que votam ou dirigem. A maioria das mulheres não pode exercer cargos públicos acima de um homem. Mulheres têm poucos direitos no divórcio, incluindo os parentais. A maior parte (90%) das mulheres muçulmanas tem que orar em casa e tem pouco acesso à mesquita. Embora tenhamos que ser muito cuidadosos com nossas palavras aqui, parece que a maioria dos homens muçulmanos – e a maior parte das mulheres – acredita que a alma de uma mulher não equivale à de um homem. Ainda mais, é possível que, dentro da psique do Islã, a alma de uma mulher não seria capaz de "receber e manter o Espírito Santo". Isso pode começar

---

11 ZWEMER, Samuel M., *Across the World of Islam* (Através do mundo do Islã). La Verne, CA, Old LandMark Publishing, 2008, p. 135.

A Insanidade da Obediência

a explicar o porquê de um marido muçulmano deter a autoridade espiritual para todo o lar e por que ele geralmente testemunha apenas para os homens da família.

Quando mulheres trabalhadoras entrevistavam muçulmanas que eram seguidoras de Jesus sobre sua fé, a pergunta mais profunda era: "Como você chegou à fé?". Na maioria dos casos, a resposta era simples e direta: "Meu marido se tornou um seguidor de Jesus e me batizou". Tentávamos a mesma pergunta de forma diferente. Perguntávamos às "mulheres crentes": "Sua vizinha observou a relação entre você e seu marido e quer um marido como o seu. Como você compartilha Cristo com essa vizinha?". A resposta vinha rápida e era quase universal conforme elas respondiam: "Eu digo para que ela ore (bom), ore para que seu marido acredite e seja batizado para que ela também possa ser". Com palavras como essas, a entrevista acabava.

A maioria de nossas entrevistas com homens muçulmanos que seguiam Jesus durava três ou quatro horas. Entrevistas com mulheres muçulmanas, para quem a fé havia sido imposta por seus maridos, duravam por volta de quinze minutos. Normalmente, elas tinham pouco para compartilhar.

Uma necessidade especificamente missionária é a de que as mulheres trabalhadoras vivam dentre as mulheres muçulmanas e sejam para elas um modelo do valor e dignidade que Deus dá às mulheres. Mulheres crentes devem aprender e contar as histórias bíblicas nas quais as mulheres sejam centrais na narrativa. Famílias crentes ocidentais devem conceder o acesso à sua casa aos muçulmanos, para que estes as observem e sigam o exemplo de como crentes amam e criam seus filhos, amam e honram suas esposas. Isso é transformador – mas os cristãos ocidentais e os trabalhadores abrirão suas casas para aquelas famílias com pouco testemunho e sem comportamento cristão?

Pessoas perdidas são bagunceiras, e a maior parte dos cristãos não as quer perto de suas crianças!

A quarta barreira: as igrejas COC locais

É surpreendente para a maioria dos ocidentais que igrejas existam em lugares onde menos esperamos encontrá-las. Em contextos predominantemente muçulmanos, existem igrejas cristãs que antecedem o Islã. Para fins de discussão, nos referiremos a essas comunidades como "crentes de origem cristã" ou "igrejas COC". Essas igrejas históricas fazem o que todas as igrejas fazem, apesar de tenderem a ter pouco interesse em compartilhar Jesus com a maior parte da população. Em outras palavras, há uma comunidade de fé presente, mas ela tem pouco interesse em evangelizar a maior parte da população. Elas podem ser colocadas na classificação do pós-Pentecostes. Em quase todos os casos, essas igrejas são compostas de uma minoria religiosa (crentes cristãos vivendo em um cenário majoritariamente muçulmano), e na maioria dos casos a igreja seria composta por uma minoria racial.

Apesar do que podemos esperar de igrejas, igrejas COC nesses tipos de cenário normalmente estão indispostas a alcançar de forma evangelista a maioria perseguidora. Estatisticamente, em ambientes de perseguição, mais de 95% de igrejas COC simplesmente rejeitam a maioria das pessoas em seu meio. Previsivelmente, isso pode incluir a ausência de um evangelismo evidente. O que é menos previsível é que isso pode também incluir o fracasso em receber um crente que venha da população em maioria e queira se unir à igreja. Talvez seja irônico encontrar a própria igreja se colocando no caminho da disseminação da fé; por outro lado, esse tem sido um papel frequente da igreja através da história.

Esse tipo de igreja, independentemente de onde esteja localizada, se tornou um perseguidor.

Para deixar isso claro, imagine que há uma comunidade de fé em uma área de predominância muçulmana. Em seguida, imagine um muçulmano chegando à igreja procurando a fé em Cristo. Normalmente é dito a ele: "Vá embora, você tem seu próprio profeta". Ou imagine que um homem muçulmano tenha (de alguma maneira) chegado à fé em Jesus, e ele deseja se tornar parte dessa comunidade histórica de adoradores. É muito provável, mesmo que ele deseje se unir a essa comunidade, que a igreja COC não permita que isso aconteça, chegando até a recusar o seu batismo. Talvez possamos entender o porquê. Da mesma forma, é instrutivo se perguntar: "Quais são as razões dessa falta de hospitalidade e inclusão?".

Nossas entrevistas revelaram algumas das respostas vindas dos líderes dessas igrejas históricas. Geralmente com lágrimas escorrendo pelo rosto, eles dizem:

- "Essas pessoas estão simplesmente muito perdidas. Estão tão perdidas que não podem ser salvas. Ripken, no seu país, você tem pagãos temporários. Nosso país está cheio de pagãos em tempo integral."
- "Nós simplesmente não queremos que essas pessoas sejam salvas. O inferno é o que elas merecem. Você não tem o direito de trapacear e impedir que vão ao inferno aqueles que Deus já determinou que irão para lá."
- "Convertidos (ou supostos convertidos) nos enganaram no passado, e não permitiremos que esses convertidos (ou supostos convertidos) nos enganem dessa vez. Eles simplesmente querem nos entregar."
- "O custo de alcançar essas pessoas não é efetivo. O custo financeiro requerido não vale o investimento."

- "Se acolhermos crentes da cultura em maioria, os algozes destruirão o prédio de nossa igreja e confiscarão nossas propriedades."
- "Se acolhermos crentes que sejam de outros grupos raciais, eles não apenas farão parte de nossa igreja, também farão parte de nossas famílias e talvez se casem com nossos filhos e filhas. Não permitiremos que isso aconteça."
- "Se recebermos esses crentes de fora, eles eventualmente tomarão nossas posições de liderança na igreja."
- "Só entraremos em contato com esses crentes se recebermos apoio financeiro dos ocidentais e, quando esse apoio se extinguir, não iremos mais entrar em contato com eles."

Essas respostas variam de "previsíveis" a "chocantes" ou "absolutamente ofensivas", mas elas revelam a mentalidade encontrada nas igrejas COC. As atitudes por trás desses comentários demonstram medo, racismo, julgamento, orgulho e egocentrismo. Todavia, antes de julgar esses comentários de forma severa, devemos olhar dentro do nosso coração e encarar atitudes semelhantes que podemos ter. Pelo menos devemos nos esforçar para entender qual o sentimento de vivenciar a fé como uma minoria religiosa e racial em um ambiente hostil.

Às igrejas caucasianas no sul dos Estados Unidos poderia ser questionado: "Quantas igrejas foram implantadas entre os negros nesses últimos cinquenta anos?". Ainda assim, isso não é um jeito preciso de representar a posição da igreja COC em cenários hostis. Precisaríamos reverter a questão e perguntar: "Quantas igrejas de negros contataram os caucasianos com o Evangelho e implantaram igrejas entre a população predominantemente branca nos últimos cinquenta anos?".

Isso não nos isenta de realizar a Grande Comissão, especialmente em regiões que representam nossa Judeia e Samaria. Infelizmente, com frequência, estamos dispostos a ir aos confins da Terra enquanto deliberadamente deixamos sozinhos aqueles em nossas fronteiras e vizinhanças. Esses normalmente são os que menos amamos, e os deixamos sem o Evangelho de Jesus Cristo. Talvez muitos de nós estejamos mais próximos das igrejas COC descritas neste capítulo do que gostaríamos de admitir.

De qualquer modo, descobrimos que igrejas COC com frequência apresentam uma barreira que impede que a fé passe à segunda geração entre os que estão perigosamente inalcançados. Junto com as limitações relacionadas à oralidade e problemas específicos de homens e mulheres, essa barreira trabalha contra a expansão da fé.

ENFRENTANDO AS QUATRO GRANDES BARREIRAS:

- Quais ferramentas orais estão em seu arsenal para alcançar aqueles que são analfabetos ou analfabetos funcionais? Quais dessas ferramentas você sugere que necessitam desenvolvimento?
- Quanto da Bíblia você conseguiria reproduzir quando solicitado?
- Somos modelos de casamentos e casas saudáveis, que atrairão aqueles de fora do Reino de Jesus?
- Quantos familiares não crentes visitaram sua casa para uma refeição no último ano?

Capítulo 13
Mais barreiras?

Da forma mais simples, o questionamento que estamos fazendo é o seguinte: como nós, em ambientes definidos pela perseguição, conseguimos igrejas domésticas que se reproduzam por gerações? Como os indivíduos chegam à fé em Cristo e como essa fé pode se espalhar e crescer? A "igreja" acontece quando a fé inclui os familiares espiritual e biologicamente. A questão mais ampla deve ser: como podemos chegar a um movimento de implantação de igrejas? O ponto não é que podemos, pela força ou vontade da criatividade humana, "fazer" com que isso aconteça. Claramente, MIIs (movimentos de implantações de igrejas) são alimentados pelo Espírito Santo. Ao mesmo tempo, estamos convencidos de que os seres humanos, empoderados por Deus, podem se envolver em comportamentos saudáveis que irão ajudar para que a igreja (e o MII) aconteça. Por favor, não constate que MIIs denotam uma fixação com números. A linguagem dos MIIs é uma tentativa humana de observar a amplitude e a profundidade do que o Todo-poderoso Deus está fazendo; um desejo de ser um bom parceiro junto ao Espírito Santo.

Como podemos, como pessoas escolhidas por Deus, nos tornar sábios parceiros junto ao Espírito Santo? Por um lado, podemos focar em passos positivos que podemos dar. Por outro, podemos considerar custosas falhas e erros que podem ser evitados. Cristãos bem-intencionados cometeram erros no passado que inibiram o nascimento e crescimento da igreja. Seríamos sábios de aprender com esses erros e evitá-los no futuro.

Se formos sábios, honestos e resilientes o suficiente, podemos ter conversas abertas sobre as coisas que não funcionam. Francamente, Ruth e eu estamos bem versados em cometer erros. Somos garotos-propaganda dos erros e temos as cicatrizes para provar. Temos a esperança de que se você for capaz de aprender com os nossos erros, eles podem ser evitados. No mínimo, garanta que seus erros sejam seus; não repita os que cometemos!

Nossas questões para este capítulo são as seguintes:
- Qual a forma mais rápida de começar a reproduzir igrejas caseiras?
- Em nossa vida ministerial, como podemos contribuir para os MIIs?
- Existem comportamentos e ações que podemos querer evitar?
- Podemos aprender com erros já cometidos?
- Podemos identificar alguns dos obstáculos e barreiras que se colocam no caminho de um MII?
- O que impedirá a fé de ser passada para a próxima geração? Tem algo que possamos fazer com relação a esses obstáculos?

No Capítulo 12, destacamos quatro barreiras principais que tendem a impedir a fé de ser passada para uma segunda geração. Com o intuito de ilustrar, imagine um grupo de cem COMs. Estatisticamente falando, desses cem, oitenta serão homens e vinte mulheres. Assumiremos também que esses COMs sejam crentes genuínos e desejam compartilhar sua fé. Agora, dentro desse cenário, o que poderia, em potencial, impedir múltiplas gerações de familiares de acolherem Cristo?

Primeiro, um número considerável desses COMs não possuirá as ferramentas para passar sua fé oralmente. Por terem encontrado a fé através de formas letradas, alguns (talvez a maioria) deles serão incapazes de compartilhá-la de qualquer outra forma. Desses cem COMs iniciais, um número substancial impedirá ou inibirá de forma considerável a passagem da fé por causa de problemas relacionados à oralidade.

Segundo, muitos desses crentes serão severamente prejudicados em seus esforços de compartilhar a fé por causa dos problemas masculinos que identificamos. Alguns desses homens protelaram sua declaração de fé em Jesus por um medo paralisante de seus pais, e talvez essa postergação tenha danificado o testemunho. Outros declararam fé em Jesus especificamente por causa do ódio aos seus pais, e agora seus testemunhos estão tão maculados por esse ódio que se tornaram insalubres e prejudiciais para terceiros. Há tantos cenários possíveis, mas o número de crentes adicionais conquistados pelo grupo inicial de cem é ainda mais reduzido e enfraquecido por causa desses problemas específicos.

Terceiro, haverá obstáculos que virão de problemas relacionados às mulheres em nosso grupo. Ainda que estejamos presumindo que todos os cem COMs sejam crentes genuínos, é provável que algumas dessas mulheres não compreenderão por completo a fé, talvez porque sua fé tenha sido imposta por outra pessoa. Pode haver um interesse genuíno, mas as histórias da Bíblia não foram ouvidas e entendidas. Ainda mais, talvez não existam cenários para que as histórias sejam compartilhadas. Novamente, há muitos cenários possíveis, mas há muitas barreiras que se colocam no caminho da passagem da fé para a próxima geração através das mulheres.

Quarto, a igreja COC, com sua indisposição de testemunhar e ajudar novos cristãos a começar igrejas domésticas em suas próprias línguas e culturas, apresentará uma barreira importante. É uma verdade difícil de engolir, mas a proximidade não faz alguém mais habilidoso no testemunho que cruza culturas. A obediência é que faz!

Muitas agências missionárias ocidentais colocam milhões de dólares em recursos para "ajudar" cristãos históricos da região a alcançar seus vizinhos muçulmanos, budistas ou hindus, com o pensamento equivocado de que a proximidade ajudaria alguém a ir para Judeia e Samaria. Errado; se eles estão mais próximos, é mais barato de ir. Novamente devemos nos perguntar: quantos caucasianos estão implantando igrejas dentre os negros e vice-versa? Por que esperamos que essa divisão racial seja diferente em outras culturas? Se não há comunidade espiritual aberta a novos crentes, ao menos para o encorajamento, eles terão poucas oportunidades de crescer, amadurecer e ser estimulados. Isolados e sozinhos, os novos crentes não serão nem permanecerão cada vez mais expostos às verdades bíblicas, ao cuidado espiritual e à comunhão. Mais uma vez, podem existir vários cenários específicos, mas podemos observar como a dificuldade de acesso a uma congregação COC local inibiria a disseminação e o aprofundamento da fé.

Identificamos essas quatro barreiras como as mais significativas. À luz dessas realidades, quantos desses cem COMs continuarão a compartilhar sua fé de forma saudável e produtiva? Obviamente, nosso número inicial de cem que carregariam a fé para as gerações seguintes diminuiu de maneira drástica. Como se isso não fosse preocupante o suficiente, estamos cientes de uma multidão de barreiras adicionais que podem se colocar no caminho da passagem da fé para gerações subsequentes. Após cinco ou dez anos, quantos desses COMs originais continuarão a compartilhar a fé? A não ser que esses COMs continuem a compartilhar sua fé em graus expressivos, será quase impossível "chegar à igreja" (ou aos movimentos de implantação de igrejas).

Ou, para colocar de outra maneira, será possível equipar um COM com as ferramentas necessárias da oralidade? Será possível que esse crente chegue à fé em Jesus sem uma bagagem destrutiva relacionada ao seu pai, ou, pelo menos, será possível que ele tenha lidado com esses problemas de família de forma saudável e honrada por Deus? Será possível que alguém compartilhe deliberadamente sua fé com intencionalidade para homens adultos que tenham boas relações com seus pais? Ou, se for uma mulher COM, será possível que ela tenha de alguma forma chegado à fé de maneira saudável, pessoal e arbitrária? Então, será possível que haja uma comunidade de fé (talvez uma congregação COC) que providencie conselhos divinos que conduziriam apropriadamente à implantação de igrejas domésticas dentro da cultura e da língua dos COMs? Infelizmente, tudo isso, de fato, pode parecer impossível! Mas isso é o que abriria as portas para que a fé fosse passada às gerações seguintes. E, ainda mais, seria possível que esses COMs, reduzidos dos cem iniciais, superassem esse grupo de barreiras a seguir?

Esteja avisado e ciente, antes que fique muito deprimido: estamos salientando essas barreiras pois são elas próprias que sugerem a ponte, a sua própria solução.

Identificamos treze barreiras adicionais que podem trabalhar contra a passagem da fé para a próxima geração. Para responder nossa pergunta: "O que está nos impedindo de conseguir igrejas que se reproduzam por gerações?", esses treze problemas (junto com as quatro principais barreiras descritas anteriormente) podem ser um ponto de partida. De fato, dado o nosso grupo inicial de cem COMs, após cinco ou dez anos, é alarmante como poucos dos cem iniciais estarão vivendo e compartilhando sua fé ativamente. Se isso for verdade, será extremamente difícil chegar à igreja.

Talvez a melhor maneira de entender essa discussão seja, mais uma vez, imaginar esse grupo de cem COMs. Se, em dez anos, apenas três ou quatro (com certeza menos de dez) deles estiverem exibindo uma fé vibrante e reproduzível, qual fim tiveram os outros 97 ou 96? Esses treze problemas podem nos proporcionar respostas para essa questão perturbadora:

1. *Extrações externas*. Internacionalmente, quando uma perseguição severa chega, cerca de 50% de todos os crentes em perseguição serão extraídos para outros países por trabalhadores ocidentais sensibilizados e com boas intenções. Essa porcentagem mínima vale para COMs, COHs e COBs. Em contextos nos quais o Islã é dominante, o número pode chegar a até 70%. (Obviamente, se perdêssemos setenta dos cem COMs de Deus para a extração, não seria difícil entender como eventualmente encontraremos apenas poucos crentes restantes em situação de testemunho por causa deste problema!)

Por mais problemática que seja em termos de um testemunho efetivo, a extração é muito popular. Imagine que você tenha ajudado um homem muçulmano a chegar à fé em Jesus. Vocês caminharam juntos, oraram juntos e passaram dificuldades juntos. Não é difícil imaginar o amor que vocês tenham um pelo outro. No momento apropriado, há uma resposta da fé. De alguma maneira, você pode acreditar erroneamente que é Paulo para esse homem e que ele é Timóteo para você. Por causa da fé dele, esse COM começa a experienciar a perseguição. É natural que você tenha vontade de protegê-lo, salvá-lo e resgatá-lo. E talvez a forma mais fácil de fazer isso, você conclui, seja a extração. Por mais fácil que seja entender essa escolha, somos compelidos a admitir que o apóstolo Paulo nunca extraiu Timóteo de um ambiente de perseguição.

Existem questões bíblicas difíceis que devem ser abordadas. Como sabemos quando deixar José na prisão do faraó? Se "nosso" José está injustamente preso em uma cela de um ditador, qual normalmente é a nossa resposta? Escreveríamos e-mails e faríamos ligações para oficiais do governo demandando a soltura de José. E a base de nosso apelo seriam os direitos humanos e civis ocidentais.

Mesmo assim, o que acontece se conseguirmos libertar José antes que ele interprete os sonhos do faraó? No caso de José, tanto os egípcios como os judeus morreriam de inanição. Da mesma maneira, era imprescindível para o Reino que Paulo e Silas se encontrassem em uma prisão no interior de Filipos para a salvação da família do carcereiro.

Resgate e implantação de igrejas não são a mesma coisa. Na verdade, é comum que eles estejam diametralmente opostos um ao outro. O problema mais profundo é que esses não são "nossos" crentes, não são "nossas" igrejas. São de Deus, e Ele mantém Seu direito de procurar a única ovelha perdida à custa das outras 99. Elas são Dele, não nossas!

Por meio da extração, uma vida física pode, de fato, ser salva. Ao mesmo tempo, no entanto, o testemunho e o evangelismo talvez sejam impedidos. O evangelismo é impossível quando os evangelistas são extraídos.

De um ponto de vista ocidental, é difícil criticar a decisão de extrair um irmão ou irmã que sofre perseguições. As realidades são dolorosas. Em grande medida, para os trabalhadores ocidentais, a extração é a resposta padrão para essas realidades. Todavia, é instrutivo observar a vida e o ministério de Jesus. Por causa de um comando de Deus para José, Jesus foi extraído para o Egito por uma temporada. Essa foi uma extração estratégica, com a família de Jesus colocada próxima aos eventos que cercavam seu grupo de pessoas. Mais tarde, Jesus também viu pessoas chegando à fé. Ele preparou seus seguidores para pagarem um preço alto por terem fé nele, mas nunca extraiu ninguém. Ao instruir para que sacudissem a poeira de seus pés, por causa da rejeição do Reino de Deus, Ele simplesmente mandava seus seguidores para a próxima vila, encorajando-os a ficarem o mais próximo possível dos seus e de outros grupos de pessoas ao alcance de seus testemunhos. Em

Mateus 10:23, Jesus explicou: "Quando, porém, vos perseguirem numa cidade, fugi para outra". Extrações estratégicas como essa não são o que os trabalhadores ocidentais normalmente têm praticado hoje em dia.

A extração parece fazer sentido para os humanos. Ao mesmo tempo, ela pode matar o testemunho e é uma barreira significativa que se coloca no caminho da passagem da fé para a próxima geração.

2. *O casamento para grande parte das mulheres.* Em muitos casos, quando um crente jovem chega perto dos 30 anos de idade, um casamento é arranjado para ele. Quando há suspeitas de que um filho muçulmano tenha fé em Jesus (ou quando já sabem disso com clareza), sua família trabalhará em um casamento que possa puxá-lo de volta para o Islã. O casamento para a maioria das mulheres é com um primo de primeiro grau do lado da família de sua mãe; esse é o casamento escolhido. Geralmente, o pai do crente (ou suspeito de ser crente) se encontrará com a potencial esposa e explicará as expectativas que ele e sua mulher têm para ela.

Primeiro, é responsabilidade dela atrair o crente (ou suspeito de ser crente) de volta para o Islã. Segundo, se ela for incapaz de fazer isso, é responsabilidade dela proteger seus futuros filhos da fé cristã de seu marido e manter as crianças firmemente ancoradas no Islã. Nesse tipo de situação, a fé do crente será severamente comprometida e o seu testemunho diminuirá muito.

3. *Permanecer solteiro.* Em muitas culturas, especialmente naquelas pré-Pentecostes, um homem solteiro será uma testemunha diminuta. Talvez o crente resistirá a um casamento arranjado e, de forma compreensível, desejará se casar com uma crente. Por causa da escassez de mulheres crentes, esse desejo, é claro, se provará um difícil desafio. Na verdade,

incapaz de encontrar uma adequada esposa crente, o cristão pode decidir permanecer solteiro. Certa ou errada, essa escolha costuma diminuir o testemunho. Não apenas a palavra de um solteiro tem menos valor em muitas culturas, o crente também será incapaz de reproduzir a fé dentro de seu próprio núcleo familiar, ou não se colocará à disposição disso.

4. *A perda de voz e testemunho*. Por uma variedade de razões, muitos crentes escolhem permanecer em silêncio a respeito de suas relações com Jesus. Essa doença, epidêmica no Ocidente é uma barreira óbvia à disseminação da fé para a próxima geração. Com ou sem a presença da perseguição, compreendemos o quão fácil é fazer essa escolha e intuitivamente entendemos como ela impede o testemunho. Muitos trabalhadores ocidentais acham desafiador insistir que um novo crente em um ambiente de perseguição possa ser uma testemunha consistente, pois muitos de nós mesmos viemos de ambientes sem testemunho. "Manter Jesus para si" em qualquer cultura, em especial em países islâmicos, é a maneira mais fácil de evitar a perseguição. A consequência dessa "perda de voz" é clara e trágica.

5. *A presença de pessoas "marginalizadas" nos primeiros estágios do movimento*. Por alguma razão, pessoas marginalizadas são atraídas pela fé cristã. Por um lado, todos estão inclusos no convite de Deus e há um lugar para os marginalizados. Por outro lado, a presença destes em um movimento – com enfoque no começo – pode inibir muito o crescimento. Os marginalizados já estão vivendo no limite da cultura e procuram ir ainda mais longe. E, apesar de atraídos pela fé, eles podem não ser os mensageiros iniciais mais eficazes do testemunho. Essas pessoas se vestem diferente, agem diferente

A Insanidade da Obediência

e são anticulturais. Elas precisam de Jesus. Ainda assim, raramente levam as boas-novas para a cultura da qual escaparam há tanto tempo.

6. *Fuga compulsiva e extração interna.* Quando confrontado com a acusação de ser crente, um COM pode fugir para viver com um parente em outra cidade. Quando os rumores sobre sua fé chegam até a nova cidade, o COM pode fugir para outro lugar. Essa é uma extração escolhida e imposta pelo próprio crente. Na realidade, o COM pode acreditar que está fugindo da perseguição, quando na verdade ele pode estar fugindo do testemunho. O resultado é o impedimento do testemunho, com o novo crente geograficamente distante do centro de sua cultura. O cristão pode até fugir para outro país.

7. *A prática de contratar dos expatriados.* Na tentativa de serem úteis e de quererem tentar ajudar a suprir as necessidades financeiras de crentes em situação de perseguição, expatriados normalmente providenciam empregos para aqueles que chegaram à fé. Em muitos casos, esses novos crentes são altamente qualificados para essas posições. No entanto, é comum que o resultado dessas práticas de contratações inclua a diminuição no testemunho. A contratação pelas mãos dos expatriados distancia os crentes das relações inseridas ou próximas à cultura e faz com que o testemunho seja menos provável.

Além disso, no meio da perseguição, contratar crentes locais pode torná-los alvo de eliminação. E, ainda, esse tipo de prática de contratação assegura que os crentes locais sejam muito dependentes do dinheiro de um estrangeiro. Os próprios algozes desejam que os crentes locais sejam financeiramente dependentes dos trabalhadores ocidentais. No momento oportuno, os perseguidores expulsam os trabalhadores ocidentais e uma grande porcentagem de crentes locais acaba destituída. Além do mais, se o crente local é um tanto habilidoso em seu trabalho, é comum que agências ocidentais deem um trabalho melhor para ele em outro país. Como igrejas podem ser implantadas quando exportamos o apóstolo Paulo para outro continente?

Não há evidências no Novo Testamento de que crentes locais fossem financiados por estrangeiros. Na verdade, o contrário parece ser real. A primeira oferenda reunida no Novo Testamento foi dada como sacrifício pelas igrejas "missionárias" para a igreja mãe em Jerusalém, com o intuito de aliviar a fome. Os ocidentais reverteram esse tipo de sacrifício da oferenda local.

Talvez os trabalhadores ocidentais devessem contratar crentes locais na mesma porcentagem que estes existem na cultura local. Logo, se 1% da população segue a Jesus, então 1% dos empregados deve ser composto de crentes locais.

8. *Educação fora da cultura*. De maneira semelhante, o esforço de providenciar formação educacional para os crentes fora de sua cultura pode ter um impacto negativo no testemunho. Daqueles que saem da cultura atrás de educação, 80% não retornam aos seus países de origem. Com motivos diferentes, a educação pode servir apenas como uma outra versão de extração. Ausente da cultura, o crente nunca poderá ser efetivo no testemunho. Esse fator não é limitado aos crentes em Jesus. É igualmente verdade no plano secular. Seja na medicina, no direito ou na agricultura, 78% das pessoas que estudam fora de seus países não retornam.

As realidades demográficas destacam ainda mais desafios. Mudar crentes de partes rurais da África, por exemplo, para os seminários das cidades propicia para que a maior parte desses treinados nunca mais retorne para sua vila ou povo de origem. Parece que toda vez que encontramos um desafio à implantação de igrejas, estamos negligenciando algum padrão bíblico ou história bíblica. É verdade que Jesus conviveu com os Doze e os ensinou por três anos. Durante esse tempo, no entanto, Jesus nunca os removeu de suas culturas de origem. Ele nunca pegou pessoas inseridas e as tornou estrangeiras.

9. *O casamento com expatriados.* Se o material neste livro estivesse sendo ensinado a cem homens crentes de países muçulmanos – cristãos que estivessem ascendendo financeira e educacionalmente na escala social –, mais de 60% deles seriam casados com mulheres estrangeiras. Não há a intenção aqui de impugnar ou questionar casamentos inter-raciais! Essa perspectiva é oferecida como uma observação sobre por que não estamos chegando ao objetivo de reproduzir igrejas. Alguns desses casais normalmente são capazes de oferecer um pastoreio valioso no país de origem do marido. Ainda assim, no geral, quando os filhos do casal atingem a idade escolar, eles deixarão o local para ir ao país de origem da esposa e raramente retornarão.

Somos confiantes em acreditar que muitos desses casais continuarão ministrando em novos lugares. Mas também confiamos que seu potencial de pastoreio no país de origem do COM será reduzido. Obviamente, a ausência da cultura diminui o testemunho.

Vamos tirar um momento para pausar e refletir sobre essas últimas três barreiras. Conforme discutimos esse material com crentes locais em ambientes de perseguição, os pensamentos deles vão na seguinte direção: *Ah, agora sabemos sobre o que é esse* workshop. *O Dr. Nik tem um trabalho e ele quer que continuemos pobres. Ele tem inúmeras formações, mas quer que continuemos incultos. Ele tem uma esposa, mas quer que continuemos sozinhos, já que não há mulheres locais que se casem com quem acredita em Jesus. Sabemos o que é isso: o Dr. Nik é racista.*

Essas três últimas barreiras não são baseadas em racismo. Elas são meras observações e descrições sobre por que estamos falhando em chegar às igrejas férteis em ambientes de perseguição. Se o núcleo dos crentes mais promissores for contratado por expatriados, se for mandado para fora do país para estudar e nunca mais voltar, se realmente deixar seu país por ter se casado com uma mulher ocidental crente e estrangeira, então a habilidade do Espírito Santo de reproduzir a fé em um país usando seus crentes será reduzida.

10. *"Pseudomartírio"*. Esse é o tipo de martírio que discutimos anteriormente. É o que é feito por "outros motivos além de Jesus". Por mais infeliz que seja, isso faz com que o testemunho seja impossível. Esse é um martírio precipitado por empregados específicos (talvez a serviço de um trabalhador ocidental), ou quando crentes locais são encontrados adorando com estrangeiros. Ele resulta da posse assumida de uma Bíblia ou de ser pago por um estrangeiro para evangelizar pessoas internas. Esse martírio seria mais por outra pessoa do que por Jesus.

11. *A traição à fé*. O exemplo bíblico disso foca na presença de Judas dentro da comunidade de fé. (Veja o próximo capítulo para uma explicação detalhada dessa dinâmica e suas consequências desastrosas para o crescimento e a disseminação da fé.) Se Jesus teve um judas dentre seus doze discípulos, nós provavelmente não conseguiremos escapar de também termos um. Colocado de forma simples, não está nas intenções de Judas iniciar um movimento de implantação de igrejas.

12. *Avós*. Quando Ahmed chega a Jesus, a perseguição surge de sua família. Quando ele se casa com Aisha, que também *é*

crente, a perseguição aumenta. Ainda assim, normalmente é possível que os crentes possam viver em relativa paz com familiares incrédulos... até que crianças entrem em cena. Na maior parte dos contextos muçulmanos (se não todos), a lei permite que avós tomem a custódia dos netos que estejam sendo criados por um casal cristão. Pais crentes raramente têm recursos legais. Não há resposta fácil para essa realidade horrível fora lutar para ganhar os avós para a fé. Lembre-se: toda barreira tem sua ponte.
13. *A globalização e o desejo por uma vida melhor.* Cientes das oportunidades ao redor do mundo, os crentes sonham com uma vida melhor. A atração por bênçãos financeiras e físicas é tão devastadora para o testemunho quanto a perseguição. Trabalhadores ocidentais *às vezes* chegam em cenários além-mar e, talvez sem intenção, sustentam diante daqueles que procuram a possibilidade de que a fé em Jesus resultará em um bem-estar financeiro e físico. Quando essas coisas se tornam importantes, os movimentos de implantação de igrejas são comprometidos. O que é mais fatal é quando transmitimos essas ímpias expectativas para crentes da primeira geração ou para qualquer um que se imponha por sua fé no meio da perseguição.

Quando a perseguição na União das Repúblicas Socialistas Soviéticas estava chegando ao fim, 45% dos pastores russos imigraram para o Ocidente. Em Hong Kong, à medida que a China se preparava para tomar o controle em 1997, quase 75% dos pastores servindo em Hong Kong partiram para outros lugares. Hoje, mais de 20% de todos os cristãos árabes estão deixando seus contextos culturais e emigrando para o Ocidente a cada ano (isso aumentou com a chamada Primavera Árabe).

Esse êxodo possui implicações profundas para a disseminação da fé. No mínimo, os crentes deveriam considerar com devoção permanecer em seus países de origem pelo bem do testemunho.

A habilidade da Noiva de Cristo de se multiplicar em gerações subsequentes pode muito bem depender de uma conversa honesta a respeito desses treze problemas não tão pequenos. Por causa de nossa falha em abordar essas questões de forma criativa, nosso grupo de cem COMs, em um período de cinco a dez anos, deve estar reduzido a três ou quatro pessoas que permanecem onde começaram e que estão profundamente comprometidas com o testemunho.

Não é de se admirar que "chegar à igreja" seja um desafio! Não é de se admirar que se tenha dificuldades na passagem da fé para a próxima geração. As barreiras são muitas e substanciais. Mesmo assim, a verdade merece ser repetida mais uma vez. Deus determinou que aqueles que receberem a salvação em Jesus Cristo devem ser seus parceiros na disseminação global do Evangelho. Essa é a decisão Dele. O método Dele. Nossa decisão é se iremos ou não nos associar sábia e obedientemente a Ele em Seu trabalho. Agora que você sabe as barreiras, crie pontes. "E a quem muito é confiado, mais ainda se lhe pedirá" (Lucas 12:48 ESV).

VAMOS FACILITAR:

- Por favor, discuta essas treze barreiras e sugira uma ponte criativa para superar cada uma delas.

Capítulo 14

Caso de estudo histórico: a perseguição e sua repercussão

EM GERAL, QUANTO MAIS A COMUNIDADE DE FÉ FOR DEFINIDA por um clero pago, prédios, propriedades e conexões denominacionais, mais fácil será para que os algozes controlem e persigam a fé. Examinar a situação e os resultados da União das Repúblicas Socialistas Soviéticas (URSS) (1917-1986) e da China (1948-1983) servirá como uma ilustração clara desse ponto.

Uma visão superficial das histórias religiosas desses dois países durante o século XX revela duas nações marcadas por uma forte fé e uma perseguição intensa. Além dessas características semelhantes, no entanto, a URSS e a China têm pouco em comum. Apesar de uma forte fé, a URSS experienciou um crescimento numérico pequeno de crentes durante a metade do século XX. Durante esse mesmo período, também houve um crescimento pequeno no número de igrejas.

A história da China é um tanto diferente. Também houve uma forte fé, no início, e perseguições severas e intensas. O crescimento naquele momento foi impressionante. Existiam aproximadamente 400 mil a 700 mil crentes na China em 1948. Em 1983, mesmo com as severas perseguições, o número de cristãos cresceu para mais de 10 milhões. Hoje, as estimativas estão chegando em 100 milhões de crentes na China, apesar de se ouvir sobre números variando de 70 milhões até 200 milhões. Somando-se a esse tipo de crescimento, hoje existem milhares de igrejas domésticas férteis.

Como podemos explicar esses resultados diferentes? Uma simples lista das características dos dois países é reveladora.

- No começo de um tempo de intensa perseguição, a vida da igreja na URSS era amplamente conduzida por um clero ordenado e letrado. O poder e a posição do leigo na liderança da igreja eram mínimos. Os métodos literários de se fazer igreja eram a norma.
- A vida da igreja na URSS era sobretudo baseada em prédios e os encontros aconteciam em uma instituição conhecida por ter funções religiosas. Conforme o período de perseguição se intensificava e os cristãos eram forçados a se tornar pequenos grupos – igrejas domésticas –, eles se reuniam nesses cenários apenas pelo tempo necessário para que pudessem retornar à "igreja de verdade".
- A igreja na URSS era ancorada a uma base denominacional. Havia uma mentalidade que dependia de um centro de comando, com uma hierarquia administrativa bem definida. Quando as perseguições se intensificavam, as denominações tendiam a se unificar. Mas assim que as perseguições se atenuavam, os crentes retornavam para suas próprias raízes denominacionais.
- A igreja na URSS também era muito focada no prédio da igreja em si e em manter a vida da comunidade local.
- A posição teológica da igreja na URSS se ancorava em Romanos 13 e se sujeitava à obediência completa ao Estado. Era

uma experiência comum que este exigisse a obediência da igreja através desta passagem.

Somando-se a isso, a comunidade da igreja era percebida no mínimo como sendo letrada, e havia um contato (e relação) frequente e contínuo com as igrejas ocidentais. Além disso, quando a perseguição chegou, ela aconteceu diabolicamente aos poucos. De início, parecia fácil para que a igreja cooperasse com as autoridades. Concessões foram feitas de forma fragmentada. As autoridades primeiro quiseram saber o que estava acontecendo nas igrejas. Eventualmente, mais controle foi reivindicado. E, por causa da dependência dos prédios e propriedades, foi simples para o governo exercer controle e espionar a igreja. O medo de perder as propriedades era uma forte motivação para cooperar com o governo. Ainda mais, por causa da elevação do clero, o aprisionamento dos líderes era um problema devastador para as igrejas na URSS. Quando eles eram aprisionados, a igreja se encontrava com uma preocupante lacuna de liderança.

A situação na China foi diferente, logo o resultado também foi. Como na URSS, havia uma forte fé e perseguições severas e intensas. Quase que da noite para o dia, a religião cristã foi declarada ilegal. Trabalhadores estrangeiros foram expulsos e martirizados. Pastores foram martirizados e aprisionados, e igrejas foram queimadas ou transformadas em bordéis e cervejarias. No fim de 1948, a igreja estava ciente de que o Estado não descansaria até que todos os crentes na China fossem mortos... ou que tivessem renegado a fé.

No entanto, em contraste com a situação da URSS, a vida da igreja na China era a seguinte:
- No começo do período de perseguições intensas, a vida da igreja na China foi rapidamente suportada pelos leigos. Os

pastores formados nas escolas e letrados estavam envolvidos no ministério, é claro, mas as igrejas na China enfatizaram a formação de líderes leigos, que atuavam como pastores do mesmo modo que aqueles que tiveram a oportunidade do ensino escolar letrado. Quando os pastores eram aprisionados, outros pastores e líderes leigos estavam prontos para servir.

- A igreja na China, quando a perseguição intensa começou, foi rapidamente fundamentada em grupos domésticos. Estes eram chamados de grupos "secretos", mas na verdade eram muito conhecidos e nem um pouco secretos. Era impossível esconder de 10 a 70 milhões de crentes conforme o ano ia progredindo! Também era impossível encarcerar milhões de cristãos. Essas igrejas domésticas foram capazes de sobreviver e prosperar não porque estavam escondidas, mas porque havia muitas delas!
- A igreja na China naquele tempo era puramente chinesa. Poucas eram as conexões denominacionais e internacionais. Os crentes chineses reportaram: "Tudo que tínhamos na China de 1948 eram a Bíblia e o Espírito Santo". Evidentemente, isso era o bastante!
- Em grande parte, a igreja na China não focava nas instituições ou prédios da igreja, mas no evangelismo. Mesmo nos maiores níveis eclesiásticos, os líderes nunca desistiram de seu amor por compartilhar Jesus com aqueles que não conhecem sua graça e amor.
- Ao mesmo tempo que dialogavam com Romanos 13, as igrejas domésticas da China estavam dispostas a manter a passagem em uma tensão teológica criativa com outras palavras das Escrituras. A igreja na China conhecia bem o importante ensinamento de Jesus: "Dai, pois, a César o que é de César, e

a Deus o que é de Deus" (Lucas 20:25). Os crentes na China viviam o que Pedro e João entenderam durante o período de suas perseguições: "Julgai vós se é justo diante de Deus ouvir-nos antes a vós do que a Deus; pois nós não podemos deixar de falar das coisas que temos visto e ouvido" (Atos 4:19-20). A igreja chinesa estava bastante ciente de que Satanás havia citado as Escrituras para Jesus e não permitiria que o governo usasse contra ela sua própria Bíblia.

- A comunidade na China estava confortável com a transmissão oral de verdades e havia quase um isolamento total de grupos estrangeiros. Crentes na China amavam a Palavra de Deus escrita, mas eles não estavam tão viciados ao letramento a ponto de falhar em contar a história de Deus "oportuna e inoportunamente".

Na China, a perseguição que veio foi massiva, total e aguda. Autoridades aprisionavam pastores e, quase imediatamente, outros líderes tomavam seus lugares. A liderança na China era mais baseada na transformação do caráter do que na transmissão de informação. O governo não fazia concessões. Pela insignificância ou inexistência de prédios, os grupos de crentes se mudavam e se encontravam onde era possível. Para ser justo, a China teve um histórico de pequenos grupos subversivos por mais de 4 mil anos. Não foi difícil para os crentes chineses adotarem o modelo da igreja doméstica.

O crescimento resultante foi explosivo e o governo não pôde controlar. Por causa da ênfase na oralidade, não foi possível conter a difusão das Escrituras, e, quando Bíblias escritas foram apreendidas, a perda delas não prejudicou o trabalho da igreja. Mesmo quando isso aconteceu, histórias continuaram a ser contadas e compartilhadas, pois já tinham sido gravadas na memória.

Esse é obviamente um resumo superficial (e incompleto) de décadas de história, mas lições importantes são claras. Ao mesmo tempo, estas têm muito o que instruir em nossa atual discussão sobre o nascimento e crescimento da igreja em ambientes hostis hoje. Por mais simplista que isso soe, algumas das lições são cruciais. Elas podem marcar a linha entre um movimento como o Pentecostes contínuo e a permanência no pós-Pentecostes.

Embora a liderança de um clérigo formado em seminários seja útil, a atuação de um clérigo conduzido em todos os níveis por leigos servirá bem à igreja, em especial em ambientes hostis. Mais importante do que uma educação formal é a intimidade com Jesus e o caráter pessoal. No geral, um clero letrado é formado fora da igreja local. Nas perseguições e também na maioria dos movimentos de implantação de igrejas, líderes são criados e treinados em nível doméstico. O caráter de suas vidas é aberto para que todos vejam, desde o nascimento até a morte.

O cenário de encontros de pequenos grupos em casa normalmente será capaz de prosperar sob uma perseguição intensa. Prédios e propriedades podem se provar custosos fardos e são usados para controlar os fiéis. No fim, os prédios, assim que perdem sua utilidade para os algozes, são fechados ou destruídos. Em alguns cenários nos Estados Unidos, 70% de toda a doação da igreja são dedicados ao pagamento de juros de dívidas de construções! Será que veladamente estamos fazendo conosco o que os perseguidores tentaram realizar na URSS e na China?

Algumas vezes, uma perseguição total e aguda é mais fácil de ser absorvida do que uma que venha aos poucos. Compreender as intenções dos perseguidores, cedo e com clareza, ajuda muito na preparação para a perseguição. As perseguições ocultas são quase sempre mais efetivas do que as evidentes. Essas últimas são usadas quando os esforços de se ocultar são revelados e falham em dificultar a vida da igreja cristã.

Um movimento de igreja que foca no evangelismo é melhor preparado para lidar com a perseguição e para crescer em ambientes onde ela está presente. É claro que o Espírito Santo quer que superemos e amemos nossos perseguidores.

Um compromisso com a oralidade permite que a história do Evangelho seja mais facilmente transmitida de pessoa a pessoa. É mais difícil para os perseguidores tomarem a Bíblia quando comunidades de crentes a absorveram, internalizaram e são ativas no compartilhamento corajoso das boas-novas.

Certamente as histórias da igreja na URSS e na China são mais complicadas do que essa breve visão geral sugere. Talvez as lições sejam mais complexas. Ao mesmo tempo, seria um erro deixar passar essas simples verdades.

As aplicações são abundantes e se relacionam tanto com a igreja nos Estados Unidos quanto com a igreja nos ambientes mais hostis do mundo.

UM LUGAR PARA SE ATERRISSAR:

- Como os líderes são escolhidos no ambiente em que você se encontra? O processo é baseado em seus dons ou no Fruto do Espírito?
- Na sua cultura, como a verdade é transmitida? Qual o papel do letramento e da oralidade?
- Em sua opinião, o que mais se destacou conforme você lia essa breve comparação entre a igreja na URSS e na China?

Capítulo 15
Como lidar com um judas

A TRAIÇÃO DENTRO DA COMUNIDADE DE FÉ É UMA PREOCUPAÇÃO especial e é importante o suficiente para demandar atenção específica. Considere esses cenários conforme enfrentamos a presença de um judas dentro da família de fé.

As expectativas eram altas. Após anos de dificuldades e oração, uma igreja estava emergindo dentre um resistente grupo de pessoas muçulmanas. Vidas foram perdidas com esse precioso momento em vista. Sementes foram plantadas e agora portavam frutos. Fervorosas orações estavam sendo respondidas. Testemunhos corajosos estavam sendo abençoados. Era um tempo de êxtase.

Uma igreja estava nascendo.

Quase de imediato, pareceu, um judas surgiu de dentro do grupo, expondo o círculo interno de líderes. O pequeno núcleo de crentes fugiu em desordem e com medo. Em um instante, a igreja infante desapareceu. Agora, anos depois, esses cristãos ainda esperam escondidos pelo nascimento da primeira igreja doméstica entre os seus.

Em outra passagem, um "crente" confiável de origem muçulmana observava conforme seu país decaía em guerra civil e anarquia. Perseguido em sua terra natal, ele foi forçado a fugir para a região do deserto de um país vizinho. Uma perseguição intensa caiu sobre o homem e sua família pelos cinco anos seguintes. Com fome e isolados, eles foram miraculosamente achados no território desértico e resgatados por crentes ocidentais que trabalhavam para uma organização local de assistência. Mas, infelizmente, o resgate chegou tarde demais; o filho mais novo do homem morreu de inanição no dia seguinte.

Com o passar do tempo, a vida melhorou muito para esse líder de uma igreja doméstica emergente; logo ele se encontrou com comida, emprego e uma casa alugada completa, com televisão a pilhas e uma empregada.

Meses depois, agora com muito a perder, esse crente que tinha mostrado tanto potencial e promessas, como o primeiro Judas, se tornou um outro judas. Para o desânimo e medo de seus colegas crentes, ele retornou à mesquita local, negou sua fé e entregou aos algozes os nomes de todos os crentes que ele conhecia na área e dentro de seu grupo doméstico. Um pânico generalizado se seguiu entre esses cristãos.

Quatorze anos depois, eles ainda precisam recuperar o zelo pelo evangelismo e seu desejo de viver como igreja.

Após duas décadas, em um terceiro país muçulmano, parecia que um MII surgia no horizonte. Sacrifícios consideráveis foram feitos para proclamar o Evangelho, e este havia sido recebido. Uma nova geração de líderes emergiu; eram líderes da comunidade já estabelecidos – mais velhos, casados e com empregos. Muitos tinham compartilhado a fé com seus filhos, tornando possível que o Evangelho fosse implantado nas gerações seguintes. Os trabalhadores ocidentais eram encorajadores e estavam levando esses crentes maduros em níveis cada vez mais profundos na formação de liderança.

Contudo, mais uma vez, sentado nos encontros estava um judas que traía a sociedade diariamente – antes, durante e depois das reuniões. Ele escrevia em um blog a respeito daqueles na sala, nomeando o local e os crentes ocidentais em um site muçulmano.

Como esses cristãos responderão a esse *cyber* judas?

E como poderíamos responder ao judas que surge em nosso meio? À luz do registro bíblico e da resposta de Jesus ao seu próprio Judas, consideremos algumas verdades sobre o judas e o que nossa resposta pode significar para o crescimento e a saúde do Evangelho.

1. *Podemos esperar encontrar um judas dentro de nosso círculo interno.* A presença de um judas no círculo interno de Jesus é uma parte da história do Evangelho um tanto inquietante. Francamente, se o próprio Jesus não excluiu Judas de seu círculo interno de doze discípulos, qual a chance de evitarmos um pesadelo relacional semelhante? *A história sugere que um judas tem uma sincronia impecável. Ele normalmente emerge em um momento crítico, talvez quando uma igreja esteja sendo implantada ou quando um crescimento significativo pareça possível.* Nesse momento, um judas tende a surgir de dentro do corpo da primeira geração de fé em um grupo de pessoas, uma cidade maior ou uma comunidade.

Quando um judas se revela, nossa resposta típica é perguntar: "O que fizemos de errado?". Mas essa talvez seja uma questão equivocada. Na verdade, a presença de um judas normalmente é uma indicação clara de que o Espírito Santo está funcionando, que nossa missiologia é ouvida, que a ampla semeadura está sendo efetiva. Para a nossa surpresa, o judas pode entrar em cena não porque fizemos algo de errado, mas porque temos algo dando certo! Ele aparece quando há crescimento. É provável que se encontre um judas quando há um novo movimento do espírito de Deus. Ironicamente, a presença de um judas pode indicar algo *bom*. Se há pouco crescimento e poucos desafios para o senhor das trevas, então há pouca necessidade para que um judas se exponha ou se coloque em risco.

2. *Podemos esperar que um judas cresça dentro do movimento e não que seja importado de fora.* Jesus não herdou Judas de outro movimento. Aparentemente, Jesus viu potencial nesse aspirante a discípulo; Ele o convidou para que se tornasse um de seus seguidores mais próximos. Ainda assim, o fato de que Jesus escolheu e chamou Judas para segui-lo dentro do íntimo grupo de doze discípulos se mantém. Jesus convidou Judas para entrar e o cultivou Ele mesmo. Jesus não o recrutou de outra organização com maiores ofertas de financiamento ou com educação teológica mais reconhecida. Jesus não aceitou ingenuamente Judas de cara após este ter saltado de movimento em movimento. Judas foi responsabilidade de Jesus, e Jesus assumiu essa responsabilidade.

Em várias entrevistas, líderes de igrejas domésticas relatam numerosas prisões depois de trazerem um judas de fora. A história – repetida com frequência – soava assim: alguém chegava de fora, procurava a igreja doméstica, falava a língua de Sião e citava um ou dois nomes de outras igrejas domésticas. Logo esse novo estrangeiro ganharia acesso e "participação" no grande Corpo de Cristo. Então levaria pouco tempo até as autoridades chegarem, sabendo quem ameaçar, questionar e prender, pois deliberadamente mandaram seu judas informante para se infiltrar na igreja local.

Desde que aprenderam essa difícil lição, muitos líderes de igrejas domésticas agora se recusam a oferecer comunhão imediata para alguém desconhecido que esteja procurando se juntar às suas igrejas. Esses experientes líderes podem sugerir ao estrangeiro: "Há 2 milhões de chineses incrédulos nessa área. Vá começar sua própria igreja doméstica". Essa recusa estratégica de comunhão é uma sábia ferramenta para medir a profundidade e a realidade da fé do novato. Esses líderes de igrejas domésticas sugerem que é mais sábio ser preso por compartilhar sua fé de forma corajosa e apropriadamente perder as pessoas do que ser perseguido por um judas que foi trazido cega e prematuramente para o rebanho.

3. *Com a ajuda de Deus, podemos escolher lidar com um judas nós mesmos e não o exportar para os outros.* Jesus não deixou Judas para que Pedro e Paulo lidassem com ele. Ele sabiamente reconheceu a presença do traidor e usou as ações e falhas de Judas para realizar a vontade do Pai para sua própria vida. Jesus anunciou para o grupo que havia um traidor entre eles. Então, ele confrontou Judas apropriadamente. Ele lhe disse para fazer logo o que quer que estivesse planejando (de acordo com o tempo de Jesus) e pronunciou um julgamento sobre ele dizendo que "melhor seria para esse homem se não houvesse nascido" (Mateus 26:24).

Jesus estabeleceu um exemplo a ser seguido. Lidar com as falhas de um discípulo talvez seja o maior e mais perigoso problema que um mentor enfrentará. Confrontar e lidar apropriadamente (talvez com um coração partido) com essa pessoa que recebeu tutoria e investimentos por anos irá precipitar as acusações e os ataques do judas na presença da oposição. Os dele são na forma de um beijo, o que significa um ato de traição.

Mas essa difícil tarefa está no coração da preparação bíblica de discípulos. Conhecer e amar suas ovelhas nunca nos isenta de tomar a difícil decisão de confrontar um irmão ou uma irmã queridos por um tempo. Finalmente, quando um judas surgir e ameaçar a própria existência do Corpo de Cristo emergente, talvez não exista nada mais a fazer senão o entregar ao julgamento do Espírito Santo. Se não a própria sentença de morte, esse julgamento divino coloca o judas fora da íntima sociedade que ele conhecia. Frequentemente os mesmos que o compraram com trinta moedas de prata o desprezam. Ele se torna uma não pessoa. Um coração partido deve sempre preceder a entrega de um judas para o julgamento do Espírito Santo.

4. *Podemos aprender a reconhecer um judas rapidamente.* Apesar de Judas ter sido intencional e pessoalmente escolhido por Jesus, este logo estava ciente da presença do Maligno dentro de seu círculo interno. Talvez seja intrigante que Jesus tenha chamado Judas ou que tenha se recusado a dispensá-lo antes que sua traição tivesse se tornado tão destrutiva. Talvez Jesus estivesse colocando perante Judas a possibilidade do arrependimento. Ou talvez tenha sido permitida a permanência de Judas como cumprimento da profecia. Independentemente de seu pensamento, Jesus entendia o antigo ditado: "Mantenha seus amigos perto e seus inimigos mais ainda". Por reconhecer a verdadeira natureza de Judas e por mantê-lo próximo, Jesus poderia discernir melhor o coração, as intenções e os métodos desse traidor. Por consequência, Jesus foi capaz de usar Judas para realizar seus planos divinos em vez de ter sido manipulado por ele por tesouros terrenos.

Jesus e Judas estavam sempre juntos. Eles viviam em comunidade com os outros onze discípulos. Eles conviviam 24 horas por dia, sete dias na semana, nos quais o pastor e suas ovelhas se conheciam a fundo. Jesus conhecia suas ovelhas tão intimamente que tratava os pensamentos delas antes de se tornarem ações. Infelizmente, no mundo dos trabalhadores ocidentais, "nossas ovelhas" podem tropeçar, negar, abandonar suas esposas, abandonar sua fé e trair os outros, mas podem se passar meses antes mesmo que saibamos desses erros. Jesus, reconhecendo Judas e prevendo suas ações, iniciou o ministério. No geral, um judas é exposto cedo quando os discípulos se baseiam mais em relações íntimas do que em trocas de informações superficiais.

5. *Podemos estar cientes de que um judas frequentemente tem problemas com dinheiro*. Isso pode ser chamado de "a síndrome de Jesus-mais...", principalmente em lugares nos quais há a presença da generosidade dos ocidentais. Há pouco de original naquelas primeiras trinta moedas de prata. Com frequência, o interesse em uma relação com o Reino é mostrado quando esta parece implicar receber Jesus mais um trabalho, um apartamento, uma esposa, educação, ou até uma passagem para um país ocidental. *Quanto mais prolíficas as expectativas dessas adições Jesus-mais..., mais provável será que os judas se multipliquem muito mais do que a proporção de um para doze!*

Um judas pode surgir quando é recusado a ele um financiamento para um programa de graduação ocidental. Demissão por uma performance ruim pode causar uma traição. Não financiar um buscador imaturo para que ele participe de um consórcio internacional pode se tornar a oportunidade para que judas se revele.

Um crente de origem muçulmana declarou da seguinte maneira: "Quando alguém que procura Jesus vem até mim, eu pergunto a ele: 'O que você quer: um carro, uma casa, uma esposa ou ir para os Estados Unidos?'. Digo a ele que não posso nem lhe dar uma aspirina. Tudo que tenho é a cruz. 'Você quer pegar a sua cruz e seguir Jesus? Isso é tudo o que posso lhe oferecer'". Então ele continuou: "Todos que seguiram Jesus no Novo Testamento *abriram mão* de algo. Todos que chegam a Jesus através de um ocidental estão tentando *adquirir* algo". Precisamos considerar esses comentários cuidadosa e francamente. A verdade se mantém de que um judas costuma lidar com desejos e expectativas Jesus-mais...

6. *Por fim, podemos revelar Cristo em nosso meio através da maneira com a qual lidamos com um judas.* Claramente, a traição de um judas é amedrontadora e traumática. A traição dói. É devastadora. A ação de um judas conduz a um perigoso momento espiritual e físico. Judas pode determinar se uma igreja emergente marcha em direção a uma fé maior para com o Pentecostes vindouro, ou se os crentes devem se esconder por uma década, como aqueles que estão fragmentados, sozinhos e amedrontados. É precisamente quando *judas aparece que os cristãos são convocados para tomar uma decisão que altera a história, a de focar em Jesus e na ressurreição mais do que em judas e sua traição.* É de se esperar a fuga e o esconderijo por alguns dias. Uma ampla negação da parte de todos os outros discípulos também é comum. Nesse momento, a realidade de "calcular os custos" se torna mais real.

Mas, após esses dias, a questão mais importante surge na superfície: escolheremos o medo ou a fé??

DESFAZENDO UM JUDAS:

- Um judas é mais do que alguém que não paga os dízimos ou que discorda do bastão pastoral. Ele tem o potencial de matar o que Deus começou. Discuta onde você encontrou um judas.
- Se você nunca encontrou um judas, qual a razão disso?
- Como alguém foca em Jesus em um ambiente dividido por perseguições, no qual um judas trai a todos?

Capítulo 16

Tragam a água

Apesar de querermos evitar, nos próximos capítulos, nos arriscaremos a falar sobre o batismo. *Em específico, falaremos sobre como o batismo afeta o testemunho na implantação de igrejas dentre os perigosamente inalcançados.* Na maior parte do tempo, é incrível quantas organizações de ministérios diferentes se associam para providenciar para todos os homens, mulheres e crianças o acesso a Jesus Cristo. Nós nos ajudamos a ganhar acesso entre grupos de pessoas. Nós nos ajudamos a traduzir e imprimir a Bíblia em centenas de línguas do mundo todo. E também nos associamos na criação de plataformas seguras que nos permitam modelar e ministrar juntos. Nós amplamente semeamos o Evangelho juntos entre grupos de pessoas inalcançadas. Com grande alegria, agimos como irmãos e irmãs por meio de linhas denominacionais.

Há uma parceria maravilhosa dentre os vários corpos de Cristo... até que o assunto seja o batismo!

Quando esse problema desponta, nossa cooperação costuma desaparecer. Quando o tópico do batismo surge, conflitos emergem entre agências ocidentais e grupos enviados pela igreja. Mesmo assim, em alguns dos capítulos a seguir, falaremos desse importante e sensível problema. Talvez possamos dar uma pausa, respirar fundo e discernir com a presença e a paz de Deus mesmo em uma área potencialmente volátil.

O papel do batismo e a perseguição resultante em igrejas e MIIs emergentes são uma consideração importante. Por causa de tanta bagagem histórica e teológica, também são um tópico difícil de se considerar. Aqueles de nós que vivem em cenários pós-Pentecostes tendem a ter um conhecimento formal e bem desenvolvido sobre o batismo. Um ponto crucial da discussão, por exemplo, pode ser a própria forma do batismo. Diferentes comunidades de fé tomam posições distintas nessa questão e podem discordar sobre como é a forma apropriada de batismo, se é a imersão, o derramamento ou a aspersão.

Outro ponto de discussão pode focar teologicamente no batismo ser um símbolo, um sinal ou sacramento. Para os propósitos deste livro, não é necessário ou essencial que se chegue a um acordo nessas questões importantes. Basta dizer que crentes de todos os tipos têm fortes opiniões e convicções sobre o assunto. *O que é mais importante para a nossa discussão é perceber como novos crentes em contextos de perseguição experienciam e compreendem o batismo.*

Algumas coisas a seguir podem parecer óbvias e simplistas. Mesmo assim, é essencial encarar o batismo em seu nível mais básico e, por definição, bíblico. Pular essa conversa é evitar algo crucial e revelador. Ela talvez seja necessária para aqueles de nós que tenham se tornado familiarizados demais com o batismo como uma cerimônia de iniciação à igreja, ou para aqueles de nós que usem o batismo para medir o sucesso no pastoreio e na identidade denominacional. O que quer que seja o batismo, não é isso! E talvez sejam os crentes em perseguição que possam nos lembrar dessa importante verdade.

À luz de nossa discussão nos últimos capítulos, verifica-se que o batismo é indispensável para se chegar ao ponto de estabelecer igrejas e para ajudar a fé a ser passada à próxima geração. De fato, o batismo, em contextos de perseguição significará ou o nascimento de uma nova igreja, ou a inclusão de um novo crente em um corpo local já existente dentro de sua cultura e de seu idioma. Isso não é uma afirmação irrelevante, e essa observação nos lembra o quão modelador e poderoso é o batismo. Permita-me descrevê-lo por meio do que aprendemos em lugares com intensa perseguição.

Muitas observações básicas são importantes no começo.

Primeiro, na primeira geração de fé e em ambientes de perseguição, o batismo invariavelmente segue a conversão. Isso pode parecer um ponto óbvio, mas é um ponto que deve ser levantado. O batismo segue a conversão. Pode ser um batismo como o acontecido na prisão de Filipos ou na casa de Cornélio, onde todo o lar foi batizado. O ponto a que queremos chegar aqui não é a idade daqueles batizados, mas a comunidade que foi batizada após receber Jesus como Senhor e Salvador.

Segundo, as normas culturais que estabelecem a idade adulta devem ser observadas e honradas quando o assunto é batismo. Em todas as nossas entrevistas, cruzamos com apenas três indivíduos no mundo do Islã que foram batizados antes dos 18 anos. (Dois deles tinham 16 anos e o outro 15. Todos foram batizados por seus pais em um cenário familiar.) Em um contexto muçulmano, seria inapropriado batizar crentes que não são considerados adultos e, por consequência, não são responsáveis por suas próprias decisões transformadoras de vida.

Em uma multidão de culturas muçulmanas, um homem **só é considerado adulto aos** 18 anos. Ele normalmente está casado aos 30, elegível para se sentar com o conselho de anciões aos 40 e para se tornar um destes aos 50. *Essas realidades culturais sugerem que nosso evangelismo dentre os homens muçulmanos deve se concentrar em homens de 30 anos ou mais!* Uma mulher em um contexto muçulmano é considerada adulta quando chega à idade em que é capaz de gerar. Novamente, não seria apropriado oferecer o batismo sem levar em conta normas culturais a respeito da idade adulta, algo que crentes da primeira geração dentro de perseguições impõem a si mesmos.

Por mais óbvio que isso possa soar, pode ser um pensamento surpreendente para aqueles de nós que vivem em um contexto norte-americano. Não é incomum vermos crianças muito novas batizadas. Algo similar no mundo islâmico seria inapropriado e desnecessariamente ofensivo.

Terceiro, o batismo serve à causa do testemunho. Hindus, budistas e muçulmanos irão associar o batismo com a salvação. O ato em si carregará o testemunho da fé em Jesus. No Islã em particular, o batismo é visto como "o caminho sem volta". Uma pessoa sendo batizada está, de fato, dizendo: "Morrerei pela minha fé". A perseguição aumenta com o batismo, e aqueles batizados precisam saber com clareza o custo de sua decisão de seguir Jesus.

Quarto, em um contexto muçulmano, o batismo costuma seguir o discipulado. Na verdade, o batismo segue um extenso processo de discipulado (talvez um período de muitos anos). Algo muito diferente acontece com frequência em cenários hindus. Um hindu que chega à fé em Jesus pode ter experienciado um dramático evento de cura. Pode ter sido pedido a ele que professasse a fé nesse Jesus que é o responsável pela cura, e o crente hindu expressará a fé em Jesus e será batizado quase que de imediato. Se esse hindu for questionado sobre Jesus, ele (nessa altura) terá pouco a dizer além do fato de que Jesus tornou a cura possível. Apesar do batismo já ter acontecido, o discipulado ainda não aconteceu. Ainda assim, seu batismo é em comunidade, não secreto e não realizado por estrangeiros da cultura.

A experiência para COMs é um tanto diferente. Tipicamente, o crente muçulmano experienciou anos de discipulado antes de sequer considerar o batismo. A falha pessoal durante esse tempo de aprendizado é quase que esperada e não é nenhuma surpresa. Em certo momento, no entanto, o batismo é oferecido ou procurado, e esse evento representa um caminho sem volta. Um discipulado extenso já aconteceu, e o batismo ocorre no final desse processo.

Quinto, o batismo acontece entre a comunidade de fé. Quando trabalhadores ocidentais ou estrangeiros estão envolvidos nos batismos, as perseguições tendem a crescer dramaticamente. O melhor modelo para que se aconteça o batismo é *o inserido na cultura da comunidade com o mínimo de envolvimento estrangeiro possível.*

Sexto, *o batismo está em seu auge bíblico quando um crente inserido ou próximo da cultura batiza outro crente.* Para reforçar, o ideal é um envolvimento mínimo de trabalhadores ocidentais e estrangeiros.

Para a maioria dos COMs e outros crentes da primeira geração de fé dentro da perseguição, há pouco interesse na teologia do batismo (é um símbolo, um sinal ou um sacramento?) e na forma de batismo (deve ser feito por imersão, derramamento ou aspersão?). *O que mais importa é a profundidade do significado do que está acontecendo. Esses novos crentes entenderão que eles estão sendo batizados em Cristo e em um novo Corpo de crentes. O batismo é uma expressão profunda de pertencimento, uma imagem clara de uma nova família. Especialmente em contextos de perseguição e sofrimento, é impossível sobrestimar o poder dessa imagem e o significado que ela transmite.*

Uma questão interessante relacionada ao batismo tem a ver com a sincronia. Especificamente, quando o batismo acontece em relação à conversão? O batismo deve acontecer de imediato, pouco depois ou após anos? Nossas entrevistas têm destacado uma variedade interessante do assunto. Já mencionamos a típica situação hindu do batismo quase imediato. Em contraste, notamos dois fatores que afetam a sincronia do batismo em contextos de perseguição.

O primeiro problema tem a ver com quantas pessoas estão chegando à fé em Jesus e o quão rápido isso está acontecendo. Em situações nas quais apenas algumas pessoas estão chegando à fé em Jesus, o batismo é adiado. Durante esse tempo de espera acontece a capacitação do discipulado. Se, por outro lado, milhões estão chegando à fé em Jesus, o batismo acontece muito mais rápido. Parece que um número maior de convertidos pode providenciar um cenário mais protegido para o crescimento e o amadurecimento. É comum que famílias inteiras sejam batizadas juntas ao aceitarem as boas-novas. O número de pessoas que chegam em conjunto à fé é um fator que afeta a sincronia do batismo.

O segundo problema está relacionado à severidade da perseguição. Se a perseguição é rápida e severa, então o batismo acontece mais devagar. Se, por outro lado, for menos severa ou parecer que virá devagar, então o batismo é experienciado mais rápido. Se um grande número de pessoas está chegando a Jesus, mesmo que a perseguição seja severa, então o batismo chega logo.

Qualquer que seja o significado que assumimos para o batismo, os crentes em contexto de perseguição e sofrimento o veem como uma identificação radical com Jesus e uma identificação poderosa com a comunidade de fé. É claro, o batismo não é algo pequeno. É um caminho escolhido com liberdade e agora expressado publicamente, sem volta. Com ele, o crente está decretando e acolhendo a fé de uma maneira visível e aberta.

FAÇAMOS UMA PAUSA PARA O BATISMO:

- Discuta o que o seu batismo significou para você no momento em que o experienciou.
- Quem pode e administra o batismo no seu cenário espiritual? Por quê?

Capítulo 17

"Cheguei em casa!"

Em 1991, havia cerca de 150 COMs na Somália, um país classificado como 99,9% muçulmano. Sete anos depois, apenas quatro desses COMs estavam vivos e continuavam na Somália. Desde então, outro irmão morreu de doença. A perseguição na Somália é quase inexistente hoje, pois há poucos crentes sobrando para perseguir.

Historicamente, a perseguição sempre foi severa no Chifre da África, mas o nível de perseguição entre esse grupo de pessoas específico pareceu mais maléfico. Conforme a sociedade civil se deteriorava, um islamismo mais fundamentalista emergia, o que levou à perseguição de crentes locais ainda além da norma histórica. Sem dúvidas, aqueles que foram martirizados eram seguidores de Jesus Cristo. Mesmo assim, a sincronia desses "martírios" não estava diretamente ligada a uma relação individual com Jesus. O martírio estava mais próximo da relação do indivíduo com trabalhadores cristãos ocidentais do que de qualquer tentativa focada desses COMs de serem testemunhas positivas para suas famílias e vizinhos.

A fundo, entrevistas presenciais com crentes e perseguidores indicam que o "gatilho" ou o antecedente para muitas dessas mortes estava relacionado a questões secundárias.

Muitos exemplos ilustram esse ponto:
- Em alguns casos, COMs eram mortos porque trabalhavam para centros de comando de agências de socorro cristãs no Ocidente. De maneira equivocada, alguns muçulmanos acreditavam que a remoção de crentes locais levaria a um acesso maior aos fundos e comodidades do auxílio. Assim, remover COMs de cena (se acreditava) era um pré-requisito para adquirir esses bens, dinheiro e oportunidades para eles mesmos.
- Em outros casos, COMs foram mortos por adorar regularmente (e às vezes abertamente) com estrangeiros. Ser visto com ocidentais ou passar um tempo significante com eles incitava a hostilidade da comunidade anfitriã.
- Outros COMs foram perseguidos ao serem encontrados em posse de uma Bíblia ou outros materiais de discipulado, escritos em um nível superior às suas habilidades ou seu histórico educacional. Outros perseguidos por possuírem esses tipos de materiais eram analfabetos. Outros eram muçulmanos que foram perseguidos por terem recebido um "presente" de um estrangeiro, sem saber que era a Bíblia Sagrada ocidental.
- Finalmente, os COMs que foram contratados por ocidentais em específico para evangelizar seus amigos e vizinhos (no geral, de maneira culturalmente inapropriada) se encontrarram sujeitos a perseguições ainda mais intensas e imediatas. Até onde consigo lembrar, todos esses foram mortos.

Não há, é claro, nenhum jeito de estabelecer uma conexão direta entre um evento ou relação em particular e o martírio de um COM. Nenhum evento ou nenhuma relação podem ser identificados como "a causa" para o martírio, a não ser pelo testemunho da ressurreição de

A Insanidade da Obediência

Jesus Cristo. É claro, no entanto, que o envolvimento de trabalhadores ocidentais e suas lideranças criaram uma cultura missionária que inadvertidamente colocou os crentes locais em risco. O mais importante talvez seja que esse risco normalmente *não* era o resultado direto de um testemunho positivo para Jesus.

O martírio permanece como uma possibilidade para todos que seguem Cristo. A estrada para a ressurreição conduz a uma horrível crucificação. Deus, o Pai, usou e continua usando a morte sacrificial de seus filhos para introduzir uma fé mais profunda e ampla e para ancorar a igreja dentro da história da salvação. *Por mais central que seja o martírio na história, ele não é para ser procurado.* A perseguição e o martírio são apenas uma realidade para aqueles seguindo o Filho de Deus em um mundo doente.

Palavras de Tertuliano foram mencionadas antes em nossa conversa: "O sangue dos mártires é a semente da igreja". É possível que pessoas que ainda não experienciaram uma perseguição severa às vezes falem essas palavras com irreverência. Embora Deus utilize até a perseguição para Seus propósitos últimos, o martírio também deixa filhos sem pais, esposas sem maridos e Corpos Cristãos temporariamente desprovidos de liderança.

O martírio é trágico onde e como quer que aconteça, mas é muito mais trágico quando acontece por razões secundárias. Olhando para trás na história recente da Somália, parece que uma perseguição severa visitou a pequena e emergente igreja somaliana em um momento delicado de sua história. E parece que a perseguição surgiu em peso por outros motivos que não foram o testemunho para a vida e ressurreição de Jesus.

É claro, a história de Deus na Somália ainda está sendo escrita. Mas a essa altura, e de um ponto de vista humano, parece que a nossa geração testemunhou a aniquilação quase completa de uma fé fértil dentro da terra e entre as pessoas da Somália. Deus sempre usa o sangue daqueles que morrem por Cristo para aumentar e aprofundar o testemunho. Ainda assim, quando a morte de crentes ocorre mais por suas relações com os estrangeiros do que por seu testemunho positivo pela graça salvadora encontrada em Jesus, os benefícios que vêm desse "martírio" serão bastante reduzidos. Talvez a lição mais positiva seria a de nunca mais repetir o que fizemos lá na Somália ou em qualquer lugar. Talvez isso possa ser uma maneira de honrar o que está escrito em Romanos 8:28.

Poucas funções da fé levarão mais rápido à perseguição do que o batismo de um crente, em especial um batismo encorajado e administrado por um estrangeiro. Mesmo assim, o batismo mais comum para muçulmanos é administrado em segredo por ocidentais, entre ocidentais, na casa dos ocidentais, em suas banheiras e dentro do espaço mais sujo na casa de qualquer pessoa.

Esse capítulo refletirá sobre os problemas que envolvem o batismo de COMs dentro de culturas de perseguição e violência. Irá esboçar alguns dos desafios únicos relacionados ao batismo e então sugerirá algumas perspectivas missionárias que podem reduzir a frequência da perseguição *por motivos secundários*.

Retomando nossa afirmação, o objetivo deste capítulo e do empreendimento da missão em si não é a eliminação da perseguição. Na verdade, como declaramos, a única maneira de eliminar a perseguição seria eliminando as conversões para Jesus. Logo, nosso objetivo não é trazer um fim para a perseguição, mas fazer com que ela seja um subproduto da fé e do testemunho. O objetivo é garantir que, quando a perseguição vier, ela esteja baseada na caminhada e no testemunho de um indivíduo como seguidor de Jesus. Ser morto por causa de práticas empregatícias, ou por circunstâncias de adoração, ou pela posse de certos materiais de discipulado não é a mesma coisa que ser martirizado por um testemunho positivo e culturalmente sensível da morte e ressurreição de Jesus.

Colocado de forma simples, *o Islã geralmente equipara o batismo com a conversão*. Da perspectiva do Islã, ser batizado é ser salvo. Uma ênfase repetida durante nossas entrevistas com COMs era a intensificação da perseguição que se seguia após o batismo do crente. Até esse momento, não era incomum que fosse permitido para um "buscador" estudar a Bíblia, escutar a programação da rádio cristã, comparecer a igrejas COC (se bem-vindos) e até encontrar-se regular e abertamente com trabalhadores ocidentais. Todos esses comportamentos podiam ser explicados como um desejo de entender o Cristianismo com o propósito de debatê-lo.

Obviamente, em alguns casos, havia uma resistência forte a essas práticas. Mas essa perseguição discreta sumia em comparação com a perseguição evidente e intensa que começava a surgir de imediato após o COM experienciar o batismo como crente.

O Islã está convicto de que é no batismo que seus filhos e filhas se separam de seu antigo jeito de viver. O Islã identifica o batismo como o momento no qual o crente morre para os costumes antigos e adota uma nova perspectiva do mundo. Apesar de a imagem poder ser desconfortável, pode até ser que o batismo, dada a visão do mundo do Islã, seja para um novo crente em Cristo o que se amarrar em um cinturão de explosivos é para um homem-bomba.

Para o Islã, o batismo é um caminho sem volta. Embora crentes ocidentais possam discordar, parece que o Islã (mais do que a própria igreja ocidental) compreende o peso e a significância do batismo!

A maioria dos praticantes da fé cristã, independente da origem, concordaria nesse ponto: o batismo é de suma importância. O batismo é central para a expansão do Reino de Deus e é, logo, crucial para o empreendimento da missão. Ele é de suma importância para que o novo crente se identifique com a comunidade de fé e tudo que ela tem para oferecer (incluindo suporte mútuo e frutífero, responsabilidade, criação de uma nova família, um local para serviço e um ambiente para adoração coletiva, entre muitas outras coisas).

Quando trabalhadores além-mar menosprezam, abusam ou interpretam mal o poder e o impacto do batismo de um crente, definido e praticado localmente, eles podem sem querer prejudicar a fé emergente. É irônico que trabalhadores possam batizar centenas de COMs e, ainda assim, esses batismos raramente resultarem em uma igreja que consiga sobreviver à partida do estrangeiro. O que nossas entrevistas sugerem é que o batismo é importantíssimo, mas um COM e um trabalhador ocidental compreenderão essa importância de formas bastante diferentes.

Aqueles enviados são muitas vezes reféns das formulações doutrinais de seus corpos missionários, obrigados a produzir um resultado mensurável (representado na estatística de "batismos"), e se desesperam por algum tipo de "sucesso" visível. Dada essa visão de mundo, eles concordariam que o batismo é importante. O que pode ser negligenciado com facilidade, no entanto, é o impacto transformador dele dentro de uma cultura de perseguição e violência. O COM concordará que o batismo tem uma importância desconcertante, mas por motivos muito diferentes.

Dentro de culturas islâmicas, os trabalhadores geralmente encorajarão COMs a aderir ao batismo cristão de três a seis meses depois de confessar a fé em Jesus. Essa estatística independe de como o processo da conversão ocorre. Quando um COM batiza outro COM, no entanto, pode acontecer de três a cinco anos após uma declaração de fé. Nesse momento, a diferença na sincronia não é fácil de ser explicada. Os ocidentais irão sugerir que o desejo dos COMs de se batizar logo é um esforço para serem biblicamente obedientes. COMs irão sugerir que a postergação permite um fundamento mais forte na fé antes do passo crucial que é o batismo. COMs sugerem que alguém negar a fé é normal antes do batismo e causa menos dano à igreja emergente. Mas negar Jesus após o batismo é catastrófico. Essa com certeza é uma área que demanda diálogo franco e contínuo.

Outro destaque da entrevista focava na conexão entre o batismo e a implantação de novas igrejas. Quando um trabalhador ocidental batiza um COM a perseguição deste costuma ser rápida e devastadora. Apesar do fato de que o batismo de um COM por um estrangeiro possa ser administrado no escuro da noite e fora da comunidade local (talvez até em outro país), a família e os amigos saberão do acontecimento quase que de imediato. Qualquer tentativa feita (e deixando por agora a questão sobre ser recomendável ou não a discrição) não consegue manter o batismo em segredo. O ritmo acelerado da comunicação em uma cultura oral rivaliza com a velocidade da internet. A única exceção para essa realidade acontece quando um COM é extraído para o batismo e nunca mais retorna para casa e para a família e os amigos. A motivação por trás dessa escolha é fácil de entender. Os trabalhadores podem estar compelidos por um amor e uma preocupação genuínos por seus novos irmãos e irmãs em Cristo, mas as implicações do nascimento de MIIs são profundas. A maneira como o batismo é administrado pode, de fato, levar antes à *redução* do que ao *crescimento* do testemunho.

Dada a aparente relação direta do batismo com a perseguição, é normal que os trabalhadores procurem batizar COMs em segredo. Apesar das boas intenções, o trabalhador acaba por servir de modelo do medo e da insegurança que irão prejudicar a fé do novo crente por meses e talvez anos.

Quando uma família ou comunidade perseguidora é questionada sobre o porquê de terem tratado seu filho ou vizinho de forma tão áspera, a resposta geralmente é: "Ele participou de um ritual secreto e estrangeiro pelas mãos de um estrangeiro. Ele foi comprado com dinheiro estrangeiro. Ele se tornou um estrangeiro e se colocou contra seu próprio povo".

As implicações missionárias são claras. A perseguição se torna uma reação socialmente responsável (e até necessária) a um "ritual estrangeiro" ou a uma aparente "invasão estrangeira". Nesses termos, é impossível para a comunidade local sequer considerar as alegações de Cristo ou o processo da fé. A proteção da comunidade de uma influência estrangeira é a preocupação principal; as questões da fé não são consideradas. Toda a experiência foi reduzida à influência inapropriada de um estrangeiro e a resposta da comunidade a isso.

Por mais importante que seja o batismo – *e é absolutamente importante* –, fica notório que até isso é uma questão secundária. Ser perseguido por causa do batismo (sem importar como ou por quem é feito) não é a mesma coisa que ser perseguido por crer em quem Jesus afirma ser.

As entrevistas também revelam que a maioria dos COMs, durante cerca de cinco anos após suas declarações de fé em Jesus (sem considerar qualquer processo do qual eles tenham feito parte), talvez tenham sido rebatizados de três a cinco vezes. Em países nos quais trabalhadores além-mar que representam agências diferentes estão começando a fazer parcerias e compartilhar estatísticas, é claro que o número de batismos anuais de COMs é inflado, conforme estes são batizados mais de uma vez dentro de corpos missionários diferentes. Raramente, devido a problemas de segurança, essas entidades missionárias perceberão que um COM em particular já foi batizado por uma organização irmã. O batismo de um COM pode ser contado por inúmeros grupos. Não é incomum ler que existam, por exemplo, mil seguidores de Cristo em um país específico, enquanto em entrevistas pessoais é possível contar apenas duzentos ou trezentos. A diferença pode ser explicada pelo fato de que muitos experienciaram repetidos batismos através de muitos grupos diferentes. Ainda mais, para cada uma dessas *vezes* que o COM é batizado, o potencial de perseguições severas aumenta.

Uma das motivações por trás de muitos batismos é a conexão deste com a oportunidade de emprego dentro de uma organização missionária. Seja implícito ou explícito, o passo do batismo é entendido como um requisito para se conseguir um trabalho, e COMs se submetem a essa expectativa, em especial em lugares nos quais o desemprego chega a 90%. Às vezes uma pressão adicional vem dos próprios trabalhadores. É difícil atrasar o batismo quando igrejas domésticas e agências missionárias estão avaliando o número de batismos como uma medida de efetividade missionária.

O assunto se complica além das diferenças teológicas, históricas e doutrinais representadas por várias organizações missionárias. Não é incomum que um COM receba o batismo cristão por imersão das mãos de um trabalhador batista que explica ao crente a natureza simbólica do batismo. Ainda assim, algum tempo depois, seja por dificuldades espirituais ou pela oportunidade de um novo trabalho, o COM pode se aproximar de um trabalhador da Assembleia de Deus, recebendo outro batismo junto com o ensinamento detalhado sobre ser preenchido com o Espírito Santo. O mesmo COM pode então ser atraído por uma agência de socorro luterana ou, talvez, apoiada por presbiterianos.

Essa peregrinação pode ser o resultado de uma procura honesta, ou pode ser motivada por um desejo de emprego, educação, uma esposa, ou a chance de viver nos Estados Unidos. Qualquer que seja a motivação, esse COM (em um período de tempo relativamente curto) pode ter sido repetidamente batizado por estrangeiros que utilizam a imersão, a aspersão *e* o derramamento – todos os modos de batismo que a igreja ocidental tem praticado nos seus 2 mil anos de vida.

Para muitos COMs, generalizando, a forma do batismo não importa. É provável que o cenário para o batismo também seja confundido. COMs não chegam a Cristo em um vácuo. Em alguns casos, já tiveram contato com a igreja. Na verdade, em muitos casos, a igreja histórica pode preceder o Islã. Como se por osmose, esses buscadores e crentes incipientes já foram afetados por teologias e tradições diferentes a respeito do batismo. O impacto nos COMs e em sua fé é significativo.

Imagine um homem chamado Mohammed. Ele experienciou sonhos e visões que o enviaram em uma peregrinação espiritual. Essa busca durou de três a cinco anos. Durante esse tempo, ele interagiu com a Bíblia; ele a leu e estudou. Ele também teve entre vinte e trinta encontros espirituais com o Evangelho. O Espírito Santo, de vez em quando, mandou crentes até Mohammed. O processo repete o que acontecia com frequência nas Escrituras: José foi enviado ao faraó, Ananias foi enviado a Saulo, Filipe foi enviado ao eunuco etíope. Da mesma maneira, muitas pessoas diferentes foram enviadas a Mohammed.

Como resultado dessa boa e divina testemunha, Mohammed faz uma declaração de fé em Jesus. Ele então recebe o batismo cristão.

Nesse momento da história, não importa realmente quem administra o batismo. É notável que, quando COMs se batizam com uma participação mínima de estrangeiros, a maior influência no *modo* de batismo não vem de estudos da Bíblia ou até de discussões com outros COMs. O que mais influencia Mohammed e seus amigos é se eles viram ou não "O Filme de Jesus". A forma mais comum de batismo vem de um filme.

Então Mohammed recebe um batismo de "Filme de Jesus". Ele descreverá sua peregrinação espiritual e falará desse batismo (que veio muitos anos depois de sua declaração de fé) usando palavras simbólicas relativas à sua relação com Jesus. Se Mohammed for casado, ele irá para casa com sua família. Dentro de três a seis meses, Mohammed proclamará para sua esposa: "Mulher, agora sou cristão. Isso faz dessa casa um lar cristão. Logo, você agora é cristã".

É claro, sua esposa ficará chocada, como já mencionado. Por causa da terrível indiscrição dele, ela pode se divorciar ou denunciá-lo para sua família. Mas é comum que a dependência do marido e o desejo de obedecê-lo sejam tão enraizados, que ela aceitará o fato de que sua fé foi declarada por seu marido, que é mais informado. Alguns meses depois, ele a batizará.

Na entrevista, Mohammed descreverá sua própria fé e a de sua esposa de formas diferentes. Ele pode dizer que sua esposa ainda não é uma "crente verdadeira". No entanto, ela é casada com ele, e seu batismo (ele dirá) representa um *sinal* de que um dia ela acreditará por vontade própria. Um dia, ela se tornará uma "crente verdadeira".

Mohammed ainda não acabou. Sua fé não nasceu "do nada". O ambiente religioso que o cerca inclui igrejas católicas e ortodoxas. Ele também foi influenciado pelos ensinamentos desse grupo. Ele olha com amor para seu filho de 3 meses de idade. Ele sabe as dificuldades que essa criança terá pela frente. Ele sabe a dificuldade de ser educado em um sistema islâmico. Mohammed pode ter muitas perguntas teológicas, mas está disposto a arriscar que talvez os católicos e ortodoxos estejam corretos. Então ele batizará seu filho, orando para que desta vez o batismo seja salvífico.

Note que o batismo passou de símbolo, para sinal, para sacramento *dentro de uma família e de um período de tempo muito curto*. Talvez Mohammed tenha sido imerso. Talvez tenham derramado água sobre a cabeça de sua esposa. Talvez seu filho tenha sido aspergido. Mohammed tem pouco interesse na teologia ou no modo adequado do batismo. Ele tem preocupações diferentes e mais profundas.

Também é muito provável que cada um desses batismos tenha acontecido com a participação de uma comunidade estrangeira. Sem importarem seus níveis de compreensão teológica e bíblica, Mohammed e sua família experienciam as perseguições crescendo a cada passo do processo. Logo eles se tornam estrangeiros dentro de sua própria comunidade. Se acontece de viverem em um ambiente no qual a violência é comum, os trabalhadores oferecerão a eles a extração para um país seguro. Com frequência, a perseguição que Mohammed e sua família experienciarão será precipitada por múltiplos batismos com o envolvimento de trabalhadores estrangeiros, assim como o daqueles dentre da igreja COC.

Talvez o Islã entenda o que o Ocidente esqueceu. Talvez o Islã entenda o significado do batismo mais ainda que a igreja. O batismo representa a morte para o pecado, a morte para si e a morte para um antigo modo de viver em comunidade. Ele representa um novo alinhamento com o Reino de Deus e um novo jeito de se relacionar com a família e os amigos. De forma simples, o batismo representa uma nova vida. É surpreendente perceber que Jesus nunca extraiu uma pessoa de seu país de origem. Em todos os casos, a submissão ao senhorio de Jesus (e o compartilhar da experiência do batismo) era uma vivência local.

Também há uma corrupção teológica crescente que cerca o batismo quando um COM o recebe por mãos ocidentais. As entrevistas registram numerosos casos nos quais trabalhadores de Deus testemunharam de forma fiel, levaram muçulmanos através de um processo ou experiência de salvação e então os batizaram. Isso resulta pouco em uma igreja sendo implantada, mesmo quando o trabalhador age de forma cultural apropriada e cumpre as expectativas do Corpo missionário.

Por quê?

As entrevistas sugerem que muitos COMs experienciaram uma perseguição séria quando suas peregrinações de fé e seus batismos foram traçados até o ministério do estrangeiro. Em alguns cenários, dezenas deles foram para a prisão e lá, severamente agredidos. Quando questionados por que não se reuniram com outros COMs, evangelizando e administrando os mandamentos e sacramentos da igreja eles mesmos, muitos problemas de confiança e corrupções teológicas foram notados em quase todos os casos.

COMs se reúnem uns com os outros, mas apenas se o ocidental estiver presente. Se o trabalhador for transferido, sair de licença, ou mesmo de férias, os COMs se recusam a se encontrar. Quando o estrangeiro está ausente, eles simplesmente não se encontram.

Quando foi questionado a um grupo de COMs por que isso se dava dessa maneira, já que todos tinham ido para a prisão *por causa de suas associações com o estrangeiro*, a resposta foi: "Não podemos confiar em uma pessoa do nosso próprio país".

"Em quem vocês confiam?", eu perguntava em seguida em minhas entrevistas.

"Confiamos no estrangeiro", os COMs respondiam.

"Mas foi por causa de suas relações com os ocidentais que vocês foram para a prisão!", apontava.

"Sim, isso é verdade", eles respondiam. "Mesmo assim, só confiamos no estrangeiro."

Missiologicamente, entender essa aparente contradição faz sentido na cultura. *COMs confiam naquele que os leva a Jesus.* "Timóteo" confia em "Paulo". E "Paulo" confia no "Timóteo" que ele acabou por conhecer bem. Ele observou "Timóteo" ter dificuldades com o processo da fé. Assistiu a "Timóteo" começar a suportar a perseguição. Essa confiança é baseada na experiência compartilhada. COMs se reunirão em uma igreja com pessoas nas quais eles confiam. Quanto maior o papel de um estrangeiro na condução de COMs à fé, menor a confiança destes em outros como eles.

Apesar de experienciar uma séria perseguição como resultado, a maioria dos COMs virá por si só e trará dezenas de outras pessoas até o estrangeiro com o intuito de fazer a oração da salvação e receber o batismo cristão. Por quê? Por que é necessário que o estrangeiro esteja envolvido nesse ponto do processo? Quase sem exceção, COMs dirão: "Meu batismo é *melhor* nas mãos de um trabalhador ocidental que conheça Jesus há anos, tenha vindo de um país cristão e tenha um aprendizado religioso um tanto profundo".

João 3:22 é talvez a referência mais definitiva à *possibilidade* de que o próprio Jesus batizava. Mas João 4:1 indica que Jesus logo delegou essa tarefa para seus discípulos. Aqui, as Escrituras deixam claro: "ainda que Jesus mesmo não batizava, mas os seus discípulos" (versículo 2).

O apóstolo Paulo abordou esse problema de corrupção batismal em 1 Coríntios 1:13-17. Ele conclui de forma reveladora com as seguintes palavras: "Porque Cristo não me enviou para batizar, mas para pregar o Evangelho".

Mais nociva é a declaração quase universal de COMs, que é tão dolorosa de ouvir: "Minha salvação é melhor nas mãos de um trabalhador estrangeiro que conheça Jesus muito melhor do que qualquer pessoa local". Isso é uma corrupção teológica. Sem saber, o trabalhador pode dar credibilidade ao desenvolvimento de um "COM de primeira classe" e um "COM de segunda classe" dentro de um grupo da primeira geração de fé. E esse desejo de receber essas bênçãos e funções das mãos do estrangeiro costuma levar ao aumento da perseguição.

Quando esses COMs são presos, as autoridades carcerárias quase nunca perguntam a eles a respeito de questões de sua fé pessoal. O perseguidor demanda informações no tocante ao envolvimento de estrangeiros na vida de crentes locais. Eles querem saber qual a origem da Bíblia deles, quem deu a eles "O Filme de Jesus", quem providenciou o testemunho, os materiais e o dinheiro cristãos. É muito comum que COMs sejam presos por causa de suas relações com estrangeiros. Problemas de fé pessoal raramente são levantados no decorrer do evento da perseguição. Esse momento de perseguição seria uma boa hora para um testemunho corajoso, mas este se mostra difícil quando a fé pessoal não faz nem parte da conversa.

Muitas observações finais se apresentam

Primeiro, as entrevistas sugerem que o batismo deve ser praticado dentre a comunidade de fé anfitriã. Trabalhadores ocidentais, se alguma vez o fazem, pouco compõem essa comunidade de fé anfitriã. O batismo no Novo Testamento acontecia em comunidades locais. O batismo fora da comunidade local, se foi apresentado, era uma distinta exceção da prática normal.

A história do eunuco etíope em Atos 8:26-39 pode ser citada como a clássica exceção à norma. Mas os comentários que crentes perseguidos fazem sobre essa história e o cenário cultural são reveladores. Do ponto de vista de crentes em situação de perseguição, é relevante que esse etíope era "mordomo-mor de Candace, rainha dos etíopes, o qual era superintendente de todos os seus tesouros" (versículo 27). Eles salientam que ele estava viajando em uma caravana, logo, cercado pela comunidade. Sugerem que esse homem era conduzido em uma carruagem, talvez dirigida por um servo. Outras pessoas viajavam com esse homem. E essa comunidade inteira, *sua* comunidade, foi capaz de observar o que ele vivenciou.

Para as pessoas no Ocidente, a história sugere isolamento e separação. Mas, através dos olhos do COM, o batismo do eunuco etíope foi dentro da comunidade. A norma bíblica é o batismo dentro da comunidade. A norma bíblica é um cenário no qual a família e os amigos de um indivíduo são batizados juntos. No Novo Testamento, não há evidências de batismos secretos por estrangeiros em seus banheiros, em suas banheiras, no meio da noite, e com certeza não em outro país. O batismo de Jesus por João, o batismo do lar de Cornélio e o batismo do carcereiro de Filipos são representativos, dentro da cultura e por seus nativos. Se, como um crente próximo à cultura, o Espírito Santo por milagre colocar você ao lado do eunuco etíope, tenha certeza de levá-lo até Jesus e não prejudique o batismo dele! E então esteja preparado para que o Espírito Santo o afaste desse etíope.

Ignorada e rejeitada por trabalhadores ocidentais está a evidência de que muitos COMs experienciam distúrbios psicológicos *depois de chegarem a Cristo*. Isso pode incluir alcoolismo, múltiplos casamentos, voyeurismo sexual ou depressão. Por que será que essas coisas acontecem nesse ponto?

O Islã informa um modo aderente de como viver a vida, como existir em comunidade, como preencher cada momento de cada dia. Define quando acordar, quando orar, onde orar, a direção na qual se deve estar durante a oração e até as palavras para orar. Ele regula a vida entre gêneros. O Islã toca todos os aspectos da vida diária.

Quando um jovem muçulmano chega a Jesus, batizado por um estrangeiro, ele perde a família, assim como a identidade social. Esse novo crente de fato morreu para – e foi expulso da – antiga cultura. Mas por não ter havido uma imersão em uma comunidade de fé real e local, não há um lugar ao qual pertencer dentro de uma nova cultura cristã. Esse novo crente e aquele que o ajudou a chegar à fé vivem em dois mundos diferentes. Esse novo crente perdeu toda a estrutura de sua vida, mas essa estrutura perdida ainda não foi substituída por outra. Sem comunidade, esse COM está "perdido" mesmo que a salvação já tenha sido experienciada!

Segundo, refletindo sobre as entrevistas e o registro do Novo Testamento, é claro que, idealmente, um crente inserido na cultura ou próximo a ela deve batizar COMs. Quanto mais aquele que batiza for visto como um estrangeiro, mais provável que o resultado seja a intensa perseguição e a corrupção teológica. No Ocidente, aquele que batiza costuma se diferenciar por diplomas de seminários, educação, título e ordenação. Certo ou errado, há uma delimitação clara entre clero e congregação. Dentro de ambientes de perseguição, no entanto, a comunidade é formada mais rapidamente quando mãos locais administram o batismo de forma amorosa: do marido à esposa, dos pais para os filhos, vizinho ao vizinho. Conforme crentes inseridos na cultura ou próximos a ela batizam, as perseguições por razões secundárias reduzem e antigas comunidades de fé são transformadas em novas comunidades em Cristo.

Nesse caso, quando a perseguição *realmente* chegar, ela será em resposta direta a quem é Jesus e ao tipo de comunidade transformada que Ele está criando. E, quando as perseguições surgirem, uma comunidade incipiente de apoio já existirá. Não entendam isso como uma sugestão de que o Islã tem o direito de perseguir aqueles que se voltam a Jesus caso um trabalhador ocidental esteja envolvido na conversão. O sugerido é que os enviados ministrem com maior sensibilidade e sabedoria.

Não é incomum que COMs implorem a crentes de fora que os batizem, mesmo estrangeiros que estejam passando temporariamente pelo país. Se os COMs forem evangelizados, batizados, financiados e reunidos por estrangeiros, qual a motivação deles de estar em comunidade? As entrevistas sugerem que COMs precisam ser responsáveis pelo testemunho local e pelo comportamento dentre suas famílias, amigos e vizinhos.

Claro, uma sólida teologia do batismo é importante. Por séculos a igreja debate e se divide sobre o batismo representar um símbolo, um sinal ou um sacramento. A igreja perseguiu a si mesma a respeito de quem tem autoridade de realizar o batismo e qual modo de batismo é bíblico. Essas são questões pesadas e importantes. Ao mesmo tempo, esses problemas de teologia e modo, como definido pela igreja ocidental, são pouco, se alguma vez, levantados por COMs ou outros em centenas de entrevistas globais!

COMs vivenciarão múltiplos batismos conforme passarem de uma família ocidental missionária para outra. Eles receberão algo de útil de cada experiência doutrinal, mesmo que aceitem múltiplos batismos por causa de emprego. COMs passarão de uma agência à próxima; expressando o sentimento de "algo ainda estar faltando". No geral, eles serão batizados mais de uma vez, até que recebam o batismo cristão das mãos de outro COM dentro de sua própria comunidade. Então eles irão chorar com emoção dizendo: *"Cheguei em casa! Encontrei nossa verdadeira família do Novo Testamento. Esse é meu verdadeiro Corpo de Cristo"*.

COMs em ambientes de perseguição e violência estão preocupados apenas com um problema doutrinal a respeito do batismo. Essas são suas perguntas: "Eu fui batizado em Cristo e em uma comunidade local? Essa igreja se preocupará comigo, se responsabilizará por meu dia a dia e compartilhará comigo todas as coisas em comum? Será que essa nova família espiritual se importará com minha família e comigo caso eu perca meu emprego, caso sejamos excluídos por outros familiares, ou caso sejamos jogados na prisão ou martirizados por nossa fé?"

Infelizmente, essa preocupação a respeito do batismo em culturas de violência não é sempre uma questão central para trabalhadores ocidentais e seus corpos missionários. Às vezes, trabalhadores estão mais preocupados em contar os batismos do que em fazê-los *valer*.

No ponto em que o batismo, os COMs e os trabalhadores convergem, o grande problema fundamental é a natureza da comunidade local. O que é a igreja em sua essência? O que é a igreja se destituída de propriedades, prédios e todas as posses coletadas através dos séculos? O que significa pertencer – *pertencer!* – ao Corpo de Cristo?

Em ambientes enquadrados por violência e perseguição, o batismo está no coração da implantação de igrejas, especialmente em lugares onde a fé está emergindo. Em seu âmago, o batismo é a parteira para a igreja emergente. O que sugerimos aqui é uma perspectiva reveladora e maravilhosa: quando o batismo é mesmo sensível ao Novo Testamento e à cultura, ele sempre resultará em uma igreja.

Entre a primeira geração de fé, o batismo costuma ser o nascimento de uma nova igreja. No mínimo, o batismo está dentro de uma comunidade de fé local. O batismo define onde e a que eles pertencem.

Ele escutou repetidamente as histórias da Bíblia no rádio e se apaixonou por elas e eventualmente por Jesus. Ele encontrou uma Bíblia e a devorou diariamente. Deu sua vida a Jesus, mas ficou tão perturbado quando leu sobre o batismo cristão, incluindo o batismo de Jesus. Ele não conhecia nenhum outro crente como ele. Ele caminhava junto ao maior lago em seu país, um dos maiores na África. Andando de um lado para o outro por bastante tempo, ele continuou olhando da ribanceira a água, a quatro ou seis metros abaixo. De repente ele se afastou nove metros da beira e começou a correr cada vez mais rápido, até que pulou da encosta. Caindo no ar, ele gritou: "Eu me batizo em nome do Pai, do Filho e do Espírito Santo!". Então ele atingiu a água.

Eu o conheci duas semanas depois e ouvi sua história pela primeira vez. Conforme contava a história para mim, ele parou no meio, o medo turvando seus olhos, e me perguntou: "Eu fiz algo errado? Meu batismo foi ok?". "Bom", respondi, "foi o batismo mais profundo de que eu já ouvi falar!".

Ainda assim, seguiu seu coração. Biblicamente, intuitivamente, ele sabia que algo estava faltando. Pudemos introduzi-lo em uma igreja doméstica próxima de onde ele vivia, entre seu próprio povo. Ele se encontrou com eles, recebeu o batismo por essa comunidade. Logo após seu batismo, chorou e proclamou: "Eu cheguei em casa, eu cheguei em casa".

Para mim, o modo de batismo é uma questão importante. Nós borrifamos, derramamos ou mergulhamos? Para mim, a teologia do batismo é crucial. Enxergamos o batismo como um símbolo, sinal ou sacramento? No entanto, o que a igreja ocidental esqueceu, ou talvez tenha negligenciado, é essa verdade insubstituível do batismo. Isso define o local ao qual pertenço? Essa comunidade é carne como a minha e ossos como os meus? Nós voluntariamente traremos todas as coisas em comum e cuidaremos de todas as partes do nosso Corpo? Nós morreremos por Jesus e um pelo outro?

Eu me atrevo a dizer: a igreja ocidental talvez tenha descoberto o modo e a teologia do batismo. Ainda assim, onde está o sentimento de pertencimento, de fazer parte do Corpo e de estar em uma comunidade realmente bíblica?

Tive que sentar aos pés do Corpo de Cristo em perseguição para aprender o que nunca experienciei na igreja ocidental.

Jesus foi batizado por João. Por quê? Ele não tinha pecados que necessitavam do perdão. Jesus foi batizado por João pois desejava e precisava de uma comunidade na qual ele e os Doze iniciariam seu ministério. Precisava de um lugar, uma família a qual pertencesse. Depois o Espírito Santo ascendeu como uma pomba branca e Deus disse: "Você é meu amado filho, você me traz contentamento!".

"CONFORME DESÇO O RIO PARA ORAR..."

- Descreva o que significa para você fazer parte de sua igreja local.
- Comente o fato de que, na perseguição, o batismo frequentemente é o nascimento de uma nova igreja.
- Por que Jesus e o apóstolo Paulo se recusavam a batizar? Por que os ocidentais além-mar apressam o batismo?

Parte IV
Questões práticas

Capítulo 18
Sábios servos, lugares difíceis

EM NOSSAS ENTREVISTAS, FOMOS CAPAZES DE FALAR COM CRENTES em cenários de perseguição sobre trabalhadores ocidentais. Com o tempo, começamos a perguntar a respeito disso perto do final. Em muitos casos, já havíamos conversado por horas, com uma confiança mais profunda emergindo daqueles que contavam as histórias.

Conforme nosso tempo estava próximo de se encerrar, perguntávamos: "Conte-nos sobre os trabalhadores ocidentais. O que vocês valorizam em nós? O que fazemos que seja útil e o que fazemos que seja prejudicial para o crescimento da fé? O que devemos parar de fazer? O que devemos começar a fazer? Como trabalhadores ocidentais podem melhor ajudar os crentes a conseguir igrejas domésticas férteis?".

Após se encararem, como se perguntassem: *contamos a verdade para esse estrangeiro?*, eles francamente, às vezes com cuidado, ofereciam conselhos. As respostas eram interessantes e profundamente honestas.

A primeira observação que faríamos é que não basta que as pessoas perdidas sejam o *foco* dos trabalhadores ocidentais. Por melhor que isso soe, é essencial ir além disso. Na verdade, elas devem se tornar sua *família*. É preciso uma impressionante profundidade de comprometimento e compaixão. Além disso, as perspectivas de crentes em cenários de perseguição sugerem muitas outras características essenciais.

Competência com a linguagem e a cultura

Argumentamos que a perseguição pode acontecer por uma variedade de razões. Idealmente, se a perseguição vier, queremos ter certeza de que ela venha por quem Jesus é. No entanto, muitas perseguições vêm por motivos secundários, menores. A principal maneira de trabalhadores ocidentais reduzirem as perseguições por motivos secundários é se adaptando à língua e à cultura. Um dano tremendo é causado quando trabalhadores estrangeiros estão indispostos ou são incapazes de dominar as nuances da cultura. Crentes em contextos de perseguição insistem que os trabalhadores ocidentais se dediquem à competência na língua e na cultura. Há uma correlação direta entre língua e aquisição cultural a respeito da perseguição por razões secundárias. Conforme a habilidade de alguém de lidar com a língua local com eficiência aumenta, a perseguição causada por ocidentais diminui. E o oposto também é verdade. Enquanto a habilidade de um estrangeiro de se comunicar através da cultura permanece baixa, a perseguição relacionada com o estrangeiro aumenta.

Todos que chegaram a Jesus no Novo Testamento o fizeram em uma língua local ou regional. Quando o Espírito Santo visita pessoas inalcançadas através de sonhos e visões, sempre fala na língua do coração delas. Aqueles que levam Jesus ao outro lado do oceano, *ou ao outro lado da rua*, devem se comprometer a aprender a linguagem daqueles com quem estão tentando compartilhar as boas-novas de Jesus Cristo, mesmo que essas almas perdidas vivam em países ocidentais! Essa é uma observação desafiadora para os milhões de ocidentais que saem em viagens missionárias de curto prazo. Milhões prestam um ótimo serviço para o Reino de Deus. Em perseguições, o trabalhador temporário deve servir sob a supervisão de alguém com habilidades linguísticas e culturais críveis. Talvez a maior contribuição deles seja aos cuidados de equipes a longo prazo em lugares difíceis. Queremos dar o mínimo de oportunidades possíveis para que Satanás transforme nossas boas intenções em perseguições injustificadas. É inaceitável que alguém se torne um "turista missionário" em *"tiroteios espirituais temporários"*. Isso é dito com amor, já que todos desejamos o que é melhor para aqueles que ainda estão fora do Reino de Deus, conforme erguemos aqueles que são crentes locais e trabalhadores a longo prazo.

Confiança mútua

A relação entre trabalhadores estrangeiros e crentes dentro de uma certa cultura é potencialmente íntima e próxima. É óbvio esperar confiança nesse relacionamento. É importante que essa confiança seja mútua.

Como já compartilhamos, mas vale a pena repetir de vez em quando, para usar o exemplo das Escrituras, é essencial que Paulo confie em Timóteo, e é igualmente crucial que Timóteo confie em Paulo. É fácil ver como essa confiança pode crescer. Timóteo vê que Paulo está disposto a se sacrificar pelo seu ministério e que Paulo deixou para trás família e amigos pelo bem do Evangelho. Timóteo observa de primeira mão como Paulo é comprometido com o comando de Deus e que Paulo demonstra seu amor de forma concreta, consistente e fiel. À luz disso, é quase nítido que Timóteo confiará em Paulo.

Por outro lado, Paulo pode ver que Timóteo está seguro a respeito de seu acolhimento da fé, que este está trabalhando com afinco para crescer e aprender, que Timóteo anseia por ser confiável e se vê como parte do ministério de Paulo. À luz disso, Paulo desenvolverá confiança em Timóteo.

Essa confiança é mútua. E ela é uma parte crucial da relação desses dois indivíduos que fazem parte do empreendimento da missão. No entanto, às vezes a natureza dessa relação única pode gerar problemas. De fato, encontramos muitos casos nos quais a confiança (ou dependência) entre o trabalhador e o crente nativo era tão forte, que era difícil para o segundo confiar em outros *nativos*, pois a confiança no trabalhador estrangeiro era muito grande. Na verdade, essa forte confiança pode inibir a emergência da igreja. E ela pelo menos explica em parte por que que os ocidentais são procurados para o batismo, conselhos, instruções e relações.

Ainda mais, essa fé profunda e crescente pode levar a várias corrupções teológicas perigosas. A primeira foi mencionada no capítulo anterior e sugere que o batismo nas mãos de um trabalhador ocidental, sob o olhar dos crentes locais da primeira geração de fé, é superior ao batismo nas mãos de cristãos locais. Em termos missionários, o batismo nas mãos de cristãos locais na verdade seria preferível e desejado, mas, na prática, o batismo administrado por um trabalhador estrangeiro costuma ser visto como superior.

A segunda corrupção é semelhante, mas talvez ainda mais perigosa. É comum concluir que a experiência da salvação que veio através de uma relação com um trabalhador ocidental seja superior a outras experiências de salvação que vieram através da fé em crentes locais. Para entender a importância disso, imagine um crente se vangloriando do fato de que ele foi "conduzido ao Senhor" por um trabalhador estrangeiro bem conhecido. A implicação é a de que a experiência de salvação dele seria mais válida ou mais legítima.

Tanto Jesus quanto Paulo abordaram esse assunto. Como mencionado, contam-nos em João 4:1 que Jesus não batizava. E Paulo, em 1 Coríntios 1:14-17, pensou ser importante apontar que ele batizou poucas pessoas. É evidente que esse tipo de problema não é novo, mas continua sendo uma dificuldade até hoje. A confiança é um componente importante na parceria com Deus para ver famílias chegarem a Jesus e uma igreja doméstica fértil ser implantada. Essa fé deve ser principalmente entre crentes locais, não apenas entre crentes locais e estrangeiros.

Um comprometimento de permanecer dentre os perdidos

Crentes em cenários de perseguição destacam o comprometimento dos trabalhadores além-mar de não apenas permanecer, mas de fazer isso entre os perdidos. A partir do momento em que os crentes entram em cena, a tendência é que os trabalhadores ocidentais devotem a maior parte de seu tempo e energia a esses cristãos. É raro um trabalhador que se esforça para se manter entre os perdidos, especialmente quando crentes começam a surgir. Trabalhadores ocidentais evangelizarão apenas tempo suficiente (normalmente até emergirem dez ou quinze crentes) até que eles tenham um pequeno grupo de "pastores". Assim que emergirem crentes o bastante para constituir um rebanho para pastorear, o trabalhador além-mar retira a centralidade do evangelismo. No meu tempo, o que fazia com o que os trabalhadores em perseguição ganhassem a atenção dos perseguidores não tinha muita relação com o compartilhamento das histórias de Deus e com falar sobre Jesus. A dor chega aos trabalhadores quando eles assumem o papel de um pastor, cumprindo as funções da igreja, em vez de permanecer como um evangelista e implantador de igrejas dentre aqueles perdidos.

O contexto do próprio ministério de Jesus o mostra usando a vasta maioria de seus recursos fora de qualquer comunidade ou estrutura religiosa estabelecida. Ele servia de modelo para um estilo de vida que cumpria sua declaração: "Porque o Filho do homem veio buscar e salvar o que se havia perdido" (Lucas 19:10).

Crentes em perseguição clamam para que os enviados sirvam de modelo para eles sobre como alcançar seus vizinhos. Eles precisam de exemplos de como evangelizar um policial corrupto e o velho atrás do balcão das frutas. Crentes locais acreditam piamente que podem pastorear as ovelhas, e eles estão procurando modelos de como fazer isso. O que eles pedem aos trabalhadores além-mar é que estes sirvam de modelo permanecendo entre os lobos.

A habilidade e o desejo de expressar a fé na cultura local

Crentes em cenários de perseguição repetidamente mencionaram a importância de os trabalhadores expressarem a fé dentro da cultura local. O desejo deles não é importar de fora uma fé pós-Pentecostes, mas permitir que uma fé apropriada em sua cultura se desenvolva e cresça conforme o Espírito guie. Costumes de vestimenta, música nativa, até mesmo sentar no chão em vez de nas cadeiras ou bancos de igreja são simbólicos da fé profunda na cultura anfitriã, não um simples espelhamento da fé e da cultura do estrangeiro.

Somada a essas características específicas, a habilidade de promover e servir de modelo à comunidade também é crucial. Estrangeiros estão sempre sob uma lente de aumento. Tendo consciência disso ou não, estão sempre servindo de modelo à comunidade – para o bem ou para o mal. Em nossa experiência de trabalhar com equipes por décadas, identificamos quatro tipos de pessoas em termos de como elas se relacionam ao crescimento e à saúde da comunidade. É crítico que se preste atenção nesses tipos conforme equipes entre os trabalhadores são formadas, desenvolvidas e enviadas. Igrejas e instituições que enviam trabalhadores ao campo devem deliberadamente enviar os melhores dentre seus filhos e filhas e daqueles entrevistados para o serviço além--mar. Aqui está um conselho para os que enviam.

Primeiro, algumas pessoas constroem comunidades onde forem. Essa habilidade é um dom do Espírito e é uma destreza preciosa nas relações. Em qualquer lugar onde essas pessoas vão, a comunidade emerge. Pessoas com esse dom são indispensáveis para equipes e para alcançar aqueles com pouco ou nenhum acesso às boas-novas. Ruth, minha esposa, é esse tipo de pessoa. Já ouvi conselheiros falarem que se Ruth fosse deixada sozinha no deserto, ela reuniria pedras ao seu redor e a comunidade floresceria!

Segundo, algumas pessoas amam a comunidade e vivem com facilidade dentro dela. Essas pessoas não têm o dom de agregadoras como as primeiras citadas, mas são boas em comunidade, gostam dela e a tornam melhor. Essas pessoas são boas dentro de equipes e contribuem para uma comunidade saudável. Atualmente minha definição de igreja favorita é: "*Igreja é o lugar no qual, quando você falha em se fazer presente, outros vêm à sua procura!*". Pessoas que se encaixam nessas duas primeiras descrições estão comprometidas com a comunidade e a responsabilidade. Ainda assim, infelizmente não acabamos.

Terceiro, algumas pessoas drenam a energia da comunidade. Essas têm dificuldades em se relacionar e regularmente requerem atenção especial. Elas drenam equipes de trabalhadores. Como os dois primeiros tipos de pessoa, estão sempre presentes quando e onde as "portas" da igreja são abertas ou quando a equipe missionária se reúne. Ainda assim, demandam horas de cuidado, estímulos e intervenções. Na maioria dos casos, chegam ao campo com grandes necessidades pessoais e requerem muita atenção. E esta é retirada das prioridades maiores da equipe.

Finalmente, algumas pessoas destroem ou danificam a comunidade. Francamente, elas deixam cadáveres por onde passam! É simples: melhor não ter essas pessoas em um cenário de missão. Elas não só requerem atenção especial, mas também parecem trabalhar contra o objetivo de relações boas e saudáveis. A presença dessas pessoas trabalhará contra o comprometimento do grupo de servir às necessidades dos perdidos; elas desviarão energia e tempo importantes para que o objetivo da equipe seja alcançado. Somando-se a prejudicar a equipe, essas pessoas são modelos de um comportamento espiritual disfuncional para novos crentes entre as pessoas não alcançadas e não engajadas.

Idealmente, equipes de trabalhadores serão compostas de pessoas das duas primeiras categorias. Igrejas e agências que enviam seus filhos e filhas como ovelhas no meio de lobos precisam enviar os melhores. Podemos esperar que um grande mal chegue às ovelhas conforme trabalham no meio de lobos. Mas enviar ovelhas insalubres para o desafio além-mar é prejudicial para equipes saudáveis e impactará o trabalho de forma negativa. Elas afastarão pessoas locais do Reino de Deus.

ESTÁ EM NOSSAS MÃOS:

- Liste aqueles que foram enviados de sua igreja por um longo prazo. Como estão no aprendizado da língua e cultura? Eles estavam saudáveis em comunidades saudáveis antes de irem além-mar?
- Quem na sua igreja ocidental está aprendendo outra língua com o propósito de alcançar outros povos?
- Como você lida com pessoas insalubres e disfuncionais na sua igreja?
- Quantas horas na semana você gasta intencionalmente com aqueles que não conhecem Jesus? Com qual frequência eles estão na sua casa e você na deles?

Capítulo 19

Prostrados perante Deus

É axiomático apontar que não podemos trazer à existência o que nós mesmos não conhecemos ou fazemos. Não é possível modelar o que ainda não experienciamos. Por mais óbvio que isso soe, essa verdade tem implicações profundas quando se trata do importante papel da adoração na empresa que atravessa culturas. Se é esperado que os trabalhadores ocidentais sirvam de modelo para os outros a respeito da essência da adoração a Deus (e é esperado), é essencial que eles mesmos saibam como adorar a Deus. Não é o suficiente "desfrutar" da adoração ou "participar" da adoração quando outras pessoas criam um cenário no qual ela possa acontecer. Dado o isolamento quase certo da vida dentro de um cenário de perseguição, trabalhadores ocidentais devem ser adeptos em sua própria adoração pessoal, capazes de conduzir suas famílias em adoração e de servir de modelo de uma fé saudável para novos crentes.

Por mais simplório que soe, não é algo fácil de ser feito. Muitos trabalhadores ocidentais estão mal preparados para essa tarefa básica e essencial, e as consequências dessa inabilidade são devastadoras. A igreja ocidental raramente prepara seus membros para criar uma adoração própria como indivíduos, pais, membros da equipe e líderes.

No Ocidente, a adoração é uma jurisdição do clero profissional. No Ocidente, os crentes conseguem ter a maior parte de suas "necessidades de adoração" reunida em um lugar e durante algumas horas em um dia especial da semana. Mas os perigosamente inalcançados habitam em ambientes nos quais não há lugares reservados para oração e adoração.

É muito comum que o resultado sejam trabalhadores que se tornam enxutos, espiritualmente impotentes, incapazes de guiar as pessoas locais até o trono de Deus e de servir como modelo de "igreja" para aqueles que o observam cuidadosa e ansiosamente.

Talvez a melhor imagem da igreja inicial se encontre em Atos 2:42-47. Conforme Deus reuniu esses novos crentes, eles experienciaram uma vida preenchida pelo poder do Espírito. O resultado disso incluía o suprimento das necessidades, uma sociedade rica, um desejo pelo aprendizado e pelo crescimento, um comprometimento com a oração e uma paixão profunda e permanente pela adoração.

Componentes essenciais na vida de um trabalhador (e, de fato, na vida de qualquer crente!) incluiriam os seguintes seis elementos:

Devoção pessoal diária. Essa é uma disciplina espiritual que, sugerimos, deveria ser aprendida cedo e praticada ao longo da vida. Talvez seja uma expectativa ingênua, mas nossa suposição é a de que trabalhadores que servem além-mar devem ser comprometidos com um tempo diário com Deus. É estranho e um tanto decepcionante descobrir que isso nem sempre é uma verdade ou uma necessidade padrão para os novos trabalhadores.

Um tempo de adoração em família. Novamente, nossa posição é a de que isso é uma disciplina básica que nem sempre é praticada entre as famílias de trabalhadores além-mar. Por quê? Porque a adoração em família não foi ensinada ou observada como modelo nas igrejas em sua terra natal. Em muitos cenários, não é possível se reunir com uma comunidade cristã mais ampla para adorar. Nesses casos, é ainda mais essencial que as famílias adorem juntas por si mesmas. Descobrimos que muitas famílias não sabem fazer isso e, em alguns casos, não estão dispostas a tentar. Algumas famílias recorrem a reproduzir um DVD, ou assistir à adoração através da internet, de um serviço de adoração de uma igreja missionária, e presumem que a reprodução dessa ferramenta eletrônica foi uma "adoração" para eles. Esse substituto para a adoração, no entanto, é deficiente. Quando não há oportunidade de se reunir com um grupo para adorar, é essencial que a família adore por conta própria. Ficamos surpresos com o quão difícil isso é para a maioria das famílias. Isso deveria ser uma prática diária para qualquer grupo ou família que deseje servir em outra cultura, especialmente em ambientes de perseguição.

Adorar com os membros da equipe. Por mais óbvio que soe, pode ser raro em muitos grupos. Por algum motivo, fora as formas e os adornos tradicionais, não sabemos como adorar sozinhos, com nossa família ou em pequenos grupos. Talvez estejamos acostumados a ter isso providenciado para nós.

Mas se não estamos envolvidos com a adoração em todos esses níveis, aprendendo a fazer isso, ou pelo menos *desejando* fazer isso, como os novos crentes (aqueles em cenários de perseguição) saberão como adorar em grupo? O que aprenderão de nossos comportamentos? E como discernirão que a adoração corporativa é importante e necessária? De novo, é impossível servir como exemplo de algo que já não estejamos fazendo. Infelizmente, nossas falhas nesse ponto demonstram que a adoração corporativa não é sempre um componente essencial na vida fiel de um cristão.

Equipes saudáveis normalmente têm três práticas centrais. Primeiro, elas adoram em conjunto uma vez por semana. Quando a discórdia surge na equipe, e isso é sempre uma possibilidade real, seus integrantes devem adorar três vezes na semana! Segundo, equipes lidam com suas decisões comerciais (por exemplo: carros, casas, orçamentos, necessidades dos filhos) separando-as da adoração. Terceiro, equipes reservam um tempo todo mês para que seus integrantes possam se entreter juntos como uma equipe. Eles saem por aí, passam tempo "de folga e sem uniforme" e encontram maneiras de serem os amigos e a família uns dos outros.

Sociedade com e entre congregações internacionais, outros crentes da Grande Comissão e crentes nacionais. Trabalhadores além-mar devem buscar essas oportunidades sempre que for possível e apropriado. Mesmo que isso só aconteça três ou quatro vezes ao ano, essas reuniões para adorar entre o amplo Corpo de Cristo são cruciais. Geralmente há uma igreja internacional em um país. Tipicamente, o foco dela não será os não alcançados. Em vez disso, será na comunidade expatriada anglofalante. Dado o foco dessa congregação internacional, um trabalhador que está comprometido em alcançar os não alcançados pode esperar ter por volta de 10% de suas necessidades de adoração supridas nesse tipo de cenário.

Adoração paralela e o exemplo da comunidade. Quando possível, trabalhadores ocidentais devem compartilhar as experiências de adoração de grupos que já existem e construir relações a longo prazo dentro dessas comunidades. Ruth e eu tentamos adorar com COMs e outros com a maior frequência possível. Mesmo assim, nós raramente, se alguma vez o fizemos, adoramos com eles em seus ambientes domésticos ou onde éramos conhecidos. Nós nos esforçamos para não cair em padrões regulares e previsíveis enquanto adorávamos globalmente com uma miríade de igrejas domésticas. Normalmente nos encontrávamos em uma cidade na qual éramos desconhecidos.

O papel contínuo da igreja missionária em pastorear para e com aqueles que são enviados. Igrejas missionárias têm uma responsabilidade específica de cultivar o bem-estar espiritual daqueles que são enviados. Não é o suficiente orar por eles e prover apoio financeiro. Igrejas que realmente apoiam encorajam *a saúde espiritual e provêm* adoração inspiracional como um modo dessas igrejas missionárias de pastorear seus filhos e filhas enquanto responsabilizam os trabalhadores enviados. *Nem precisaria dizer, mas deve ser repetido: as igrejas missionárias devem providenciar equipes por um período curto para conduzir experiências de adoração com aqueles no campo*. Isso deve ser uma experiência compartilhada algumas vezes no ano.

Um dos desfechos da adoração vital na igreja inicial era especificamente evangelista em sua natureza. Conforme essa nova comunidade vivia e adorava junta "... cada dia acrescentava-lhes o Senhor os que iam sendo salvos" (Atos 2:47). Nós nunca devemos esquecer o impacto evangelista da adoração. Dentro de sua igreja local no Ocidente, os trabalhadores tinham um "sirva-se à vontade" e eram capazes de ter todas as suas necessidades espirituais supridas. Em um campo do ministério definido por perseguição, trabalhadores, famílias e equipes talvez precisem ir para quatro ou cinco lugares diferentes para ter suas necessidades de adoração supridas. Sem isso, os trabalhadores logo se tornarão espiritualmente vazios e então sentirão culpa por serem ocos! É melhor não começar essa espiral descendente.

Deus nos fez para adorar e devemos nos prostar perante Ele como indivíduos, como equipe e dentro da comunidade de crentes mais ampla.

Uma vida de adoração é vital para a saúde espiritual pessoal, para a saúde da família, da equipe e do trabalho. Somado a isso, o impacto causado naqueles que se tornam novos crentes é incalculável. Não existe maneira, é claro, do trabalhador "conseguir acertar tudo", mas, com certeza, nós gostaríamos de dar como exemplo comportamentos e disciplinas que consideramos indispensáveis para a vida em comunidade. A adoração individual e em conjunto estaria no topo da lista.

ONDE ESTÁ VOCÊ, DEUS?

- Você tem um padrão de devoção pessoal?
- O Corpo do qual você "faz parte" serve de modelo para que você adore como família? Homens, vocês estão conduzindo suas famílias à adoração?
- Qual é o número mínimo de pessoas necessárias para que uma equipe em um lugar difícil tenha adoração e dinâmica saudáveis à sua disposição?

Capítulo 20
Jesus e dinheiro

Nessa altura, algumas breves palavras sobre o delicado assunto do dinheiro se fazem necessárias. O uso do dinheiro em empreendimentos de missões além-mar tem sido um ponto sensível e problemático de discussão. Poderíamos gastar nosso tempo falando sobre a porcentagem assustadoramente pequena de doações às igrejas que acabam abordando as necessidades dos perdidos, mas talvez seja melhor que ponhamos nosso foco em outro lugar. No entanto, muito dinheiro é dado e, como quer que sejam feitas as decisões sobre o dinheiro, precisamos ter certeza de que os recursos que Deus colocou em nossas mãos estejam sendo usados para impactar os perdidos. Embora seja biblicamente sábio e útil ajudar crentes existentes e a igreja histórica, e embora façamos isso com amor o máximo possível, a prioridade maior é alcançar os perdidos, e essa prioridade deve inteirar todas as decisões relacionadas a estratégia e orçamento.

A história de Ananias e Safira em Atos 5 é reveladora. Somando-se ao problema da mentira e da deturpação de suas ações, Ananias e Safira agiam de uma forma que ameaçava a própria existência da igreja. Enquanto a comunidade estava comprometida com as necessidades dos encontros ao terem todas as coisas em comum, o comportamento de Ananias e Safira ameaçava a frágil composição da comunidade de fé reunida. Ao mentirem para o Corpo de Cristo, mentirem para o Espírito Santo e reterem seus recursos, Ananias e Safira colocavam a vida dos outros em risco. Suas ações ameaçavam a própria existência da igreja emergente. Dentre outras coisas, a história em Atos 5 nos confirma que o Espírito Santo protegerá a igreja de Cristo.

Quais são alguns dos princípios orientadores quando o assunto é o uso do dinheiro em empreendimentos além-mar? Como os trabalhadores podem usar o dinheiro com sabedoria, de um modo que proporcione às pessoas o acesso a Jesus? Como as decisões de seguir Cristo podem se manter focadas apenas nele e não nas questões "Jesus-mais..."?

1. *Ter certeza de que o nosso programa é o programa do Reino.* Esse programa do Reino não é necessariamente o programa daqueles que enviam dinheiro, talvez nem seja o programa dos líderes locais. Nós gostaríamos de usar os recursos de Deus de uma forma que o programa do Reino de Deus seja cumprido. Infelizmente identificações denominacionais em igrejas emergentes nas quais a perseguição é generalizada podem ter mais a ver com dinheiro do que com a doutrina.

2. *Lutando por independência financeira e um amplo testemunho.* Muitos muçulmanos que chegam à fé em Jesus acreditam através do contato com um trabalhador estrangeiro; na maioria dos casos, eles chegam à fé por serem empregados por um trabalhador estrangeiro. Embora a decisão deles possa ser genuína, sempre há a chance dessa decisão de seguir Jesus incluir a esperança de um emprego contínuo que possa talvez também levar a outros benefícios (financeiros ou de qualquer outro tipo). Alguns assuntos precisam ser abordados cedo nessas conversas.

Primeiro, deveria ser apontado que a perseguição seguirá sua decisão de confiar em Cristo. Segundo, deveria ficar claro que não apenas *não* existirão benefícios financeiros, mas também que esse trabalho atual provavelmente será perdido! Trabalhar para "cristãos estrangeiros" e se tornar cristão é duplamente perigoso para um novo crente. Pode colocar um alvo em suas costas. Agora, quem faria essa escolha de seguir Cristo e, por causa dela, perderia um emprego? Apenas alguém que realmente desejasse seguir Cristo!

Em vez de um emprego (o que marca o novo cristão para perseguições), talvez seja melhor usar os fundos para organizar pequenos negócios (talvez usando microempreendimentos) e ainda melhor que isso seja feito para os crentes *e para uma multidão de incrédulos dentro do mesmo local*. Na verdade, o melhor modelo seria incluir de dez a quinze famílias de perdidos para cada família cristã. Isso leva a uma benfeitoria tremenda e especificamente não leva a família cristã a ser separada para a perseguição. Em vez de dizer: "Esses trabalhadores ocidentais cuidam dos seus e você deve se tornar um cristão para ganhar um trabalho", as pessoas dirão: "Esses trabalhadores ocidentais com certeza amam os muçulmanos!", o que é, claro, completamente verdade. *O objetivo é sempre procurar ajudar os crentes locais a serem financeiramente independentes dos estrangeiros.*

Se nossos recursos servirem apenas para fazer com que os cristãos (e especialmente novos cristãos) sejam financeiramente dependentes e não estiverem sendo usados para impactar a perdição, então falharemos em duas frentes. Contribuiremos para uma sensação a longo prazo de dependência e benefícios por parte dos crentes e negligenciaremos as necessidades dos perdidos. Ambos os erros são trágicos e acarretam consequências devastadoras.

3. *A comparação com os trabalhadores ocidentais*. Frequentemente os novos crentes e outros trabalhadores ocidentais reagirão

às grandes necessidades financeiras dos novos cristãos perseguidos apontando que, afinal, os trabalhadores ocidentais são pagos! A pergunta pode soar da seguinte maneira: "Se você está sendo pago para servir, então por que não me é permitido o pagamento pelo meu trabalho?". Insistir em uma independência financeira local para uma igreja (ou para novos crentes) será a melhor maneira de fazer com que seja possível para uma jovem igreja apoiar seus próprios enviados. O modelo bíblico para isso é a igreja inicial usar seus próprios recursos para enviar e apoiar Paulo e seus companheiros. Queremos para os novos crentes exatamente o que temos: um desejo ávido de trazer milhões de pessoas para Jesus e implantar igrejas que possam nos enviar para qualquer lugar ao redor do globo ao qual o Espírito nos conduza.

4. *Lembrar às pessoas que o Livro de Atos realmente aconteceu.* Nós nos sentimos prisioneiros das estratégias, dos orçamentos e dos recursos. Acreditamos que, com a mistura certa de pessoas e recursos (ocidentais), seremos capazes de realizar os propósitos de Deus. E não há nada de errado com os recursos, em especial quando estes são usados de forma divina. O Livro de Atos, no entanto, elabora um testemunho do poder de Deus de realizar seus propósitos com ou sem recursos (ocidentais) humanos. É sábio e útil lembrar que o livro de Atos realmente aconteceu. Contra todas as possibilidades, e sem uma abundância de recursos, o poder de Deus foi mais que o suficiente. Deus agiu dessa forma uma vez, e Ele pode agir assim novamente.

Seria sábio de nossa parte estudar a igreja do Novo Testamento e também reaprender as lições de adoração vital, submissão ao Espírito, obediência humilde; compartilhar o que temos em comum; confiar na Palavra de Deus e no dom do poder pelo Espírito. As igrejas no estilo ocidental com um clero pago e prédios são dispendiosas. Não é assim com igrejas domésticas e uma liderança bivocacional. As despesas gerais delas são pequenas e o tempo que elas têm para se manter entre os incrédulos é significante.

Seríamos sábios se prestássemos atenção à realidade do Novo Testamento, no qual um sofrimento significante e custoso foi compartilhado por toda a comunidade de fé. As igrejas se sacrificavam enviando trabalhadores. Estes se sacrificavam em ir. As comunidades que os recebiam se sacrificavam ao cuidar deles. E quando necessidades surgiam em qualquer parte da comunidade de fé, recursos fluíam de todas as direções. Mesmo aqueles que viviam em extrema pobreza imploravam pela oportunidade de dar e compartilhar. Quando um setor da comunidade se vê sempre como o "provedor" e outro se vê sempre como "receptor", toda a comunidade e o trabalho de Cristo são prejudicados. A igreja se torna uma sombra dela mesma.

Fui para um país fortemente muçulmano para entrevistar COMs em cinco cenários diferentes. As entrevistas eram ricas e variadas. Eles entendiam sua fé no contexto histórico e cultural local. Depois do primeiro conjunto de entrevistas, fiz uma última pergunta: "Vocês estariam dispostos a compartilhar comigo o que faz um bom trabalhador do Ocidente?".

Após a corriqueira hesitação, um dos homens disse: "Não podemos lhe falar o que faz um bom trabalhador, mas podemos dizer sobre o trabalhador que amamos". Eu solicitei que continuassem e eles me falaram um nome ocidental. Perguntei o que esse homem havia feito para merecer tal resposta emocional, e eles me responderam: "Não sabemos, mas nós o amamos".

Nas minhas anotações, escrevi: "Eles o amam".

Fui para um segundo lugar e entrevistei alguns homens e mulheres crentes. Mais tarde naquele dia, fiz a eles a mesma pergunta sobre trabalhadores ocidentais. Surpreendentemente, eles me responderam da mesma forma. "Não sabemos o que faz um bom trabalhador", disseram, "mas podemos dizer a você quem amamos". E citaram o nome do mesmo homem.

Novamente, em minhas anotações, escrevi: "Eles o amam".

Viajei para cinco lugares diferentes para entrevistar COMs. Em todos os cenários fiz a mesma pergunta sobre trabalhadores ocidentais. Queria descobrir o que tornava os trabalhadores bem-sucedidos e bem-vindos aos olhos locais.

Conforme eu ia de um lugar a outro para as minhas entrevistas, ouvia o nome do mesmo homem e as mesmas palavras que o descreviam: "Esse é o homem que amamos".

Depois de ouvir isso repetidamente, percebi que estava ficando com inveja. Afinal, eu nunca tinha sido amado com tanta profundidade. Estava intrigado e compelido a descobrir o que significavam essas palavras.

Finalmente, com o quinto grupo, me recusei a ceder. Terminado outro conjunto de entrevistas, segui para a pergunta conhecida: "O que faz um bom trabalhador ocidental?". Como esperado, as pessoas mencionaram o mesmo homem.

Teimosamente cruzei meus braços, encostei na cadeira e disse a eles que não iria embora enquanto não me dissessem por que tantas pessoas daquele país amavam o mesmo trabalhador ocidental. Finalmente, um dos homens se inclinou com agressividade sobre a mesa, me olhou nos olhos e bateu no meu peito com seu dedo.

Ele disse: "Eu lhe direi por que nós o amamos. Ele pega dinheiro emprestado de nós!".

Pensei comigo mesmo: *bom, isso não é nada, eu poderia fazer isso!* Ainda assim, eu sabia que havia mais nessa história, então comecei a atraí-los para que se abrissem. Enfim, eles começaram a compartilhar os detalhes. Eles me disseram, de maneira firme e orgulhosa: "Quando o pai desse homem morreu e ele não tinha dinheiro suficiente para voltar para casa e enterrá-lo, ele não foi até os outros ocidentais para pedir dinheiro. Ele veio até nós e nós fizemos uma oferta para que ele pudesse ir para casa e enterrar seu pai. Quando a família dele doou tanto de seu dinheiro a ponto de ter dificuldade para botar carne na mesa, pagar o aluguel e angariar o necessário para a escola de seus filhos, esse irmão não foi aos ocidentais para conseguir dinheiro; ele veio até nós. E nós emprestamos para ele o que era necessário".

"Então é por isso que o amamos. Ele precisa de nós. O resto de vocês, trabalhadores, nunca precisou de nós."

Meu coração se partiu conforme eles continuaram explicando como a maioria dos ocidentais tratava as pessoas locais como se fossem objetos de salvação e relatórios... e não pessoas reais. Eles descreveram como os ocidentais pareciam tratá-los como parceiros passivos nisso que é chamado de ministério da salvação: "Vocês nos dão Bíblias. Vocês trazem o Evangelho. Vocês trazem material para o discipulado. Vocês alugam lugares para nos reunirmos. Vocês trazem suas canções dos Estados Unidos. Vocês trazem o batismo. Vocês trazem tudo, esperando que nós sentemos passivamente e apreciando tudo que vocês nos dão. Tudo é doação de vocês. E sentimos que deveríamos sentar quietos e receber".

Ele precisa de nós. O resto de vocês nunca precisou de nós.

O apóstolo Paulo teria compreendido o coração desses irmãos e irmãs. Ele disse à igreja em Coríntio que eles estavam corretos em entender que receberam o Evangelho através das mãos dele. Mas então ele lembrou a esses crentes da primeira geração de fé que, por tudo que deu a eles, ele havia recebido uma série de coisas em retorno.

Minha alma estava abalada até o âmago conforme essas palavras continuavam a ecoar em minha mente: "Você quer saber por que o amamos? Ele precisa de nós. O resto de vocês nunca precisou de nós".

DINHEIRO, MISSÕES E EU:

- Qual é o orçamento que sua igreja reserva para os não engajados e não alcançados?
- Se igrejas domésticas são normais no Livro de Atos, o que devemos mudar no mundo da igreja ocidental?
- As viagens missionárias se limitam às nossas doações com eles as recebendo passivamente?

Capítulo 21

Sendo assistente do Corpo de Cristo

Até agora, levantamos muitos problemas e uma dúzia de questões. Este é um bom momento para dar um passo para trás e explorar como tudo isso se encaixa. Nossas perguntas principais são: "Como nós, enquanto ocidentais, podemos nos associar com o Espírito Santo, vendo igrejas domésticas férteis emergirem em ambientes de perseguição? Como é ser uma pessoa resistente em lugares difíceis?". Se minimizarmos nossos erros e acertarmos em algumas coisas, é possível ajudar pessoas perdidas a chegar até Cristo? Além disso, é ainda possível que nós possamos ter um papel positivo nisso? Nossa resposta às duas partes dessa pergunta é... "absolutamente!".

À luz de tudo isso que nós conversamos, e junto com muitos conselhos de crentes em perseguição, descreveremos como isso pode acontecer.

Para esta parte do livro, imaginemos um casal enviado com sua família e equipe. Chamaremos esse casal de John e Joan. Idealmente, um time terá casais jovens e velhos, alguns com filhos, outros sem, com pessoas solteiras integradas à equipe. Voluntários de curto prazo rotacionando com entradas e saídas da equipe são um recurso a mais conforme trabalham sob a estratégia do time.

(Atenção! Não triangule as pessoas em sua equipe. Não coloque dois homens solteiros e uma mulher solteira como um time, ou vice-versa. Não envie uma mulher ou um homem jovem para se juntar a um casal jovem como time. Noventa por cento de todo o adultério nos negócios, assim como na igreja, são resultado desse tipo de triangulação. Se você se encontra nesse tipo de situação conforme lê este livro, tome medidas deliberada e imediatamente para adicionar outro membro saudável à sua equipe.)

John e Joan sabem o suficiente e não saem por conta própria. Não apenas precisam um do outro, mas percebem que também precisam de uma equipe. Ao montar uma, se esforçam para incluir tipos diferentes de pessoas; querem que o espelho de sua missão seja amplo o suficiente em gênero e biologia para refletir uma grande porção de seu grupo de pessoas. Quando as pessoas olham para esses crentes (e, nesse cenário, eles serão rapidamente conhecidos como crentes), são capazes de se enxergar refletidas no espelho do testemunho. Como resultado, ao selecionar sua equipe, John e Joan incluem membros mais velhos e mais novos, pessoas casadas e solteiras, homens e mulheres, famílias com ou sem filhos. Então, na verdade, não são só John e Joan; é toda uma equipe (diversa) comprometida em alcançar um grupo de pessoas em particular em uma área específica. Jesus sempre enviou em pares, e um casal não são dois, são um em Cristo. Casais colocados sozinhos em lugares difíceis não são uma estratégia missionária sólida. Colocar duas mulheres ou homens solteiros sozinhos no limite da perdição é uma receita para o desgaste, a imoralidade, ou pior. Por que tentamos desafios que nem o próprio Jesus tolerava?

John e Joan não vão sozinhos.

No modelo tradicional de trabalhador, encontraríamos John, Joan e os membros de sua equipe construindo relações com as pessoas, procurando oportunidades de compartilhar sua fé. Eles carregariam suas identidades denominacionais junto com sua bagagem pós-Pentecostes. Então, como resposta a Jesus através do testemunho dessa equipe, novos crentes se reuniriam em uma "igreja". Provavelmente, John lideraria esse grupo que se reúne no tradicional prédio da igreja.

Mas esse não é o modelo que estamos propondo.

Na verdade, estamos sugerindo algo um tanto diferente. John e Joan prepararam uma boa fundação. *Eles, sua equipe e seus filhos estão imergindo na língua e cultura local. Os filhos deles têm amigos por lá.* Eles estão vivendo com esperança onde podem sair pela porta e encontrar seu grupo de pessoas. Eles são fabricantes de tendas, comprometidos com um trabalho que é aceitável e compreensível dentre os nativos. Eles também dão início à construção de relacionamentos. John, Joan e os membros de sua equipe constroem dezenas de relações. Na verdade, isso é fácil de ser feito. As pessoas serão atraídas por esses trabalhadores ocidentais simplesmente porque eles são diferentes e isso será visto na forma como os membros da equipe vivem. (Às vezes nos perguntamos como encontraremos aqueles sem Cristo. Na verdade, são essas pessoas que nos encontrarão!) E esses encontros incluirão conversas, que algumas vezes são assustadoras para os novos trabalhadores, como a que segue:

> Os muçulmanos abordam um trabalhador ocidental e perguntam agressivamente: "Você é um missionário?". Será evidente a experiência na resposta do trabalhador. *Nós aprendemos de crentes na China e também com o próprio Jesus que a melhor resposta para uma questão é oferecer outra pergunta*: "Por que vocês me perguntariam algo assim?".

Os nativos respondem assim à pergunta do próprio trabalhador: "Você é diferente dos outros ocidentais. Notei que você vive uma vida moral. Você não bebe álcool e não come porco. Observamos a maneira como você trata sua esposa e filhos. Ouvimos você falar. Você parece ser bondoso e cuidadoso. Está aprendendo nossa língua. Você não trai sua esposa. Por que você é tão diferente?".
Agora essa é a pergunta que queremos responder! Quando uma pergunta como essa é feita, sabemos que chegamos em um lugar especial para conversas espirituais profundas.

As relações continuam a crescer, John e Joan se encontram nas casas de seus novos amigos e vizinhos quase que da noite para o dia e convidam seus amigos para sua casa. Quase que acidentalmente (pelo menos parecerá acidental!) John e Joan começarão a servir de modelo de uma igreja doméstica para seus novos amigos *muito antes* que estes sequer expressem interesse em Jesus. O que John e Joan oferecerão como exemplo pode parecer com isso:

> No horário da refeição em sua casa com seus novos amigos, John pode dizer: "Estamos tão felizes que vocês estejam aqui compartilhando essa refeição conosco. Não queremos constranger vocês, mas, como vocês, nós acreditamos em um Deus, então em nossa casa pausamos antes das refeições para agradecer a Deus por Suas bênçãos. Somos tão gratos pelo bom cuidado de Deus e queremos agradecer a Ele. Vamos orar e agradecer a Deus. A propósito, há alguma coisa pela qual vocês são agradecidos? Nós também adoraríamos incluir seus agradecimentos em nossa oração".

John pergunta à sua esposa e a seus filhos as coisas pelas quais são agradecidos. Em sociedades nas quais mulheres são cidadãs de segunda classe, essa simples pergunta antes da oração exemplifica o valor da alma de uma mulher diante dos visitantes. Até o fato de Joan estar inclusa nessa conversa será surpreendente para eles.

Obviamente, isso não pode ser artificial. Ao contrário, essa prática de oração é uma disciplina familiar contínua, da qual outros, agora, foram convidados a participar.

Talvez mais adiante, outra família local os visite mais uma vez à noite. Na hora de dormir, John pode dizer: "Nós temos uma devoção familiar antes de colocar nossas crianças na cama. Por favor, não queremos que vocês vão embora. Nos deem licença enquanto passamos alguns minutos aqui em nossa sala de estar preparando as crianças para dormir. Não queremos constrangê-los, mas adoraríamos que vocês compartilhassem esse tempo conosco".

Então Joan e John perguntam aos seus filhos sobre a história da Bíblia que eles compartilharam na noite passada, e as próprias crianças recontam a história. A família conversa sobre outra história da Bíblia. John pode pedir a Joan que conte a próxima história! As crianças podem pedir que cantem uma simples música infantil. Então John e Joan pedem, como de costume, que as crianças orem, conforme o tempo devocional em família chega ao fim. Cuidado! Essa é uma prática perigosa. John e Joan podem fazer uma oração mais sensível à cultura, assim como a sua filha mais velha. Então chega o momento em que Susie, de 6 anos, irá orar. Ela ora ousadamente: "Deus, você sabe o quanto amamos o tio Libaan e a Aisha. Deus, você sabe que oramos há meses para que eles conheçam Jesus. Deus, você os traria para Jesus hoje à noite? Amém".

John e Joan estão rígidos de medo. A pequena Susie os expôs! Eles olham para seus convidados e Libaan está chorando, pois *ninguém* nunca clamou seu nome a Deus.

Imagine o quão poderoso será para esses novos amigos observar e ouvir conforme essa prática normal se desenrola. Eles estão escutando histórias da Palavra de Deus. Estão vendo crentes orarem. Eles estão obcecados pelas relações de um marido e uma esposa cristãos, e entre pais e filhos cristãos. Eles estão ouvindo sua inclusão nominal nas orações perante Deus!

A vida dessa família junta é uma igreja doméstica e está servindo de modelo para pessoas que ainda não são crentes. Na verdade, esse é o momento ideal para demonstrar a igreja doméstica! Se esperarmos para dar o exemplo de igreja doméstica aos crentes, corrupções provavelmente já serão assimiladas. Mas, a essa altura, uma forma mais pura de adoração pode ser apresentada.

Caso não tenhamos feito a conexão, essa é outra razão de por que é essencial que as famílias dos trabalhadores sejam capazes de adorar juntas e por que uma tarefa sagrada como essa não pode ser deixada para um grupo maior. Uma família em adoração na presença de incrédulos é a expressão mais poderosa de evangelismo que podemos imaginar! Mas lembrem-se: nós não usamos adorações familiares como um show. Elas são vitais para nossas relações dentro da família e expressam nossa obediência em adorar a Deus como uma família.

Conforme o tempo passa, essas relações crescerão. Cada vez mais tempo será investido, e a fé simplesmente será vivida na presença desses novos amigos.

Entretanto, através de todo o processo, perceba o papel de John e Joan. Eles vivem a oração de João Batista quando este pediu para que seu próprio papel diminuísse em relação ao papel de Jesus. *Talvez a maior tarefa deles seja encontrar esses homens e mulheres que em sua cultura nativa já acreditem em Jesus e que também querem que todos dentro do seu grupo de pessoas tenham acesso a Ele.* Conforme seus novos amigos se aproximam de Cristo, John e Joan procurarão conselhos desses discípulos mais velhos que cresceram no ambiente doméstico – os "Simãos Pedros e Esteres" em potencial que Deus está criando dentro da cultura local. Eles procurarão esses crentes locais e falarão com eles confidencialmente sobre outros casais e pessoas solteiras que conheceram.

John e Joan farão sua parte em atrair essas pessoas para que fiquem juntas. Se esses amigos incrédulos e contatos de John e Joan estiverem em uma peregrinação séria em direção a Jesus, esses crentes locais, com a ajuda de John e Joan, se encontrarão com eles discretamente, começarão uma relação e os ajudarão a chegar à fé em questão de meses, se não semanas. Se novos crentes chegarem à fé, eles se reunirão em igrejas domésticas existentes ou começarão uma em suas casas. *Essa talvez seja a tarefa mais difícil que um trabalhador ocidental jamais tentará – entregar um buscador para um crente local que está melhor situado para levá-lo a Cristo, batizá-lo e então ajudá-lo na implantação de uma nova igreja.*

João Batista falou sobre diminuir para que Jesus pudesse crescer. O trabalhador ocidental deve fazer diariamente essa mesma oração a respeito dos crentes locais. É uma oração difícil de se fazer. É uma oração ainda mais difícil de se viver.

Em lugares nos quais a perseguição é aguda, John e Joan nunca estarão presentes em igrejas domésticas locais; crentes locais que orientam novos cristãos liderarão esse novo grupo. John e Joan irão encorajar, orar e providenciar apoio de fundo, mas o papel deles será reduzido. Enquanto isso acontece com um primeiro grupo de amigos, John e Joan desenvolverão amizades semelhantes com outras pessoas, e a mesma dinâmica potencialmente acontecerá de novo e de novo.

Percebam algumas das dinâmicas desse processo. John e Joan nunca tomarão o papel do apóstolo Paulo. Na verdade, eles estarão à procura de pessoas na cultura local que possam começar a assumir esse papel sob a liderança do Espírito Santo. Queremos ser bem claros nesse ponto de que o líder local é o "apóstolo Paulo" que está emergindo. John não é o líder, certamente não é o pastor. No máximo, ele é um "Timóteo", tomando o papel de encorajar Paulo e orar por ele. *John e Joan nunca serão o foco.* Por causa do papel escolhido por eles, John e Joan serão capazes de permanecer a maior parte de seu tempo com pessoas incrédulas. John e Joan escolherão não *liderar* o movimento, e sim *servi-lo*.

Crentes em situação de perseguição sugerem como isso pode se dar. Eles nos dizem: "Vocês vêm para o nosso país com um plano ocidental de como pescar almas perdidas. Como um ocidental, vocês escolhem a vara de pesca de vocês, a linha e o tamanho do anzol. Vocês ainda escolhem onde pescar. Poderíamos sugerir uma abordagem diferente? Nós conhecemos nossas pessoas. Poderemos escolher a melhor vara de pescar, a linha certa e o tamanho do anzol que deve ser usado".

"Conforme pescamos aqui em nossa própria cultura, podemos usá-los como isca?" Essa é uma questão crucial e importante.

Eles continuam: "Vocês estariam dispostos a abrir mão do papel central que trabalhadores tradicionais modelaram e nos permitiriam pescar com vocês? As pessoas em nossa cultura não sabem em quem confiar quando têm sonhos e visões; elas não sabem com quem falar quando Deus toca o coração delas. Elas os veem como pessoas seguras com quem elas podem compartilhar seus dilemas e buscas espirituais.

Vocês podem ter centenas de conversas espirituais, enquanto uma pessoa local poderia possivelmente ter uma dúzia. Então vocês estariam dispostos a ser iscas por Jesus e permitiriam que nos reuníssemos em uma colheita de almas locais?"

Eu amo pescar. Não disse que sou bom nisso; apenas amo pescar. Uma coisa que sei sobre o esporte da pesca é que é muito perigoso para a isca. Estaríamos dispostos a ser iscas por Jesus?

Percebam como John e Joan evitarão essas corrupções teológicas que parecem sugerir que uma experiência de salvação e batismo nas mãos de um trabalhador ocidental é, de alguma maneira, superior. Na verdade, nesse modelo, é possível que John e Joan raramente conduzam alguém a Cristo ou administrem um batismo. Eles escolherão, em vez disso, confiar ao Espírito Santo, à Bíblia e aos crentes locais a liderança espiritual e a vida dessa família de fé emergente.

Isso claramente não é uma abordagem de um trabalhador tradicional. Mas é uma abordagem que pode levar mais rapidamente a um movimento de implantação de igreja dentro de ambientes de perseguição. Isso demandará que nossas equipes além-mar repensem seu papel e suas expectativas e requererá que igrejas e agências missionárias ocidentais também as repensem. Não é sobre nós, os trabalhadores ocidentais. É sobre ver o Evangelho amplamente semeado e rapidamente reproduzido.

Sejamos claros. Se o Espírito Santo escolhe você como a Filipe e o coloca ao lado do eunuco etíope, é imperativo que você o ajude a encontrar Cristo. É crucial que você o ajude a obedecer ao comando de Deus de ser batizado. Mas, se isso acontecer, tenha certeza de ler a história até o final. Com a mesma rapidez que o Espírito Santo trouxe Filipe para a vida do etíope, ele o afastou antes que o estrangeiro pudesse corromper a fé do eunuco.

A Insanidade da Obediência

O modelo que estamos sugerindo pode também exigir algumas mudanças dramáticas no estilo de vida. Isso pode soar estranho, mas pesquisas sugerem que a maioria dos muçulmanos que chega à fé em Jesus na verdade faz esse compromisso *após as dez da noite!* Depois de ouvir muitas histórias sobre essas conversas noturnas, começamos a questionar mais. Tivemos dificuldade de discernir o que isso poderia significar.

E depois de ter ouvido uma série de histórias, isso é o que pensamos. Em muitas culturas muçulmanas (em especial no mundo árabe), a primeira refeição do dia é por volta do meio-dia. A segunda é no fim da tarde. Por fim, a terceira é tarde da noite. A última é o cenário no qual muitos muçulmanos (homens, em particular) estão prontos e dispostos a falar sobre coisas importantes, como política, esportes e assuntos espirituais. Tivemos muitos de nossos trabalhadores mudando seus próprios horários para que pudessem ser capazes de estar com seus amigos muçulmanos quando essas conversas tinham maior probabilidade de acontecer. Talvez isso pareça uma concessão pequena, ainda assim é enorme. Para famílias, mudanças no estilo de vida são as mais desafiadoras. Entretanto, por que não estaríamos dispostos a mudar nossos próprios horários se, com isso, nos proporcionaríamos melhores oportunidades de estar com pessoas que estão famintas pelas boas-novas? Se os muçulmanos estão dispostos a falar sobre assuntos espirituais tarde da noite, então talvez devêssemos escolher estar com eles nesse momento! Mães estão mudando o horário em que seus filhos cochilam e dormem. Estão, como uma família, com seus vizinhos nos parques até as duas da manhã! Suas vidas refletem o ritmo da cultura local. Mudanças no estilo de vida são difíceis; ainda assim, devemos reconhecer que em nenhum lugar da Bíblia é dito que a escola doméstica deve começar todos os dias às oito ou nove da manhã!

Então qual exatamente é o papel dos trabalhadores nesse modelo? Acaba que os trabalhadores farão muitas das coisas que já falamos a respeito nesse livro.

Eles manterão a vida centrada dentro de seu grupo de pessoas.

Eles se comprometerão a permanecer dentre seu grupo de pessoas e viverão com um testemunho corajoso entre aqueles sem Jesus. Eles são evangelistas e implantadores de igrejas a cada dia. Eles não são pastores.

Eles trabalharão com afinco para serem competentes na língua e cultura locais. Trabalhadores que prosperam através de culturas aprendem cada vez mais idiomas e culturas. Aqueles que ficam por mais tempo têm filhos que aprendem a língua local e têm amigos locais. Esses trabalhadores não se fecham com a mãe que gasta muito de seu tempo protegendo seus filhos das pessoas perdidas! Esteja certo: pessoas perdidas são confusas. Muitas conversas terão de ocorrer assim que elas saírem de cena. A família desse trabalhador procurará maneiras apropriadas culturalmente para viver e compartilhar sua fé como uma família, como um grupo unido. Então...

- Eles mudarão seus hábitos e horários para que possam estar com pessoas que tiveram pouco ou nenhum acesso a Cristo.
- Eles estarão dispostos a servir ao processo em vez de liderá-lo.
- Eles testemunharão e adorarão como uma família e como um time.
- Eles se tornarão pastores e evangelistas paralelos, servindo no plano de fundo.
- Eles sacrificarão papéis tradicionais para que uma confiança mútua entre novos crentes e líderes locais possa emergir.
- Eles evitarão as corrupções teológicas que vêm da elevação do trabalhador além-mar a um patamar espiritual mais alto do que dos líderes locais.

- Eles demonstrarão a igreja doméstica para pessoas espiritualmente famintas simplesmente ao viver sua fé na presença de outros. Eles investirão firmemente em compartilhar refeições com famílias que nunca ouviram as boas-novas. Eles dividirão o pão com seus vizinhos em sua própria casa e na casa de outros.
- Eles adorarão de forma privada em suas casas e com seus times, e essa adoração servirá como um exemplo autêntico de devoção a Cristo.
- Eles diminuirão para que novos crentes e o Senhor a quem eles servem possam crescer.
- Eles escolherão se enxergar como "iscas" que Jesus pode usar para construir sua igreja. A própria presença deles na comunidade atrairá pessoas a Cristo, mas não será necessário que eles sejam vistos como líderes do movimento que se desenrolará.

SENDO ISCAS POR JESUS:

- Quais mudanças precisamos fazer para podermos servir de modelo de adoração pessoal e familiar para as pessoas perdidas?
- Como você, baseado nesse capítulo, se prepararia para atravessar a rua na qual se encontra?
- Muçulmanos, hindus e budistas dizem que os Estados Unidos é o lugar mais solitário que eles já experienciaram. Como você mudaria a percepção deles?
- Você poderia conceder aos líderes locais o privilégio de conduzir as pessoas perdidas a Jesus, batizá-las e reuni-las em igrejas domésticas?

Capítulo 22

Reconhecendo e equipando líderes locais

Em geral, crentes tomam uma abordagem *não intencional* do evangelismo e do discipulado. Isso significa que, mesmo que sejamos devotos a essas tarefas cruciais, nós incluímos nesse processo pessoas que apenas aparecem, incluímos nessas tarefas pessoas que nos procuram. Líderes dentro do Ocidente evangélico não escolhem intencionalmente pessoas para evangelizar e, no geral, fazem o mesmo em relação às pessoas do discipulado.

O padrão para o evangelismo costuma ser: "Essa pessoa está aberta ao Evangelho?".

O padrão para o discipulado costuma ser: "Essa pessoa quer ser um discípulo?".

Certamente não queremos ser mal interpretados nesse ponto. Quando o assunto é o evangelismo, os cristãos deveriam estar dispostos a compartilhar sua fé com todas as pessoas. Ao mesmo tempo, pelo menos quando se trata de introduzir o Evangelho em áreas resistentes a ponto de gerar férteis igrejas domésticas, uma estratégia atenciosa deve guiar nossas escolhas e relações. Em vez de nos envolvermos com um "evangelismo passivo" e um "discipulado passivo", nós devemos ser mais intencionais nesses esforços importantes.

Francamente, este capítulo sugerirá que aqueles que esperam ver um movimento de Deus entre um grupo de pessoas inalcançadas intencionalmente escolherão quem será evangelizado e quem se tornará um discípulo.

Na verdade, a intenção deve ser central tanto no evangelismo, quanto no discipulado. Este capítulo focará nos líderes em potencial dentro de cenários de perseguição. O cerne dessa conversa são as pessoas. Não temos interesse em estabelecer um "programa" de desenvolvimento de liderança. O que estamos interessados é descobrir como achar as pessoas que transmitirão a verdade de forma efetiva dentro de uma cultura em particular. Se nosso objetivo é "chegar em igrejas", conseguimos identificar pessoas – mesmo antes de elas serem evangelizadas – que podem melhor ajudar para que isso aconteça? Como chegamos nessa informação? Nós observamos e ouvimos aqueles que já foram líderes em ambientes de perseguição. Embora não seja um estudo completo, nós pinçamos aquelas qualidades e atividades de liderança que emergiram em uma multidão de culturas e cenários.

Antes de descrever como são esses líderes em potencial, queremos compartilhar alguns fatos básicos sobre a liderança dentro de ambientes de perseguição em geral.

Primeiro, líderes cristãos em situação de perseguição irão querer entender que o evangelismo é sua ferramenta de sobrevivência mais eficiente. Ainda mais, o evangelismo é a resposta para a maioria dos problemas e dificuldades que eles potencialmente enfrentarão.

Por exemplo, qual é a melhor maneira de lidar com a perseguição? A resposta: evangelize os perseguidores! O que devemos fazer quando há uma necessidade de mulheres cristãs para homens cristãos e vice-versa? A resposta: evangelize mais mulheres e homens para que mais potenciais esposas e esposos estejam disponíveis. Como lidamos com o horrível problema de avós tentando tomar seus netos que estão sendo criados em um lar cristão? A resposta: evangelize os avós.

Essa ideia pode parecer muito simplória, mas revela uma verdade importante. O espalhar da fé é a solução para a maioria dos problemas que uma comunidade crente encontrará. E líderes em potencial acabarão por compreender essa verdade central. Pergunte para qualquer um que seja considerado um membro "normal" em igrejas ocidentais com quantas pessoas eles compartilharam as boas-novas, ou com quantas pessoas eles tiveram um papel relevante em vê-las chegando à fé – a resposta é horrível. Não somos pessoas que evangelizam no Ocidente, fora aqueles que nascem dentro do Corpo de Cristo.

Segundo, o objetivo da vida em conjunto em uma comunidade cristã é este: *vida em conjunto*. Por mais importante que seja a conversão do indivíduo (já notamos que o ideal nas perseguições é ser assistente para famílias abraçando Jesus juntas), o objetivo último é a comunidade. Essa *é uma palavra difícil para aqueles de nós que vivem em culturas altamente individualistas,* mas é uma palavra crucial. Em perseguições, não estamos procurando trazer outra pessoa a Cristo; estamos mais interessados em alcançar famílias e unidades sociais inteiras para Jesus.

Considere o comentário a seguir, um tanto popular em alguns círculos: "Se eu fosse a única pessoa no mundo, Jesus ainda teria vindo e morrido por mim". Enquanto essa declaração pode ser um poderoso testemunho do profundo amor de Jesus por cada indivíduo, ela dá um curto-circuito no propósito mais importante da redenção. As referências para esse tipo de teologia serão escassas. De Abraão e sua família até Cornélio e seu lar, Deus chama e Jesus redime comunidades inteiras. Jesus morreu para trazer à existência uma comunidade redimida. O desejo máximo de Jesus é que os grupos redimidos se reúnam em uma comunidade. A teologia cultural ocidental está carente aqui. O Corpo de Cristo é sempre descrito no plural; seu cenário é sempre a comunidade. Líderes nas perseguições compreenderão a importância da comunidade e darão a vida para vê-la transformada. Trabalhadores ocidentais não precisam ter dificuldades em recriar uma comunidade, caso não a destruam ao semearem as boas-novas principalmente de forma secreta a indivíduos, batizá-los de forma secreta e orientá-los de forma secreta.

Terceiro, a traição dentro da comunidade é uma certeza. Já falamos sobre a traição e sobre sábias maneiras de lidar com um judas. É importante lembrar que essas difíceis realidades não são raras nem mesmo evitáveis. É claro, crentes devem ser sábios e cuidadosos. Ao mesmo tempo, apesar de grande sabedoria e cuidado, pessoas dentro do movimento o trairão e denunciarão outros participantes. É assim que as coisas são. Líderes não deitarão e morrerão porque um judas apareceu. Eles sabem que ele é uma realidade e se preparam para a traição.

Quarto, a melhor maneira de se fazer o evangelismo/discipulado é seguir o exemplo de Jesus. Seu exemplo era viver em uma comunidade unida 24 horas por dia, sete dias por semana. Jesus estava sempre com seus discípulos. Eles caminhavam juntos, comiam juntos, lidavam com crises juntos e estudavam e oravam juntos. Hoje, o melhor discipulado, em especial dentro das perseguições, adotará essa mesma abordagem. Líderes que são mais maduros espiritualmente escolherão a dedo discípulos e derramarão sua vida sobre essas pessoas.

Compare esse modelo com nossa abordagem típica. Podemos falar para um novo crente: "Vamos nos reunir por duas horas toda terça-feira para o discipulado". Ou mandamos o "discípulo" para um colégio ou seminário bíblicos quase que totalmente separado do Corpo de Cristo no qual ele foi criado ou ao qual ele será enviado para ministrar. Em contraste, por três anos Jesus viveu próximo de seus discípulos; eles essencialmente passaram cada momento de cada dia juntos. É tolo de nossa parte imaginar que, qualquer que seja o cenário, podemos realizar o discipulado em algumas horas da semana ou até mesmo em alguns anos em ambientes desprovidos de responsabilidade e discipulado diários.

O modelo de discipulado vivido por Jesus era o de 24 horas por dia e sete dias por semana. Esse tipo de discipulado será difícil de ser feito através da cultura. Apenas por esse motivo, podemos ver o porquê de ser tão importante que o trabalho da "vida em conjunto" esteja nas mãos de crentes locais o mais rápido e mais completo possível. Uma das experiências mais comuns dentro das perseguições é que novos crentes sejam expulsos de casa por uma temporada, e então eles passam a morar com o evangelista que os trouxe a Jesus.

Quantas pessoas você gostaria de levar a Cristo se todas elas viessem morar com você em seu espaço pessoal? Ainda assim, esse é o tipo de relação íntima e próxima que vemos conforme Jesus caminhava e trabalhava com seus seguidores. *A maioria dos programas de discipulados baseados no Ocidente é essencialmente transmissor de informação.* Cada vez mais achamos que podemos discipular alguém através da internet. O discipulado em cenários de perseguição é baseado na relação. Novos crentes são questionados sobre como estão tratando suas esposas e seus filhos. É perguntado a eles se estão compartilhando sua fé. Novos crentes são interrogados sobre o uso de dinheiro e sobre o tempo deles na internet.

No mundo ocidental, um crente pode ir a um colégio denominacional e adquirir múltiplos diplomas de seminários e, ainda assim, nunca ser questionado com esses tipos de perguntas! Discipulado é sobre construção de caráter, não a respeito da transmissão de informações.

Quinto, líderes chegarão à compreensão da importância de multiplicar seus ministérios ao orientar outros como líderes. Líderes efetivos se duplicam conforme derramam a própria vida na vida de seus discípulos.

A Insanidade da Obediência

Esse ponto pode ser ilustrado por muitos episódios históricos. Quando uma perseguição severa chegou para a igreja na Coreia do Norte, ela quase que de imediato foi colocada em um momento de crise. Naquele período da história do país, havia um amor e um respeito tremendo pelo pastor e líder. A maior parte da autoridade da igreja era investida nesse líder. Assim, quando os pastores foram aprisionados e mortos, as igrejas norte-coreanas se encontraram sem líderes preparados e, rapidamente, morreram. É claro, quando esses eventos aconteceram, era tarde demais para chamar e preparar novos líderes. Quando os pastores foram levados, não havia novos líderes. Talvez devêssemos lembrar que Jesus era o chefe da igreja, não o pastor.

A situação na Rússia e na China foi um tanto diferente. Talvez por lições aprendidas nos primeiros dias (quando ainda não havia muitos líderes leigos), os evangelistas russos e chineses, implantadores de igreja e pastores desenvolveram um padrão de envolver três ou quatro discípulos com eles em todas as partes do seu ministério. Conforme compartilhavam sua fé, eles convidavam esses discípulos para acompanhá-los e aprender. Conforme viajavam, esses discípulos viajavam com eles. Conforme aconselhavam, esses discípulos escutavam e observavam. Eles se tornaram companheiros no pastoreio. Através de suas estreitas conexões, estavam sendo modelados e ensinados.

Quando a perseguição chegou à igreja, aconteceu algo muito diferente do que vimos na Coreia do Norte. Conforme os pastores eram aprisionados e mortos, outros líderes tomavam seu lugar. Embora esse tipo de treinamento carecesse de instituições e diplomas formais de educação teológica ocidental (em especial na China), foi um treinamento muito efetivo. Foi a vida em conjunto e ao mesmo tempo com base no caráter.

No momento em que a pessoa se tornou um "líder", o caráter já havia sido revelado. Esses novos líderes já haviam sido orientados e treinados de forma eficiente. A "educação" deles foi baseada no caráter e não apenas uma transmissão de informações. As igrejas russas e chinesas, mesmo em temporadas de perseguições severas, nunca se encontraram sem líderes fortes. E as igrejas nesses países prosperavam nas perseguições. Nas últimas três décadas, conversei com centenas de diplomados em seminários. Seria difícil afirmar, mas, em uma estimativa próxima, 90% deles nunca entraram nas casas de seus professores de seminários, nem receberam um deles em suas casas.

O padrão ocidental de treinamento faz muito bem em capturar o "conteúdo" da Bíblia. Nossa carência está na combinação do conteúdo com seu "contexto". O contexto estava com Jesus em tempo integral. O contexto estava no mercado. O contexto estava nas casas de Maria, de Marta e em numerosos outros lares. Podemos nos arriscar a dizer que o conteúdo e o contexto são igualmente importantes?

O modelo descrito aqui é o da abordagem de Paulo com seu "Timóteo". Paulo entendia que, não importava quão produtivo seu ministério pudesse ser, este poderia ser multiplicado caso ele derramasse sua vida na vida do jovem Timóteo e de muitos outros. E esperaríamos que, de imediato, Timóteo tomasse a mesma abordagem com outros líderes em potencial. Isso é o que Jesus e as igrejas em crescimento sempre fizeram.

Com essas verdades básicas sobre liderança na cabeça, como será um líder em um movimento de igreja emergente? Quais as qualidades que serão importantes? Que tipo de pessoa será capaz de carregar a verdade em uma cultura em particular? (Pode ser óbvio, mas é possível que haja algumas pequenas diferenças de cultura para cultura. Ainda assim, generalizando, essas qualidades serão comuns entre todas.) Por trás dessas questões está a importante ideia de que nós intencionalmente escolheremos procurar e evangelizar pessoas com essas características.

Não é verdade que evitaremos evangelizar outros sem essas qualidades. Mesmo assim, se nosso objetivo é iniciar igrejas domésticas que rapidamente se multipliquem, então nós focaremos naqueles que seriam mais propensos a ajudar para que esse movimento dispare.

Nós identificamos cinco qualidades culturais e três espirituais que normalmente estarão presentes na vida de líderes em perseguições. Essas cinco características culturais seriam verdadeiras fosse o indivíduo um político, um líder militar ou um inovador médico. A pergunta que estamos procurando responder é a seguinte: por meio de quem a verdade se desloca mais rápido dentro de dada cultura?

As cinco qualidades culturais

Líderes em cenários de perseguição normalmente:
5. Serão do gênero masculino;
6. Estarão acima dos 30 anos de idade;
7. Serão casados;
8. Estarão empregados;
9. Terão status na comunidade.

Se, de fato, nosso objetivo é transmitir a verdade com rapidez, na maioria das vezes vamos optar por evangelizar pessoas que incorporam o máximo dessas características culturais. De novo, queremos deixar claro que o ponto *não* é evitar o evangelismo com pessoas que não tenham essas qualidades. Crentes devem estar ávidos a compartilhar sua fé de forma global e ampla. O que estamos exigindo é uma escolha estratégica quando o assunto é discernir líderes em potencial, identificar pessoas que melhor carreguem a verdade em uma cultura em particular e estar disposto a evangelizá-los e disciplina-los.

Nossa sugestão é a de evangelizar intencionalmente pessoas que tenham pelo menos três dessas cinco qualidades culturais. Alguém que tenha quatro dessas características seria uma escolha ainda melhor. E uma pessoa com todas as cinco seria o ideal. Todos devem ter acesso a Jesus. No entanto, essa discussão é sobre como identificar, evangelizar e caminhar com aqueles que fazem a diferença, aqueles que podem efetivar uma mudança social no que diz respeito ao Reino de Deus. E as mulheres podem impactar o Reino e acelerar o crescimento da igreja? Com certeza. Não estamos entrando na discussão a respeito de qual gênero deveria se tornar pastor de uma igreja. Estamos questionando como a verdade se desloca. Mulheres com três ou quatro dessas características culturais citadas anteriormente são bastante usadas por Deus.

Com o intuito de ilustrar, considerem Jesus. Como um líder em um cenário de perseguições, que qualidades culturais e mensuráveis Ele possuía quando começou seu ministério terreno? Observando a lista apresentada anteriormente, percebemos que Jesus é do sexo masculino, tinha mais de 30 anos quando começou a doutrinar publicamente, foi capacitado como carpinteiro, envolvido no mundo empregatício e tinha pelo menos o status de primogênito em sua comunidade. Obviamente, por causa de seu papel único, Jesus não era casado. Resumindo, Jesus cumpriu quatro das cinco qualidades culturais de nossa lista. Essa é a Bíblia em seu conteúdo e contexto. Embora não seja óbvio para a maioria dos cristãos ocidentais, nossos irmãos e irmãs perseguidos veem essas características como normativas.

Talvez seja ainda mais revelador considerar as escolhas que Jesus fez quando começou a selecionar seu círculo interno de discípulos. Dentre muitas pessoas que o seguiam, ele escolheu doze para uma vida em conjunto mais íntima. Essencialmente, ele estava, com propósito e perspectiva (e oração), selecionando pessoas que seriam capazes de carregar a verdade na cultura dele. Quais as qualidades culturais que esses seguidores escolhidos possuíam? Eles eram homens, tinham mais de 30 anos de idade, eram (pelo menos em alguns casos) casados, estavam empregados e tinham *status* na comunidade. Talvez houvesse diferenças de cultura para cultura, mas, na cultura de Jesus durante sua vida terrena, esses eram os tipos de pessoas que poderiam ajudá-lo a começar um movimento.

Novamente, nós percebemos o quão fácil seria para que essas afirmações fossem mal interpretadas. Claramente, Deus pode usar qualquer um. E Deus geralmente usa pessoas um tanto improváveis para realizar Seus propósitos. Não queremos questionar o poder de Deus para fazer Seu trabalho à Sua maneira. Neste capítulo, não estamos *prescrevendo* o que deve acontecer. Ao contrário, estamos *descrevendo* o que vimos. Esses são os tipos de pessoas que foram capazes de carregar a verdade em cenários de perseguição no nosso tempo. Deus poderia usar outras pessoas para fazer a mesma coisa? É claro. Mas essas são as tendências e padrões que vimos.

A tarefa do leitor é determinar como a verdade se desloca com mais rapidez na cultura anfitriã. Embora não queiramos ser prescritivos, essas cinco características culturais suportam investigação. A verdade mais profunda para um trabalhador que vivencia outras culturas é descobrir, dentro da cultura anfitriã, como a verdade se desloca, procurando essas pessoas pelo bem do Reino, mesmo antes de elas estarem nele!

Como gostaríamos de ter conhecido essas realidades culturais quando começamos nosso ministério em Malauí em 1984! Como gostaríamos de ter conhecido essas perspectivas antes de ir para a Somália em 1991!

De modo semelhante, somando-se a essas cinco qualidades culturais, nós discernimos três qualidades espirituais presentes na vida de líderes em perseguição.

As três qualidades espirituais:

1. *Líderes em cenários de perseguição exibem o preenchimento e o fruto do Espírito Santo.* Esses líderes exibem *dons* do Espírito, mas esses dons também são demonstrados ou estão aninhados no Fruto do Espírito (Gálatas 5:22). Somos ensinados nas Escrituras que o Maléfico pode duplicar (falsificar) os dons do Espírito, *mas ele não pode duplicar o Fruto do Espírito*. Líderes em cenários de perseguição vivem sob o crescente controle do Espírito, e este produz seu fruto na vida deles. Por exemplo, quanto mais Timóteo exibia o Fruto do Espírito, mais o apóstolo Paulo concedia a ele liberdade para oportunidades crescentes de pastoreio. Quanto mais Timóteo dependia de seus dons natos, mas estava verde e imaturo a respeito do Fruto do Espírito, o apóstolo o mantinha perto de si. Até que o Fruto do Espírito estivesse claramente evidente na vida de Timóteo, ele continuaria a trabalhar próximo de seu mentor. No Ocidente, escolhemos líderes baseados na presença de dons na vida deles. Por mais importante que isso seja, talvez devêssemos prestar mais atenção à presença do Fruto do Espírito em suas vidas! Em perseguições, apressar um Fruto imaturo à liderança é uma receita para o desastre, ou é até o mesmo que preparar o terreno para que um judas emerja.
2. *Líderes em cenários de perseguição naturalmente se multiplicam nos outros.* Desejar ser um evangelista e implantador de igrejas faz parte do DNA de uma igreja doméstica dentro de movimentos de implantação de igrejas. Líderes em cenários de perseguição se multiplicam na vida dos outros. É quase como se eles não conseguissem evitar! Em alguns dos lugares que visitamos na China, os líderes só eram permitidos conduzir

os estudos da Bíblia *após terem levado pelo menos dez pessoas à fé em Cristo fora de qualquer cenário de adoração formal – em outras palavras, eles faziam isso no mercado e nas casas.* Líderes na China, no nosso fragmento dentro da história, eram convidados a pastorear igrejas domésticas só *depois de eles terem levado de vinte a trinta pessoas à fé em Cristo.* O comprometimento com a multiplicação e expansão da fé é inquestionável. Se evangelizar dezenas de pessoas, fora de qualquer cenário formal de igreja, fosse o pré-requisito para servir como pastor, quantos púlpitos estariam vazios nesse domingo nas culturas ocidentais? De novo, aquelas culturas elevam muito o evangelismo, não importa a posição do indivíduo dentro do Corpo.

3. *Líderes em cenários de perseguição orientam novos crentes durante pelo menos um ciclo de negação dentro de um contexto de perseguição.* Estejam certos: todos os seguidores de Jesus, antes e agora, negarão Jesus! A negação mais comum é o fracasso em compartilhar as boas-novas através das oportunidades dadas por Deus. Um líder sábio está caminhando próximo o suficiente de um novo discípulo para que, quando a negação chegar, ele possa providenciar uma oportunidade de confessar o pecado, encorajar, perdoar, instruir e controlar os danos.

Empoderados pelo Espírito, líderes em situação de perseguição não apenas sabem como suportar as perseguições eles mesmos, mas também são capazes de conduzir outros através dessa experiência.

Há outras qualidades espirituais essenciais necessárias na vida de líderes em perseguição, mas vimos essas três qualidades presentes sem falha.

LÍDERES RESISTENTES E MERCADORES ASTUTOS:

- Como são escolhidos os líderes dentro do seu ambiente de fé?
- Quais são as características culturais de um líder? Por favor, compare as cinco características listadas neste capítulo.

Parte V
Uma fé vitoriosa

Capítulo 23

Se a ressurreição for verdade, isso muda tudo

Nós presumimos que sabemos o que Deus está fazendo. Tendemos a acreditar que temos uma boa compreensão de Seus métodos e propósitos, embora geralmente estejamos errados sobre os dois. Quando Ruth e eu começamos a entrevistar crentes em cenários de perseguição, pensávamos que entendíamos nosso propósito. De fato, diríamos a vocês que estávamos entrevistando esses cristãos para nos ajudar a desenvolver materiais de discipulado para crentes em perseguição. Esse era o objetivo que expressávamos; estávamos pedindo para esses cristãos que sofriam compartilharem sua sabedoria para que pudéssemos ajudar outros em situações semelhantes. Era um objetivo bom e válido.

Mas esse não era o plano de Deus para nós e não era nem o que realmente estávamos procurando. Quando começamos nossas entrevistas, estávamos arrasados. Nós havíamos experienciado o fracasso e o sofrimento no ministério. Havíamos enterrado um filho recentemente. Tínhamos sérias perguntas e dúvidas sobre Deus e sobre nós mesmos. Dizíamos que estávamos trabalhando no desenvolvimento de materiais de discipulado, mas estávamos mesmo procurando algo mais.

Viajamos o mundo para descobrir se Deus realmente é Deus. Queríamos discernir para nós mesmos se Jesus realmente é quem Ele diz ser.

Queríamos saber se as histórias da Bíblia eram apenas histórias antigas ou se elas descreviam a atividade viva, ativa e contínua de Deus. Queríamos descobrir por nós mesmos se essa vida com Cristo é real.

É claro, para crentes maduros e veteranos da vida missionária, essas podem parecer questões infantis. Mas essas eram nossas perguntas sinceras. E, na graça de Deus, as pessoas que conhecemos em nossas viagens pelo mundo cultivaram nossa fé e restauraram nossa esperança. Elas nos desafiaram a acreditar de novo. Na verdade, descobrimos alguns recursos maravilhosos para materiais de discipulado. Mas também alcançamos muito mais do que esse mísero objetivo; aprendemos o que significava ser um seguidor, um discípulo de Jesus.

Talvez tenhamos encontrado a melhor resposta para as nossas dificuldades na história de Dmitri.

Eu já tinha feito entrevistas por muitos dias na Rússia quando Viktor, meu tradutor, insistiu que visitássemos um homem que vivia em uma vila longínqua. Cedo no dia seguinte, Viktor e seu amigo me buscaram. Começamos uma viagem de quatro horas pelo interior do norte da Rússia. A caminho do nosso destino, Viktor me contou o que sabia sobre Dmitri, um companheiro crente que havia sofrido muito pela fé. Durante o resto da viagem, escutei Viktor e seu amigo recontarem suas jornadas de fé e a história de suas vidas.

Nós finalmente chegamos a uma pequena vila russa. Paramos na frente de uma pequena habitação. Dmitri abriu a porta e nos recebeu com graça em sua pequena casa.

"Quero que você sente aqui", ele me instruiu. "Aí era onde eu estava sentado quando as autoridades vieram me prender e me enviar para a prisão por dezessete anos."

Eu me ajeitei e me vi absorto por algumas horas conforme Dmitri relatava sua história pessoal inesquecível.

Dmitri me contou que nasceu e foi criado em uma família cristã; seus pais o haviam levado à igreja quando criança. Durante décadas, ele explicou, o comunismo destruíra a maioria das igrejas e lugares de adoração. Muitos pastores foram aprisionados ou mortos.

Quando já estava crescido, Dmitri continuou, a igreja mais próxima que restara estava a três dias de caminhada. Era impossível que sua família comparecesse à igreja mais de uma ou duas vezes no ano.

"Um dia", Dmitri me disse, "fui até a minha esposa e falei: 'Você provavelmente pensará que estou louco. Sei que não tenho qualquer tipo de ensino religioso, mas estou preocupado que nossos filhos estejam crescendo sem aprender sobre Jesus. Isso pode soar como uma ideia maluca, mas o que você acharia de apenas uma noite por semana nós nos reunirmos com os meninos para que eu pudesse ler para eles uma história da Bíblia e tentar dar um pouco do ensinamento que está faltando a eles por não termos mais uma igreja de verdade?'".

O que Dmitri não sabia era que sua esposa orava havia anos para que seu marido fizesse algo assim. Ela acolheu a ideia de imediato. Ele começou a ensinar seus filhos uma noite por semana, lendo a velha Bíblia da família e tendo dificuldades de encontrar as palavras certas para explicar o que havia acabado de ler, para que eles pudessem entender.

Conforme ele reaprendia e recontava as histórias da Bíblia, seus filhos logo começaram a ajudar com a tarefa. Logo, os garotos, Dmitri e sua esposa estavam contando as familiares histórias uns para os outros. Quanto mais eles aprendiam, mais as crianças pareciam gostar do tempo de adoração em família.

Então os meninos começaram a pedir por mais: "Papai, podemos cantar aquelas canções que eles cantam quando vamos à igreja de verdade?". Dmitri e sua esposa lhes ensinaram as canções tradicionais de sua fé. Parecia uma progressão natural para a família não só ler a Bíblia e cantar, mas também reservar um tempo juntos para orar.

E então eles começaram a transformar o estudo da Bíblia em uma adoração em família de verdade.

Nada permanece escondido por muito tempo em vilas pequenas. As casas eram próximas umas das outras e as janelas ficavam abertas. Os vizinhos começaram a perceber o que estava acontecendo com a família de Dmitri. Alguns deles perguntaram se poderiam ir e escutar as histórias da Bíblia e cantar as familiares canções.

Dmitri protestou dizendo que não era treinado para isso; explicou que não era um pastor. Sua desculpa, no entanto, não pareceu dissuadir os vizinhos, e pequenos grupos começaram a se reunir para compartilhar a leitura e a discussão de histórias da Bíblia, para cantar e orar juntos.

Quando o pequeno grupo cresceu para vinte e cinco pessoas, as autoridades começaram a prestar atenção. Oficiais de facções locais vieram ver o Dmitri. Eles o ameaçaram fisicamente, o que era esperado. O que aborreceu Dmitri muito mais foi a acusação deles: "Você começou uma igreja ilegal!".

"Como vocês podem dizer isso?", ele argumentou. "Eu não tenho nenhum treinamento religioso. Não sou um pastor. Isso não é um prédio de igreja. Somos só um grupo de família e amigos nos reunindo. Tudo que estamos fazendo é ler e falar sobre a Bíblia, cantar, orar e às vezes compartilhar o dinheiro que temos para ajudar um vizinho pobre. Como você pode chamar isso de igreja?"

(Eu quase ri da ironia em sua afirmação. Mas isso foi logo no início da minha peregrinação. Eu não conseguiria apreciar com facilidade a verdade que ele estava compartilhando. Em retrospectiva, *entendo que um dos jeitos mais precisos de detectar e medir a atividade de Deus é notar o quanto de oposição está presente.* Quanto mais forte a perseguição, mais significante é a vitalidade espiritual dos crentes. Muitas vezes, os algozes sentem a presença de Deus antes dos participantes cristãos sequer perceberem a importância do que está acontecendo! No caso de Dmitri, os oficiais podiam sentir a ameaça do que ele estava fazendo muito antes disso ao menos passar pela cabeça dele.)

Os oficiais comunistas disseram para Dmitri: "Não nos importa como você chama, mas para nós isso parece uma igreja. E se você não acabar com ela, coisas ruins irão acontecer".

Quando o grupo cresceu para cinquenta pessoas, as autoridades fizeram jus às suas ameaças. "Fui demitido do meu trabalho na fábrica", Dmitri contou. "Minha esposa perdeu a posição de professora. Meus filhos foram expulsos da escola e", ele adicionou, "pequenas coisas como essas".

Quando o número de pessoas cresceu para 75, não havia lugar para que todos se sentassem. Os aldeões ficavam dentro da casa com os ombros e as bochechas grudados. Eles se pressionavam ao redor das janelas do lado de fora para que pudessem escutar conforme esse homem de Deus conduzia o povo de Deus em adoração.

Então, em uma noite, conforme Dmitri falava (sentado na cadeira na qual eu sentava agora), a porta de sua casa de repente foi violentamente arrombada. Um oficial e soldados empurraram através da multidão. O primeiro agarrou Dmitri pela camisa, deu tapas ritmados em seu rosto, o jogou contra a parede e disse em uma voz fria: "Nós o avisamos, e avisamos, e avisamos. Não o avisaremos de novo! Se não parar com essa besteira, isso é o mínimo que acontecerá com você".

Conforme o oficial abria caminho a empurrões em direção à porta, uma pequena avó assumiu sua vida com as próprias mãos, saiu do anonimato daquela comunidade de adoração e agitou um dedo na cara do oficial. Soando como uma profeta do Antigo Testamento, ela declarou: "Você colocou suas mãos em um homem de Deus e você *não* sobreviverá!".

Isso aconteceu na tarde de uma terça-feira, e na noite de quinta o oficial caiu morto por causa de um ataque cardíaco. O temor a Deus varreu a comunidade e, no culto seguinte, mais de 150 pessoas apareceram. As autoridades não poderiam deixar que isso continuasse, então Dmitri foi para a cadeia e ficou preso por dezessete anos.

Eu sabia, porque Dmitri estava sentado na minha frente em sua própria casa, que essa história de perseguição em particular era sobre sobrevivência e vitória. Ela teria um final feliz, mas isso não significava que seria "boa" ou fácil de escutar.

De fato, foi uma história dolorosa. Dmitri falou calmamente sobre uma separação longa e de partir o coração. Falou sobre suor, sangue e lágrimas. Ele contou sobre filhos crescendo sem seu pai em casa. Descreveu uma pobre família com dificuldades suportando grande sofrimento. Esse não é o tipo de testemunho inspiracional que amamos celebrar; é a fé bíblica e genuína. Era a história de um homem que se recusara a abrir mão de Jesus – um homem que se recusara a parar de contar as boas-novas para sua família e vizinhos.

As autoridades trancaram Dmitri em uma prisão a mil quilômetros de sua família. Sua cela era tão pequena que, quando ele saía da cama, bastava apenas um passo para que chegasse à grade, para que alcançasse a pia manchada e quebrada instalada na parede oposta, ou para que usasse o vaso sanitário sujo e aberto no "longínquo" canto da cela. Ainda pior, de acordo com Dmitri, ele era o único crente entre 1.500 criminosos empedernidos.

Ele disse que seu isolamento do Corpo de Cristo era ainda mais difícil que a tortura física. E havia muito disto. Ainda assim, seus algozes não foram capazes de quebrá-lo. Dmitri apontou duas razões para sua força diante da tortura. Havia dois hábitos espirituais que ele aprendera com seu pai, disciplinas que Dmitri levara consigo para a prisão. Sem essas duas disciplinas, Dmitri insistiu, sua fé não teria sobrevivido.

Por dezessete anos na prisão, toda manhã, ao nascer do sol, Dmitri ficava em pé ereto ao lado de sua cama. Como era de seu costume, ele encararia o leste, levantaria seus braços em adoração a Deus e então cantaria uma canção de louvor para Jesus. As reações dos outros prisioneiros eram previsíveis. Dmitri contava sobre as risadas, os xingamentos, a zombaria. Os outros prisioneiros batiam copos de metal contra as barras de aço em furioso protesto; eles atiravam comida e às vezes dejetos humanos na tentativa de calá-lo e extinguir a única luz verdadeira que brilhava naquele lugar sombrio todas as manhãs, com o nascer do sol.

Havia outra prática que Dmitri me falou a respeito. Quando encontrava um pedaço de papel na prisão, ele o levava às escondidas para sua cela. Lá ele retirava um toco de lápis ou um pequeno pedaço de carvão guardado e escrevia naquele pedaço de papel, em letras miúdas, todos os versos da Bíblia e histórias ou canções das Escrituras que conseguisse lembrar. Quando o pedaço de papel estava preenchido, ele caminhava até o canto no qual havia um pilar de concreto que constantemente gotejava água – exceto no inverno, quando a umidade se tornava uma sólida camada de gelo na superfície interna de sua pequena cela. Dmitri pegava o fragmento de papel, alcançava o ponto mais alto possível e o colocava naquele úmido pilar como oferenda de oração para Deus.

É claro, quando um dos carcereiros encontrava um pedaço de papel no pilar, ele entrava na cela, retirava o papel, lia, agredia Dmitri de forma severa e o ameaçava de morte.

Ainda assim, Dmitri se recusava a cessar suas duas atividades.

Todos os dias ele levantava pela manhã para cantar sua canção. E, toda vez que achava um pedaço de papel, preenchia-o com as Escrituras e orações.

Isso continuou ano após ano, após ano. Os guardas tentaram fazê-lo parar. As autoridades fizeram coisas indizíveis com sua família. Em um ponto, eles até o levaram a acreditar que sua esposa havia sido assassinada e que seus filhos haviam sido tomados pelo Estado.

Eles o provocavam de forma cruel: "Nós arruinamos a sua casa. Sua família se foi". A determinação de Dmitri finalmente se alquebrou. Ele disse a Deus que não aguentava mais. Admitiu para os guardas: "Vocês venceram! Eu assinarei qualquer confissão que vocês quiserem que eu assine. Preciso sair daqui para descobrir onde estão meus filhos".

Eles disseram a Dmitri: "Nós vamos preparar sua confissão hoje à noite, e então você a assinará amanhã. Em seguida, estará livre para partir". Depois de todos aqueles anos, a única coisa que ele precisava fazer era assinar seu nome em um documento dizendo que não era um crente em Jesus e que era um agente remunerado de governos ocidentais tentando destruir a URSS. Assim que ele pusesse sua assinatura naquela linha pontilhada, estaria livre para partir.

Dmitri repetiu sua intenção: "Tragam-na amanhã e eu a assinarei!".

Naquela mesma noite, ele sentou na cama de sua cela. Estava em profundo desespero, enlutado pelo fato de que havia desistido. A mil quilômetros de distância, sua família – a esposa de Dmitri, seus filhos que estavam crescendo sem ele e seu irmão – sentiram através do Espírito Santo o desespero desse homem na prisão. Aqueles a quem ele amava se reuniram no exato lugar no qual eu me sentava conforme Dmitri me contava sua história. Eles ajoelharam em círculo e começaram a orar por ele em voz alta. Miraculosamente, o Espírito Santo do Deus que vive permitiu que Dmitri escutasse as vozes daqueles que amava conforme eles oravam.

Na manhã seguinte, quando os guardas marcharam para dentro de sua cela com os documentos, as costas de Dmitri estavam eretas. Seus ombros estavam enquadrados e havia força em seu rosto e em seus olhos. Ele olhou para seus captores e declarou: "Eu não vou assinar nada!". Os guardas ficaram incrédulos. Eles achavam que ele tinha sido agredido e destruído. "O que aconteceu?", eles demandaram saber.

Dmitri sorriu e disse a eles: "À noite, Deus me permitiu ouvir as vozes de minha esposa, minhas crianças e meu irmão orando por mim. Vocês mentiram para mim! Agora sei que minha esposa está viva e fisicamente bem. Sei que meus filhos estão com ela. Também sei que eles continuam em Cristo. Então não vou assinar nada!".

Seus algozes continuaram a desencorajá-lo e silenciá-lo. Dmitri permaneceu fiel. Ficou deslumbrado um dia por um presente especial das mãos de Deus. No pátio da prisão, encontrou uma folha de papel inteira. "E Deus", disse Dmitri, "colocou uma caneta ao lado dela!"

Dmitri continuou: "Corri de volta para a minha cela e escrevi todas as referências às Escrituras, todos os versos da Bíblia, todas as histórias e todas as canções que pude lembrar".

"Eu sabia que provavelmente seria tolo", Dmitri me disse, "mas não consegui me segurar. Preenchi os dois lados do papel com o máximo da Bíblia que consegui. Eu me estiquei e enfiei a folha de papel inteira naquele pilar de concreto molhado. Então parei e olhei para ela: para mim, parecia a maior oferenda que eu poderia dar a Jesus da minha cela na prisão. É claro, meu carcereiro a viu. Fui agredido e punido. Eles me ameaçaram com a execução".

Dmitri foi arrastado de sua cela. Conforme o arrastavam pelo corredor no centro da prisão, uma coisa estranha aconteceu.

Antes de alcançarem a porta que levava ao pátio – antes de saírem para o local da execução –, os 1.500 criminosos empedernidos ficaram eretos ao lado de suas camas. Eles encaravam o leste e, pelo que me disse Dmitri, soavam para ele como o maior coral em toda a história da humanidade. Esses homens levantaram seus braços e começaram a cantar as canções de louvor que escutaram Dmitri cantar para Jesus todas as manhãs por todos aqueles anos.

Os carcereiros de Dmitri instantaneamente soltaram seus braços e se afastaram dele, aterrorizados.

Um deles demandou saber: "Quem é você?".

Dmitri esticou suas costas e levantou o mais alto e orgulhoso quanto podia. Ele respondeu: "Sou um filho do Deus Vivo, e Jesus é o nome dele!".

Os guardas o levaram de volta para sua cela. Algum tempo depois, Dmitri foi libertado e retornou para sua família.

Agora, anos depois, escutando enquanto Dmitri contava a história de seu próprio indizível sofrimento e da constante fidelidade de Deus, eu me peguei pensando sobre um período na Somália quando preparei alguns materiais de discipulado que poderiam ajudar crentes em lugares de perseguição, crentes como Dmitri. Isso agora parecia uma ideia ridícula. O que eu poderia possivelmente ensinar àquele homem a respeito de seguir Jesus? Nada.

Eu estava impressionado pelo que tinha acabado de ouvir. Apoiei a cabeça em minhas mãos. Clamei em meu coração: *Oh Deus, o que faço com uma história como essa? Sempre soube do Seu poder, mas nunca o havia visto em uma demonstração como essa! Se esse homem representa uma fé bíblica, quem sou eu? Quão pequena é a minha fé.* A história de Dmitri fora mais perigosa para mim do que todos os tiros na Somália. Ela ameaçou a minha vida. A qualidade da história de Dmitri ameaçou a minha alma. Como podia eu, com minha pequena fé, observar e escutar enquanto Daniel, Elias, Moisés e Simão Pedro irrompiam das páginas da Bíblia? Era como se ela tivesse se tornado o presente do indicativo para mim pela primeira vez. Suas páginas estavam escancaradas de forma ampla e não havia escapatória de um Deus que estava fazendo o que sempre fizera.

Perdido em meus próprios pensamentos, percebi que Dmitri continuava falando. "Oh, me perdoe", me desculpei, "não estava ouvindo!".

Dmitri dispensou minhas preocupações com um pequeno sacudir de cabeça e um sorriso irônico. "Tudo bem", ele me disse. "Eu não estava falando com você."

Ele explicou: "Quando você chegou, esta manhã, Deus e eu estávamos discutindo algo; sua visita interrompeu isso. Então agora, quando vi que você estava ocupado com seus próprios pensamentos, o Senhor e eu voltamos para terminar a conversa". Naquele momento, eu sabia o que precisava perguntar a seguir.

"Irmão Dmitri, você faria algo por mim?", perguntei. Hesitei em continuar, mas os olhos dele me fizeram seguir: "Você cantaria aquela música para mim?".

Dmitri se afastou da mesa. Ele me encarou por três ou quatro segundos. Aqueles segundos pareceram uma eternidade para mim. Ele se virou devagar em direção ao leste e endireitou suas costas para ficar ereto. Levantou seus braços e começou a cantar.

Eu não falo russo, então não entendi uma única palavra de sua canção. Mas eu não precisava. As palavras não importavam. Conforme Dmitri levantava seus braços e sua voz em adoração e cantava aquela música que cantara todas as manhãs na prisão por dezessete anos, as lágrimas começaram a escorrer em meu rosto, e no dele. Apenas então comecei a compreender o significado da adoração e a importância das músicas de louvor.

Havia chegado à Rússia procurando respostas e imaginando se a fé poderia sobreviver e até crescer nos ambientes mais hostis do mundo. Dmitri se tornou um dos meus primeiros guias em minha jornada. Comecei a sentir que essa viagem não era sobre desenvolver materiais de discipulado, *mas sobre andar com Jesus em lugares difíceis*. Eu me senti atraído por essa vida que Dmitri viveu: conhecer Jesus, amá-lo, segui-lo e viver com Ele.

Nossa pergunta agora é a seguinte: seria possível viver uma vida vitoriosa no meio da perseguição? A história de Dmitri nos conta com clareza que uma vivência vitoriosa é possível. Se é assim, então como uma vida como esta pode ser vivida? Como um crente pode ter uma fé vitoriosa em um cenário de sofrimento e perseguição? Na verdade, o resto de nossas entrevistas buscava responder a essa pergunta específica. Através delas, identificamos algumas verdades e práticas espirituais essenciais em comum entre crentes que tiveram uma vida vitoriosa nas perseguições.

Nossa pergunta também era a seguinte: *"É possível viver uma vida vitoriosa no meio de um mundo ocidental que parece sugerir que seguidores de Jesus tenham direito a tudo?"*. Nas perseguições as coisas são pretas e brancas. Nas perseguições, o mal e o bem parecem delimitados. No Ocidente, no entanto, há tantos "bens" que é quase impossível renunciar algumas dessas "coisas boas" para que possamos escolher a "pérola de grande valor". Nunca presumiríamos sugerir que Dmitri passou por algo fácil! Mas as entrevistas mostravam uma verdade assustadora: quando crentes em situação de perseguição são resgatados e realojados para o Ocidente, a fé pela qual eles lutaram para expressar tão vigorosamente na perseguição se reduz muito (e bem rápido) sob o barulho do consumismo ocidental.

Será que servir Jesus em um mundo ocidental pode ser ainda mais difícil do que servi-lo onde a perseguição é normal?

Em qualquer cenário, estamos convencidos de que a necessidade de uma vivência vitoriosa, apesar de difícil, seja possível para alguém que procura ser um verdadeiro seguidor de Jesus e não apenas um membro da igreja. E também estamos convencidos de que crentes em

cenários de relativa liberdade têm muito o que aprender de crentes em perseguição. Essas são apenas algumas das lições que aprendemos.
1. *Crentes que vivem uma vida vitoriosa em perseguições conhecem Jesus.* A fé deles não é distante nem abstrata. Ela é real, e Jesus é real. A relação entre este e seus seguidores é rica, vital e viva. Crentes em situação de perseguição conhecem Jesus e vivem com ele diariamente. Eles não trocaram a relação com Jesus por uma religião, uma denominação, ou um partido político. Os crentes que entrevistamos revelavam sua caminhada com Jesus em suas vozes, seus rostos e através de sua linguagem corporal.

Esses crentes demonstram para nós como é pequena a necessidade de atacar governos ou difamar outras figuras religiosas. Nossa tarefa é apenas erguer Jesus. Quando Jesus é "erguido", as pessoas são atraídas por Ele e por seu Reino. Nossas entrevistas nos lembraram de algo que já sabíamos bem: não há ninguém como Jesus!
2. *Crentes que vivem uma vida vitoriosa em perseguições conhecem em primeira mão o poder da oração e do jejum.* A transição harmoniosa de Dmitri entre a conversa com outro homem para a conversa com Deus ilustra o poder e a realidade da oração em sua vida. Notamos essa mesma transição harmoniosa repetidamente em nossas entrevistas. Falar com Deus e ouvi-Lo é vital, realidades diárias para aqueles que vivem uma vida vitoriosa. Esses cristãos falam com Jesus como um amigo confiável que os escuta; eles comungam com um Deus que responde. Eles se submetem à sua liderança quando Ele diz "não", "sim", ou "espere".

Fui solicitado para partir um dia antes de um país no sudeste da Ásia, pois um crente que eu iria entrevistar sentiu que estava sendo seguido. Concordei com seus termos de segurança. Alguns outros crentes me levariam para o aeroporto. Conforme nos dirigíamos para o aeroporto logo cedo na manhã seguinte, o motorista do carro começou a dirigir de forma irregular através de vários becos.

Percebendo a preocupação em meus olhos, ele sorriu e disse que eu não precisava me preocupar. Um passarinho celestial lhe disse que um líder de um país nas colinas havia retornado à capital na noite anterior, e ele gostaria que eu o conhecesse. Dirigimos por muitas ruas secundárias até que chegamos a um prédio em ruínas, com degraus de madeira frouxos do lado de fora. Conforme nós três subíamos para o terceiro andar, prontos para bater à porta do apartamento, esta se abriu de repente e lá estava o cristão do país nas colinas.

O homem disse: "Enquanto orava pela manhã, o Espírito Santo me disse que vocês viriam. Então fiz um café da manhã". Entramos no cômodo e lá estava a mesa com comida pronta e quatro lugares postos.

Queremos orar dessa maneira! Como ouvimos em dezenas de entrevistas, queremos orar e preparar a mesa em obediência ao que Deus nos disser. Queremos orar e então viajar para o aeroporto para buscar os visitantes que o Espírito Santo nos disse que viriam. Queremos orar para ver Deus glorificado. Queremos orar e então nos encontrar ao lado da carruagem do eunuco etíope. Queremos orar e acreditar que Deus nos ouve e responde através das nossas conversas com Ele!

A disciplina espiritual de jejuar também é importante. Conhecemos alguns crentes em perseguições que praticavam o jejum até quatro dias na semana. Não é claro se a oração e o jejum resultaram em uma relação íntima com Deus, ou se a relação íntima com Deus resultou no aumento das orações e do jejum, mas é claro para nós que as duas coisas estão interligadas. É difícil negar a comida de um dia como punição aos crentes em perseguição quando estes já estão em jejum! Essa prática de focar em Deus através do jejum está ausente dos sermões e do cotidiano de cristãos ocidentais.

3. *Crentes que vivem uma vida vitoriosa em perseguições podem recitar grandes trechos da Bíblia de memória.* Cristãos em perseguição amam a Palavra de Deus. Eles a memorizam. Meditam sobre ela. Devoram a Palavra Dele. Eles recitam grandes trechos da Bíblia oralmente; a Palavra de Deus está escrita em seu coração. Por mais importante que seja a Palavra de Deus escrita, crentes em situação de perseguição sabem que sua Bíblia oral é tudo que lhes será permitido levar para a prisão. Eles sugerem que a Bíblia que você conhece com o coração é, na verdade, a sua Bíblia. A Palavra de Deus é uma parte tão importante da vida deles, que nunca poderá ser tirada. Crentes em perseguição aprenderam com Jesus e um com o outro a lidar com a Bíblia oralmente. Quando as oportunidades de testemunhar surgem ou quando perseguidores estão tentando extrair informação de um crente, estes respondem todas as perguntas com uma história da Bíblia. Quando questionados sobre a história que acabaram de compartilhar, eles contarão outra história da Bíblia.

Algozes dos filhos de Deus não permitem Bíblias na prisão. É a Palavra de Deus gravada no coração e na mente de um cristão que permitirá que este prospere durante a perseguição. Seguidores do Islã às vezes reclamam que, quando eles nos perguntam algo bíblico, os cristãos têm que encontrar o Livro Sagrado, procurar por um versículo específico equivalente no sumário da Bíblia e então responder à pergunta feita por eles.

Oito crentes vieram de um severo país na Ásia Central. Todos eles eram comunicadores orais e levaram milhões a Cristo. Juntos, esses oito cristãos conheciam por volta de vinte histórias da Bíblia. De alguma forma, eles encontraram a quantidade suficiente de histórias para escutar sobre Jesus, acreditar Nele, para serem batizados e então formar centenas de igrejas domésticas.

Fomos capazes de visitar uns aos outros por cinco dias. Durante esse período, quando eles nos perguntavam algo, respondíamos com uma história da Bíblia. Então eles discutiam essa história entre si. Em seguida recontavam a história uns aos outros várias vezes enquanto contavam suas próprias histórias que pareciam fazer um paralelo com esses relatos bíblicos. Isso aconteceu por cinco dias. Eles encerraram o tempo que passamos juntos sabendo cinquenta histórias da Bíblia ou mais. Um desse grupo conseguia ler. Ele tinha a Bíblia em suas mãos e autenticava as histórias bíblicas que estavam sendo recitadas através da memória. Após o contar de cada história, ele as procurava e então confirmava que o que eles acabavam de ouvir estava registrado nas Escrituras e estava sendo precisamente compartilhado.

Possuir a Bíblia em formato letrado não é negociável. Liberar a Bíblia, através do poder do Espírito Santo, para que ela seja compartilhada de forma oral também não é negociável. O debate principal aqui não é entre letramento e oralidade. O ponto essencial é o poder do Espírito Santo e a absoluta centralidade das Escrituras em ambas as formas. Em cenários de perseguição, no entanto, apenas uma Bíblia oral bastará para a maioria dos cristãos, apoiada pela Bíblia letrada.

4. *De forma semelhante, crentes que vivem uma vida vitoriosa em perseguições decoraram muitas músicas nativas.* Crentes em perseguição dependem de suas músicas de louvor – a música da fé que fala sobre eles e conta suas histórias. Eles cantam suas canções como expressões de fé e atos de adoração. Elas

pertencem a eles, não são importadas de outras culturas. Essas músicas são vitais para a sobrevivência da fé em situação de perseguição.

Um COM foi preso pelo seu governo por causa de sua fé em Jesus. Na prisão, ele continuou a praticar sua fé diariamente ao orar, recitar histórias da Bíblia para si mesmo e cantar seus louvores a Deus. Havia oito guardas responsáveis por ele, compartilhando turnos de oito horas cada um, dois guardas por vez. Depois de mais ou menos dez anos, um conjunto de guardas veio até ele. Eles estavam um tanto furiosos e um pouco amedrontados. Disseram para o cristão: "Você precisa parar de cantar essas canções".

Confuso, ele perguntou por que eles faziam um pedido tão incomum.

Eles explicaram: "As canções que você está cantando são tão poderosas que irão nos converter. Então também seremos cristãos e estaremos na mesma cela com você!".

Há poucas disciplinas na vida de crentes mais vitais do que cantar os louvores de Deus, especialmente cantar a Palavra de Deus de volta para Ele.

E a canção deve ser na língua local, escrita localmente e preparada ao estilo local. Músicas cristãs transliteradas do exterior parecem não fornecer aos indivíduos uma vivência vitoriosa nas perseguições. Desenvolver canções de louvor dentro da cultura local é extremamente importante, não negociável.

Se, durante uma entrevista, crentes locais compartilhavam conosco as músicas que eles cantavam em adoração e em seus momentos de oração, e se essas canções fossem importadas do exterior, sabíamos de duas possibilidades. Ou esses cristãos não haviam passado por sofrimento o suficiente para escrever suas próprias canções de louvor, ou eles passaram pela perseguição equipados apenas com música ocidental e estrangeira. Nesse caso, sabíamos que eles provavelmente tropeçaram e caíram sem experienciar uma vivência vitoriosa em suas perseguições. Músicas de louvor nativas e pessoais são bastante importantes. Todas as culturas precisam cantar suas próprias músicas de louvor que foram adquiridas de forma árdua para Jesus.

Cada geração também necessita de suas próprias músicas de louvor. As igrejas ocidentais devem parar de brigar a respeito de quais músicas de louvor serão cantadas no culto. Crentes em perseguição nos ensinaram que todas as gerações devem ter suas próprias canções de louvor.

5. *Crentes que vivem uma vida vitoriosa em perseguições sabem que há pessoas orando por eles e que eles não foram esquecidos.*

Ficávamos surpresos de ver a reação dos crentes em perseguição ao descobrirem que eles não haviam sido esquecidos, outros crentes sabiam do sofrimento deles, e milhões ao redor do mundo oravam por eles. Essa consciência foi mais do que encorajadora; ela foi vivificante e, às vezes, salvava a fé.

Quando chegávamos a um destino clandestino para entrevistar crentes perseguidos, a primeira reação deles era o choque, a descrença e então lágrimas. Eles eram tocados nas profundezas da alma quando ouviam que não tinham sido esquecidos, que crentes em outros lugares nunca pararam de orar por eles. Por favor, guarde isso no seu coração. Crentes em perseguição *não aguentam a perseguição por si mesmos*. A vivência vitoriosa na perseguição é experienciada quando o Corpo de Cristo carrega os integrantes em sofrimento em seus devotos ombros até o trono de Deus. Crentes em perseguição geralmente são vitoriosos através de nossas orações. Será que você pode decidir se um crente é vitorioso em outra parte do globo, enquanto eles definham em uma sombria cela ou enquanto são agredidos, com suas orações em nome deles? Que desafio. Que privilégio. Esse é o Corpo de Cristo.

6. *Crentes que vivem uma vida vitoriosa em perseguições estão certos de que a comunidade de fé local cuidará de suas famílias.* Mesmo na prisão, cristãos perseguidos têm absoluta confiança de que suas famílias serão cuidadas durante o período no qual eles não serão capazes de fazê-lo. Isso não é uma mera esperança; é uma certeza. E nossas entrevistas indicam como a comunidade de fé local se provou mais de uma vez fiel nesse momento de necessidade.

Quando um pastor, um ancião, um diácono, um evangelista ou um implantador de igrejas é visitado na prisão, a primeira pergunta feita por quem o visita é tipicamente: "Como você está?". Uma pergunta como essa nunca é respondida. O prisioneiro muda a conversa de forma emocionada para outra direção: "Como está minha esposa? Como estão minhas crianças?". Os visitantes que representam o Corpo de Cristo respondem para o cristão aprisionado: "Seu trabalho é ser obediente a Jesus enquanto estiver na prisão. O nosso é cuidar de sua família enquanto você estiver aqui. Por favor, faça o seu trabalho e deixe que façamos o nosso". Saber que suas famílias estão sendo cuidadas dá aos crentes aprisionados confiança para que se mantenham firmes.

7. *Crentes que vivem uma vida vitoriosa em perseguições entendem que seu sofrimento é pelo bem de Jesus.* Eles sabem que sua dor não é algo que tomaram por si mesmos. Antes, eles entendem no seu mais profundo ser que seu sofrimento é por Jesus e pelo Evangelho dele.

Algumas ocidentais foram para um país muito restritivo. Apesar de muito novas nesse mundo de perseguições, elas fizeram o melhor que podiam em um cenário hostil. Mesmo dando o seu melhor, foram presas por fundamentalistas islâmicos e colocadas em uma prisão primitiva. As mídias ocidentais, até algumas organizações cristãs, se viraram contra essas jovens mulheres, culpando-as por sua perseguição nas mãos dos fundamentalistas! Ainda foi sugerido para aquelas que foram presas que a agência missionária que as enviara deveria se desculpar com os perseguidores pelo que havia acontecido. Isso não é nem a vontade nem a maneira de Deus. *Mesmo se cometemos erros em nosso testemunho, devemos lembrar que o único testemunho que não pode ser usado por Deus é a ausência de testemunho!*

Não existe um testemunho ruim ou sem valor. Ao mesmo tempo, o que estamos tentando fazer neste livro é sugerir que haja o mínimo de oportunidades possíveis para que Satanás pegue nossas boas ações e as transforme em algo destrutivo. Quando irmãos são perseguidos, *não importa como tal perseguição tenha se dado*, nós os olhamos nos olhos, os seguramos em nossos braços e dizemos: "O que aconteceu é pelo bem de Jesus e estamos muito orgulhosos de você".

Podemos então nos afastar e observar como o Espírito Santo fortalece nossos irmãos e irmãs na perseguição e lhes garante renovação, esperança e força. Nunca podemos culpar os perseguidos pelo que os algozes fizeram com eles! Nós convidamos o Espírito Santo para que ensine àqueles nas perseguições a respeito de como se tornar sábios parceiros no evangelismo e na implantação de igrejas.

8. *Crentes que vivem uma vida vitoriosa em perseguições aceitam o fato de que sua perseguição é normal.* A perseguição para eles não é um indicativo de que fizeram algo errado. Em contraste, a perseguição pode bem ser um indicativo de que o testemunho foi compartilhado poderosamente! A vivência

A Insanidade da Obediência

e o testemunho fiéis levam e resultam em perseguições. Perseguição é o resultado inevitável da fidelidade. Cristãos em perseguições a esperam e a enxergam como normal, previsível e inevitável. Eles não a procuram, mas não ficam surpresos quando ela chega. A perseguição é um subproduto da fé. Normalmente, se notamos uma perseguição inesperada e fora do comum, descobrimos que uma fé inesperada e fora do comum emergiu naquele local.

9. *Crentes que vivem uma vida vitoriosa em perseguições reivindicaram sua liberdade.* Eles compreendem que são sempre livres para compartilhar sua fé em qualquer cenário. Também entendem que há consequências pelos seus testemunhos, mas sabem que ninguém pode tirar deles a liberdade de compartilhar sua fé. Essa liberdade é algo que o próprio Deus garante, e crentes em perseguições não renunciarão sua liberdade bíblica por ninguém.

Foi um dos meus piores dias na Somália. Eu precisava de uma palavra do Senhor. Sua resposta veio através de um estranho meio, uma transmissão de rádio da BBC, por uma mulher que era solteira, fazia parte do Parlamento Britânico e era judia. Ela falava sobre os Dez Mandamentos, especificamente o que diz: "Lembra-te do dia do sábado, para o santificar" (Êxodo 20:8). Ela sugeria que o mundo ocidental não compreendia esse mandamento e que nós neutralizamos o poder dessa palavra de Deus esculpida na pedra. Com uma voz forte no rádio de frequências curtas, ela proclamou: "Quando Moisés leu o mandamento lembrando o dia do Sabá, um grito, um choro de requintada alegria, teria soado através da Terra, produzido por todos os judeus". O ponto dela era o de que essa era a primeira vez na história da humanidade que o Todo-poderoso Deus havia proclamado que seu povo deveria ser livre, pois apenas aqueles que eram livres poderiam ter um dia sabático! Israel não poderia mais culpar o Egito por não adorar o Deus único e verdadeiro. Era agora deles a responsabilidade de reivindicar sua própria liberdade e reservar um dia para adorar – um dia que declara para sempre que o povo de Deus é livre. Você reivindicou sua liberdade?

10. *Crentes que vivem uma vida vitoriosa em perseguições se recusam a ser controlados pelo medo*. O medo das consequências e o medo da perseguição não os impede de obedecer a Jesus e serem fiéis. Eles já deram a própria vida para Cristo, então se recusam a ter medo daqueles que podem matar *apenas* o corpo (Mateus 10:28). Em alguns casos, esses cristãos fiéis escolhem não ter medo. Em outros, eles estão amedrontados, mas escolhem ser fiéis e obedientes apesar disso.

Crentes em perseguição compreendem que o medo da perseguição é pior do que a própria perseguição e determinam que não deixarão que esse medo iniba sua obediente resposta ao chamado de Deus.

Crentes em perseguição vitoriosos se recusam a ser definidos pelo medo. Eles desejam ser definidos pela fé e obediência. Dois COMs, um mais velho e o outro mais novo em dois países diferentes, afirmaram que há 366 versos na Bíblia relacionados ao medo. Esse era o testemunho deles: "Deus nos deu um verso para cada dia do ano e um a mais caso tenhamos um dia realmente ruim". Deus correu grande risco no Jardim do Éden quando deu à humanidade uma escolha entre o bem e o mal. Às vezes, não fazemos as melhores escolhas. Ainda assim, a única coisa que Satanás nunca poderá tirar de nós é a nossa habilidade de escolha. *Podemos escolher não ter medo, podemos escolher a alegria e sempre podemos escolher Jesus.*

Nosso medo é talvez a maior ferramenta no arsenal de Satanás. Este não pode estar em todos os lugares de uma vez. Ele não pode saber de tudo. Não possui todo o poder. Através de nosso medo, no entanto, Satanás pode nos manter reféns. Nosso medo lhe permite estar em muitos lugares ao mesmo tempo. Nosso medo provê a ele conhecimento e poder. Crentes que são vitoriosos em perseguições reivindicaram sua liberdade em Cristo e, por causa desta, estão perdendo seu medo.

11. *Crentes que vivem uma vida vitoriosa em perseguições têm uma genealogia de fé.* Ouvindo histórias de obediência fiel uma atrás da outra, em proporções bíblicas, clamei: "Onde vocês aprenderam a viver assim? Onde aprenderam a morrer assim?".

A resposta era sempre a mesma: "Aprendi com meu pai, meu avô, meu bisavô. Aprendi com minha mãe, minha avó, minha bisavó".

Eles o espancaram, fizeram com que passasse fome e o humilharam na prisão por dezessete anos. Suas experiências incluíam toda a tortura física e psicológica que a história registra. Ainda assim, ele cantava todos os dias na prisão, mesmo quando ensanguentado e desencorajado. Ele foi aprisionado logo após a desintegração da URSS.

Hoje, seu filho é um capelão na prisão na qual seu pai foi mantido por quase duas décadas.

Onde esse jovem homem aprendeu a viver e morrer como um seguidor de Jesus?

Ele aprendeu com seu pai.

Obviamente, as primeiras gerações de fé em áreas amplamente inalcançadas não terão esse tipo de genealogia. Movimentos semelhantes ao Pentecostes não chegaram ao seu povo e igrejas não nasceram. Eles têm pouco da Bíblia e poucas canções de fé. Podem estar espalhados, sozinhos e amedrontados. Eles não têm ninguém que ore por eles, que os visite na prisão, ou que possa cuidar de suas famílias. Eles encaram a perseguição sozinhos. São a primeira geração de crentes sem a genealogia de fé.

Nesses cenários, é nossa responsabilidade e nosso privilégio fazer duas coisas.

Primeiro, temos a responsabilidade de proclamar uma genealogia de fé para eles, vinda das Escrituras. Isso é inegociável: uma genealogia bíblica da fé que os conecte ao fiel e obediente povo de Deus do começo de Gênesis até o fim das Revelações. Nossa mensagem seria algo como: "É assim que o povo de Deus sempre viveu e morreu, e agora é assim que você viverá e morrerá como alguém do povo de Deus".

Segundo, temos a responsabilidade de mostrar para eles, a partir de nossa própria vida, como viver e morrer. Como o apóstolo Paulo encorajando os outros a imitar sua vida, deveríamos ter a coragem de dizer à primeira geração de fé: "Se vocês quiserem saber como o povo de Deus vive e se quiserem saber como o povo de Deus morre, olhem para mim. Observem-me. Imitem-me.". Seria difícil imaginar um chamado mais alto ou uma responsabilidade maior. Mas isso é no mínimo uma parte significante do nosso chamado.

Essas são as características em comum para crentes que vivem uma vida vitoriosa em perseguições. Mais do que simples "características para outras pessoas", essa lista se torna para nós um chamado desafiador para uma fé vitoriosa em nosso próprio cenário. *Essa lista acaba se tornando uma convincente e desafiadora ferramenta para uma autoavaliação em nossa vida e igreja.* Estas páginas não têm a intenção de ser um monólogo de vivências vitoriosas em perseguições. Elas pretendem ser um imperativo bíblico, guiando crentes em Jesus para sempre e em todos os lugares. Cristãos em perseguição pagaram preços altos para compartilhar conosco suas lições de vida como são vistas no livro. Que tal tratarmos este material divino com o respeito que ele merece?

"AH, A VITÓRIA EM JESUS"

- Usando os onze sinais citados de uma vivência vitoriosa:
- Quantas dessas características podem ser encontradas dentro do Corpo da sua igreja?
- Quantas dessas características podem ser encontradas dentre aqueles enviados de suas igrejas e denominações para servir como trabalhadores que atravessam culturas?
- Quantas dessas características podem ser encontradas dentro da vida de sua família, de seus filhos?
- Quantas dessas características podem ser encontradas dentro da sua vida?

Capítulo 24

Nossas ordens de marcha

Este é um livro desafiador. É um desafio lê-lo e talvez um desafio ainda maior aplicá-lo. Conforme finalizamos a nossa conversa, revisitemos algumas das convicções principais que definem o mundo das perseguições.

Seguidores de Jesus em todos os lugares são chamados para acolher um estilo de vida que inclui sofrimento, perseguição e martírio. Essa vida de fé é construída sob algumas importantes verdades.

1. Se formos obedientes ao chamado de Cristo, a perseguição virá. Uma das causas principais da perseguição é a aceitação de Jesus como Senhor.
2. O sofrimento que se segue deverá vir pelo bem de Jesus e pelo bem do testemunho, não por razões secundárias menores.
3. A segurança não pode ser nossa preocupação primária. O objetivo da vida com Jesus não é se manter em segurança, mas sacrificar a própria vida por um mundo perdido.
4. Devemos encontrar formas de não demonstrar o medo. Este não pode ser nossa resposta dominante para o mal que nos cerca.

5. Uma força espiritual e psicológica será necessária para sofrer as consequências de uma fé obediente. Devemos discernir quando deixar José na prisão.
6. Uma genealogia da fé é essencial e deve ser modelada através de nossos testemunhos.
7. Devemos escolher compartilhar o risco de sofrer com outros crentes ao redor do mundo. O fardo do sofrimento não é algo para certos crentes, mas uma responsabilidade que deve ser compartilhada por todos os cristãos. Esse é o privilégio do testemunho, e o testemunho deve ser expandido para todos para sempre.
8. Somos livres para compartilhar nossa fé em qualquer cenário e em todos os lugares. Sempre haverá consequências por nossa obediência, mas somos sempre livres para obedecer.
9. De alguma maneira, dentro do contexto da eternidade, Deus usará o sofrimento para Seus propósitos, e podemos confiar Nele para fazer isso.
10. Através do poder de Deus, nossa fidelidade é sempre uma possibilidade.
11. Acima de tudo, isso diz respeito a Jesus e ao seu Reino.

Posfácio

Quinze anos atrás, sentimos um convite de Deus para que nos sentássemos aos pés de crentes em perseguição ao redor do mundo e aprendêssemos com eles. Nesse processo, Deus restaurou a nossa fé e nos convenceu de Seu poder para realizar Seus propósitos. Podemos caminhar com Jesus em lugares difíceis.

À medida que ouvíamos nossos irmãos e irmãs em sofrimento, nossa vida foi alterada para sempre. Em alguns casos, nossas convicções eram reforçadas. Em outros, éramos desafiados com perspectivas novas. Algumas de nossas hipóteses foram confirmadas e outras se revelaram erradas.

Além das lições aprendidas, no entanto, há esta verdade vital: Deus está trabalhando em Seu mundo. E mesmo em um mundo repleto de perseguições e sofrimento, Deus está construindo Sua igreja. Apesar de parecer impossível, Deus está atraindo as pessoas para a fé em Jesus Cristo, e essas pessoas estão respondendo com coragem e fé. Embora haja uma forte oposição, o Reino de Deus está crescendo e Deus está revelando que Seu poder é mais que suficiente.

As questões que sobraram são pessoais.

Eu serei parte do que Deus está fazendo? Estou disposto a levar o claro comando da Grande Comissão a sério e de forma pessoal? Estou disposto a atravessar a rua e cruzar o globo?

Após ter ido, estou disposto a permanecer? Escolherei fazer uma obediente parceria com Deus? Estou disposto a me sacrificar pela causa de Cristo? Independente do custo, escolherei obedecer?

O testemunho de nossos irmãos e irmãs prosperando em perseguições globalmente é cativante e nos lembra que somos sempre livres para obedecer a Cristo. É nosso maior privilégio, hoje, agir sob essa liberdade.

Deus encontrará uma maneira de realizar Seus propósitos. Em Sua graça, temos a oportunidade de ser parte do que Ele está fazendo. Que o próprio Deus nos dê coragem para obedecer.

grupo novo século

Compartilhando propósitos e conectando pessoas
Visite nosso site e fique por dentro dos nossos lançamentos:
www.novoseculo.com.br

Ágape

(f) Editora Ágape
(@) @agape_editora
(y) @editoraagape
(▶) editoraagape

agape.com.br

1ª edição
Fonte: EB Garamond